航海专业数学

HANGHAI ZHUANYE SHUXUE

主　编　张　杰　岳兴旺　梅　斌
副主编　冯纪军　吴祖新
主　审　丁　勇

DALIAN MARITIME UNIVERSITY PRESS

图书在版编目(CIP)数据

航海专业数学 / 张杰，岳兴旺，梅斌主编. — 大连：大连海事大学出版社，2023.8

ISBN 978-7-5632-4446-1

Ⅰ. ①航…　Ⅱ. ①张…　②岳…　③梅…　Ⅲ. ①航海学—应用数学—高等学校—教材　Ⅳ. ①U675.11

中国国家版本馆 CIP 数据核字(2023)第 136406 号

大连海事大学出版社出版

地址:大连市黄浦路523号　邮编:116026　电话:0411-84729665(营销部)　84729480(总编室)

http://press.dlmu.edu.cn　E-mail:dmupress@dlmu.edu.cn

大连日升彩色印刷有限公司印装　　大连海事大学出版社发行

2023 年 8 月第 1 版　　2023 年 8 月第 1 次印刷

幅面尺寸:184 mm×260 mm　　印张:10

字数:248 千　　印数:1~2000 册

出版人:刘明凯

责任编辑:于孝锋　　责任校对:董洪英

封面设计:解瑶瑶　　版式设计:解瑶瑶

ISBN 978-7-5632-4446-1　　定价:25.00 元

前　言

本书是根据航海技术专业本科指导性教学计划编写的，是航海技术专业本科的专业基础课教材，鉴于其与航海实践结合密切的特性，亦可作为高级船员和航海从业人员培训和指导航海实践的参考书。

本书的特色是突出理论与航海实践相结合。全书共分五章：第一章以单内插、双内插和三内插的顺序介绍了内插法及其在航海中的应用；第二章介绍了球面三角理论，并据此给出了解决航海应用问题的算例；第三章重点介绍了船位误差理论在航海上的应用，并通过分析观测误差得到提高观测船位精度的注意事项和判断观测船位误差的方法；第四章介绍了航海常用的极坐标系球面曲线方程；第五章介绍了运筹优化基本理论与方法，提出了在航海应用方面处理问题的方法。

本书带“＊”号的内容供读者学习相关专业课程时参阅。

本书由张杰、岳兴旺、梅斌担任主编，冯纪军、吴祖新担任副主编，丁勇担任主审。

本书力求结合航海实践阐述航海专业的基础理论，缺点和错误在所难免，恳请读者提出宝贵意见。

编　者

2023 年 2 月

目　　录

第一章　航海数值计算 …………………………………………………… (1)
第一节　内插分类与基本计算公式 …………………………………… (1)
一、内插分类 …………………………………………………………… (1)
二、内插基本计算公式 ………………………………………………… (1)
第二节　单内插法 ……………………………………………………… (2)
一、变率单内插 ………………………………………………………… (2)
二、比例单内插 ………………………………………………………… (4)
三、比例反内插 ………………………………………………………… (5)
第三节　双内插法 ……………………………………………………… (6)
一、变率双内插 ………………………………………………………… (6)
二、比例双内插 ………………………………………………………… (6)
第四节　三内插法 ……………………………………………………… (8)
一、变率三内插 ………………………………………………………… (8)
二、比例三内插 ………………………………………………………… (8)
习题 ……………………………………………………………………… (10)
一、思考题 ……………………………………………………………… (10)
二、计算题 ……………………………………………………………… (10)

第二章　球面三角形 ……………………………………………………… (12)
第一节　球面几何 ……………………………………………………… (12)
一、球、球面 …………………………………………………………… (12)
二、球面上的圆 ………………………………………………………… (12)
三、大圆的性质 ………………………………………………………… (13)
四、轴、极、极距、极线 ………………………………………………… (14)
五、球面角及其度量 …………………………………………………… (14)
六、圆心角相等的小圆弧与大圆弧之比 ……………………………… (15)
七、两大圆极之间的大圆弧所对的球心角等于该两大圆平面的二面角 …… (15)
第二节　球面三角形 …………………………………………………… (16)
一、球面三角形的定义 ………………………………………………… (16)
二、球面三角形的分类 ………………………………………………… (16)
三、球面三角形的关系 ………………………………………………… (17)
四、球面三角形的性质和成立条件 …………………………………… (18)

第三节　球面三角形的边角函数关系 …… (21)
一、球面三角形的基本公式 …… (21)
二、解算球面三角形 …… (26)
三、度与弧度的换算 …… (34)
第四节　球面三角形在航海上的典型应用* …… (34)
一、求两点间的大圆航向和航程(或求天体的计算高度和计算方位) …… (34)
二、求两点间的混合航线的航向和航程 …… (37)
三、子午线收敛差(convergency)和大圆改正量(half convergency) …… (39)
四、求观测北极星高度求纬度的高度改正量 x …… (41)
五、求北极星的计算方位 A …… (42)
六、恒向线航迹计算 …… (43)
习题 …… (46)
一、思考题 …… (46)
二、计算题 …… (46)

第三章　船位误差理论基础 …… (48)
第一节　观测误差基础知识 …… (48)
一、观测误差的基本概念 …… (48)
二、随机误差的基本概念与处理 …… (52)
三、系统误差的基本概念与处理 …… (60)
四、粗差的基本概念与处理 …… (62)
习题 …… (63)
一、思考题 …… (63)
二、单项选择题 …… (63)
第二节　等精度观测平差 …… (66)
一、等精度直接观测平差 …… (67)
二、等精度间接观测平差 …… (71)
习题 …… (76)
一、思考题 …… (76)
二、单项选择题 …… (76)
三、计算题 …… (77)
第三节　船位线误差 …… (78)
一、航海上常用的平面位置线 …… (78)
二、位置线梯度 …… (79)
三、船位线误差 …… (82)
习题 …… (85)
一、思考题 …… (85)
二、单项选择题 …… (85)

第四节　两条船位线定位及船位误差 …… (86)
一、两条船位线定位船位系统误差的估计 …… (87)
二、两条船位线定位船位随机误差的估计 …… (92)
三、两条船位线定位的观测注意事项及船位误差综合分析 …… (101)
习题 …… (104)
一、思考题 …… (104)
二、单项选择题 …… (104)
第五节　三条船位线定位及船位误差 …… (108)
一、船位系统误差三角形的处理 …… (108)
二、船位随机误差三角形的处理 …… (113)
三、三条船位线定位注意事项 …… (118)
习题 …… (119)
一、思考题 …… (119)
二、单项选择题 …… (119)

第四章　球面曲线* …… (122)
第一节　球面极坐标系 …… (122)
第二节　球面曲线 …… (122)
一、极坐标系球面曲线方程 …… (123)
二、航海常用的极坐标系球面曲线方程 …… (124)

第五章　运筹优化基本理论与方法 …… (128)
第一节　线性规划 …… (128)
一、常见线性规划问题及数学模型 …… (128)
二、线性规划问题的标准形式 …… (130)
三、图解法 …… (132)
习题 …… (135)
一、思考题 …… (135)
二、计算题 …… (135)
第二节　非线性规划 …… (136)
一、航海中的非线性规划问题 …… (136)
二、无约束优化问题 …… (138)
三、约束优化问题 …… (141)
习题 …… (144)
一、思考题 …… (144)
二、计算题 …… (145)
第三节　层次分析法(AHP) …… (145)
一、AHP 的工作步骤 …… (145)
二、递阶层次构造 …… (146)

三、评价尺度 …………………………………………………………………………………… (146)
四、构造判断矩阵 ………………………………………………………………………………… (147)
五、单一准则下元素相对权重的计算 ………………………………………………………… (148)
六、计算各层元素对目标层的合成权重 ……………………………………………………… (150)
习题 …………………………………………………………………………………………… (151)
一、思考题 ………………………………………………………………………………… (151)
二、计算题 ………………………………………………………………………………… (151)

参考文献 ………………………………………………………………………………… (152)

第一章　航海数值计算

在现代航海中，航海人员可以借助计算机或计算器解决各种航海数值计算的问题。但是，由于航海数值计算中涉及众多繁杂的计算公式，即使配备专用计算机，船上还必须配备根据繁杂计算公式编制的众多函数表册和图表供航海人员在不同的场合计算之用。本章主要介绍利用函数表册求函数值的方法，也就是内插法。而利用函数图表求函数值的方法相对直观、简便，而且式样繁多，将在相关专业课中介绍，本章不予赘述。

第一节　内插分类与基本计算公式

在航海数值计算中，经常用到各种函数表册，这些表册通常都是按等间距或不等间距的一系列自变量 $x_0, x_1, \cdots, x_n$ 作为引数，列出相应的函数 $y_0, y_1, \cdots, y_n$ 值（临界表除外）。用这样的表计算任意区间引数所对应的函数值的计算方法称为内插法。

一、内插分类

航海上，内插根据查表引数（自变量）的个数可以分为单内插、双内插和三内插，根据编表函数的性质可以分为变率内插和比例内插。

只需要一个查表引数的内插称为单内插，即利用一元函数编制的表册求函数值。需要两个查表引数的内插称为双内插，即利用二元函数编制的表册求函数值。需要三个查表引数的内插称为三内插，即利用三元函数编制的表册求函数值。变率内插是利用表中给出的变化率进行内插计算。比例内插是按照平均变化率进行内插计算。

将上述内插形式组合起来，内插可分为变率单内插、变率双内插、变率三内插、比例单内插、比例双内插和比例三内插。航海上最常用的是比例单内插、比例双内插，其次是比例三内插。

已知函数值利用函数表册求取查表引数的方法称为反内插，它是内插的逆运算。在航海实践中反内插多用于比例单内插中。

二、内插基本计算公式

内插法属于近似计算。在近似计算中，典型的方法就是利用泰勒级数求函数值的近似值。在航海实践中，使用函数表册进行内插计算时，考虑计算的方便和快捷，一般取到泰勒级数的一次项即可满足精度的要求。航海上绝大多数的函数表册的编制（如表间距的选择、指定内插方法等)基本能满足上述要求。

设一元函数 $y=f(x)$ 在 x_0 处展开成泰勒级数,取到一次项得

$$y=f(x)\approx f(x_0)+\frac{\mathrm{d}y}{\mathrm{d}x}(x-x_0) \tag{1-1-1}$$

设二元函数 $w=f(x,y)$ 在 (x_0,y_0) 处展开成泰勒级数,取到一次项得

$$w=f(x,y)\approx f(x_0,y_0)+\frac{\partial w}{\partial x}(x-x_0)+\frac{\partial w}{\partial y}(y-y_0) \tag{1-1-2}$$

设三元函数 $w=f(x,y,z)$ 在 (x_0,y_0,z_0) 处展开成泰勒级数,取到一次项得

$$w=f(x,y,z)\approx f(x_0,y_0,z_0)+\frac{\partial w}{\partial x}(x-x_0)+\frac{\partial w}{\partial y}(y-y_0)+\frac{\partial w}{\partial z}(z-z_0) \tag{1-1-3}$$

上述 3 个计算公式就是航海内插计算的基本公式。航海人员并不期望通过内插计算求得非常精确的函数值,而是在满足精度的前提下,内插方法越简单越好,因此,上述内插计算公式只取到一次项。

第二节　单内插法

利用一元函数编制的函数表,只有一个查表引数,由一个查表引数求函数值的方法称为单内插法。单内插法根据编表函数的性质可分为变率单内插和比例单内插两种内插方法。

一、变率单内插

当编表函数的变化率不均匀时,为提高用表计算精度,表中列出了相应的变化率,要求使用相应的变化率进行函数计算。变率内插就是利用函数表中给出的变化率进行内插。

利用一元函数 $y=f(x)$ 编制的函数表,其形式如表 1-2-1 所示。如果查表引数 x 介于表列引数之间,则可利用式(1-1-1)求取 y 值

$$y=f(x)\approx f(x_0)+\frac{\mathrm{d}y}{\mathrm{d}x}(x-x_0) \tag{1-2-1}$$

利用例 1-2-1 说明如何正确使用式(1-2-1)。

例 1-2-1:设利用 $y=x^2$ 编制成表 1-2-2,利用该表求 $x=2.3$ 和 $x=2.7$ 的函数值 y。

表 1-2-1　$y=f(x)$ 函数表

引数 x	函数值 y	变化率 $\frac{\mathrm{d}y}{\mathrm{d}x}$
…	…	…
x_1	y_1	$\frac{\mathrm{d}y}{\mathrm{d}x_1}$
x_2	y_2	$\frac{\mathrm{d}y}{\mathrm{d}x_2}$
x_3	y_3	$\frac{\mathrm{d}y}{\mathrm{d}x_3}$
…	…	…

表 1-2-2　$y=x^2$ 函数表

x	$y=x^2$	$\frac{\mathrm{d}y}{\mathrm{d}x}=2x$
…	…	…
2	4	4
3	9	6
4	16	8
…	…	…

(1)$x=2.3$ 介于表列引数 2 和 3 之间

如果取 $x_0=2$ 代入式(1-2-1)求 y 值,即在 $x_0=2$ 处展开成泰勒级数进行近似计算

$$y=f(x)\approx f(x_0)+\frac{dy}{dx}(x-x_0)=4+4\times(2.3-2)=5.2$$

如果取 $x_0=3$ 代入式(1-2-1)求 y 值,即在 $x_0=3$ 处展开成泰勒级数进行近似计算

$$y=f(x)\approx f(x_0)+\frac{dy}{dx}(x-x_0)=9+6\times(2.3-3)=4.8$$

利用 $y=x^2$ 直接计算

$$y=2.3^2=5.29$$

从上述结果可见,取 $x_0=2$ 进行内插的结果 5.2 更接近真值 $y=2.3^2=5.29$。

(2)$x=2.7$ 介于表列引数 2 和 3 之间

如果取 $x_0=2$ 代入式(1-2-1)求 y 值,即在 $x_0=2$ 处展开成泰勒级数进行近似计算

$$y=f(x)\approx f(x_0)+\frac{dy}{dx}(x-x_0)=4+4\times(2.7-2)=6.8$$

如果取 $x_0=3$ 代入式(1-2-1)求 y 值,即在 $x_0=3$ 处展开成泰勒级数进行近似计算

$$y=f(x)\approx f(x_0)+\frac{dy}{dx}(x-x_0)=9+6\times(2.7-3)=7.2$$

利用 $y=x^2$ 直接计算

$$y=2.7^2=7.29$$

从上述结果可见,取 $x_0=3$ 进行内插的结果 7.2 更接近真值 $y=2.7^2=7.29$。

由此可见,为提高内插精度,正确选择 x_0 的取值是关键,当实际引数 $x=2.3$ 时,应选择最接近的表列引数 $2=x_0$,以其对应的函数值 $f(x_0)=4$ 为基准,利用相应的变化率 $\frac{dy}{dx}=4$ 进行内插。而当实际引数 $x=2.7$ 时,应选择最接近的表列引数 $3=x_0$,以其对应的函数值 $f(x_0)=9$ 为基准,利用相应的变化率 $\frac{dy}{dx}=6$ 进行内插。因此,使用变率内插时,为减小计算误差,应使用最接近实际引数的表列引数所对应的函数值为基准,利用相应的变化率进行内插,这就是使用变率内插应遵守的“最接近原则”。

如图 1-2-1 所示,$f(x)$ 为编表函数,$a(x_0,y_0)$,$b(x_1,y_1)$ 为表列相邻两点,x 为实际引数,y 为其对应的函数真值。由导数的几何意义可知,函数 $f(x)$ 在 x_0 的导数 $f'(x_0)$ 等于函数 $f(x)$ 在 a 点切线(Ⅰ-Ⅰ)的斜率,该切线方程(点斜式)与式(1-2-1)一致。同理,过 b 点的切线为Ⅰ′-Ⅰ′。因此,变率内插就是在区间 (x_0,x_1) 内用切线代替函数 $f(x)$ 曲线进行内插。如图 1-2-1 所示,用切线Ⅰ-Ⅰ代替曲线 $f(x)$ 进行内插,求得近似值为 y',其与真值 y 的误差为 $\overline{y'y}$,而用切线Ⅰ′-Ⅰ′代替曲线 $f(x)$ 进行内插,求得近似值为 y'',其与真值 y 的误差为 $\overline{y''y}$。显然,$\overline{y'y}$ 小于 $\overline{y''y}$。

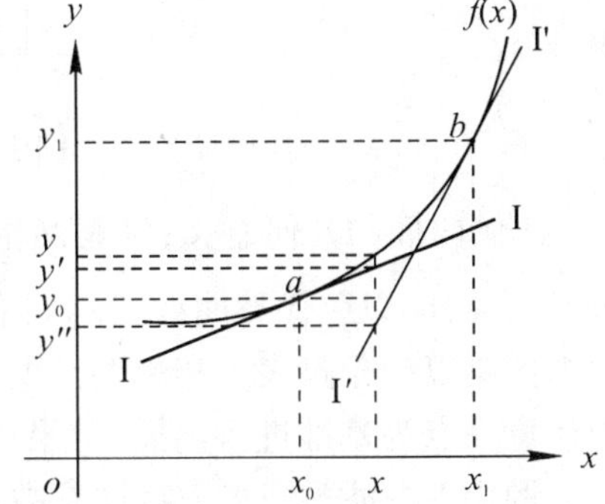

图 1-2-1　变率内插几何意义示意图

变率内插的几何意义：变率内插可以用过表列相邻两点（a 或 b 点）所作的两条切线代替制表函数 $f(x)$ 曲线进行内插，即以切线代替曲线 $f(x)$ 进行内插。而选择最接近实际引数 x 的表列引数 x_0 确定的 $a(x_0,y_0)$ 点所作的切线Ⅰ－Ⅰ代替函数 $f(x)$ 曲线进行内插，误差相对较小。由此进一步说明了前述"最接近原则"的正确性。

二、比例单内插

使用由一元函数 $y=f(x)$ 编制的函数表，如果查表引数 x 介于表列引数之间，则可利用式(1-1-1)求取 y 值

$$y=f(x)\approx f(x_0)+\frac{\mathrm{d}y}{\mathrm{d}x}(x-x_0) \tag{1-2-2}$$

如果函数 $y=f(x)$ 的变化率较均匀，可以将式(1-2-2)中在 x_0 点的变化率扩展成在区间 (x_0,x_1) 的平均变化率 $\frac{y_1-y_0}{x_1-x_0}$，代入式(1-2-2)得比例内插的计算式

$$y=f(x)\approx y_0+\frac{y_1-y_0}{x_1-x_0}(x-x_0) \tag{1-2-3}$$

式中：y_1-y_0 称为表差，x_1-x_0 称为表间距，$x-x_0$ 称为内插间距。

如图1-2-2所示，$f(x)$ 为编表函数，$a(x_0,y_0)$，$b(x_1,y_1)$ 为表列相邻两点，x 为实际引数，y 为其对应的函数真值。将点 x_0 的变化率扩展成在区间 (x_0,x_1) 的平均变化率 $\frac{y_1-y_0}{x_1-x_0}$，就是将过 a 点的切线用割线 $\overline{ab}$ 代替，该割线的方程（点斜式）与式(1-2-3)一致。因此，比例内插就是在区间 (x_0,y_0) 内用割线（弦）代替曲线进行内插。

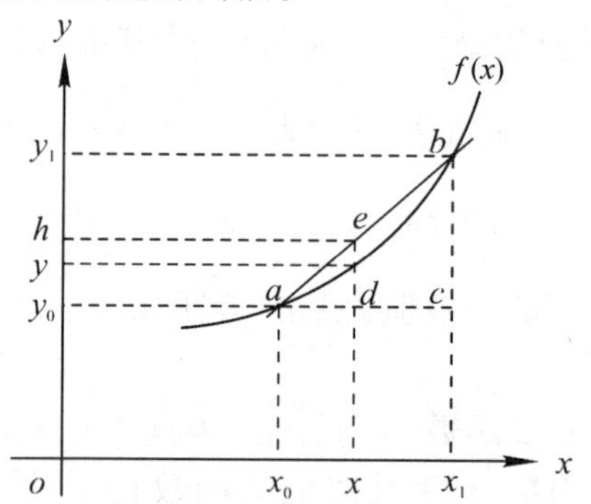

图1-2-2　比例内插几何意义示意图

比例内插的几何意义：过表列相邻两点 $a(x_0,y_0)$，$b(x_1,y_1)$ 所作的直线 $\overline{ab}$ 代替曲线 $f(x)$ 进行内插，即以弦代替曲线 $f(x)$ 进行内插，求得近似值为 h，其与真值 y 的误差为 $\overline{hy}$。由于比例内插是以一条过表列相邻两点的直线代替制表函数曲线进行内插的，所以，以表列相邻两点的任意一点为基准进行内插，结果均相同。

例1-2-2：某船静水力特性参数表部分内容如表1-2-3所示。已知型吃水 $d=7.45$ m，求该船此时的排水量 Δ 和总载重量 DW。

表 1-2-3　某船静水力特性参数表（部分）

型吃水 d (m)	排水量 Δ (t)	总载重量 DW (t)	每厘米吃水吨数 TPC (t/cm)	每厘米纵倾力矩 MTC (9.81 kN·m/cm)
7.00	14 240	8 676	23.78	189.75
7.20	14 710	9 145	23.95	192.50
7.40	15 200	9 635	24.11	196.00
7.60	15 680	10 115	24.29	198.50
7.80	16 180	10 615	24.46	202.00

解：查表引数型吃水 $d=x$，排水量 Δ 和总载重量 DW 为 y。

$$\text{排水量}\ \Delta=\Delta_0+\frac{\Delta_1-\Delta_0}{d_1-d_0}(d-d_0)$$
$$=15\ 200+\frac{15\ 680-15\ 200}{7.60-7.40}\times(7.45-7.40)$$
$$=15\ 320(\mathrm{t})$$

$$\text{总载重量}\ DW=DW_0+\frac{DW_1-DW_0}{d_1-d_0}(d-d_0)$$
$$=9\ 635+\frac{10\ 115-9\ 635}{7.60-7.40}\times(7.45-7.40)$$
$$=9\ 755(\mathrm{t})$$

综上所述，查算由非线性函数编制的函数表，不论用比例内插还是变率内插都会导致一定的计算误差，因此，利用内插法求得的是函数值的近似值，其误差已由设计表册时确定。如果函数表中没有给出变化率，则可以采用比例内插求函数值，其误差可以忽略不计。如果表中列出了变化率，就应按变率内插计算。

三、比例反内插

比例反内插就是比例内插的逆运算，航海上，该方法通常应用在一元函数表中。改写式(1-2-3)得单比例反内插计算公式

$$x\approx x_0+\frac{x_1-x_0}{y_1-y_0}(y-y_0) \tag{1-2-4}$$

例 1-2-3：某船静水力特性参数表如表 1-2-3 所示，已知排水量 $\Delta=15\ 590$ t，求该船此时的型吃水 d。

解：型吃水 $d=d_0+\dfrac{d_1-d_0}{\Delta_1-\Delta_0}(\Delta-\Delta_0)$

$$=7.40+\frac{7.60-7.40}{15\ 680-15\ 200}\times(15\ 590-15\ 200)$$
$$\approx 7.56(\mathrm{m})$$

第三节　双内插法

利用二元函数编制的二元函数表,有两个查表引数,用两个查表引数求函数值的方法称为双内插法。根据编表函数的性质可分为变率双内插和比例双内插两种内插方法。

一、变率双内插

当编表函数的变化率不均匀时,为提高查表计算精度,表中列出了相应的变化率,要求使用相应的变化率进行函数计算。变率内插就是利用函数表中给出的变化率进行内插。

使用二元函数 $w=f(x,y)$ 编制的函数表,如果查表引数 x、y 介于表列引数之间,而且函数表中给出了变化率,则可利用式(1-1-2)求取函数值 w

$$w=f(x,y)\approx f(x_0,y_0)+\frac{\partial w}{\partial x}(x-x_0)+\frac{\partial w}{\partial y}(y-y_0) \tag{1-3-1}$$

在现代航海实践中,二元函数表很少给出变化率$\frac{\partial w}{\partial x}$、$\frac{\partial w}{\partial y}$,因此,变率双内插较少应用。

二、比例双内插

将式(1-3-1)中的变化率$\frac{\partial w}{\partial x}$、$\frac{\partial w}{\partial y}$用平均变化率替代,得到比例双内插的计算公式

$$w\approx w_{x_0,y_0}+\frac{w_{x_1,y_0}-w_{x_0,y_0}}{x_1-x_0}(x-x_0)+\frac{w_{x_0,y_1}-w_{x_0,y_0}}{y_1-y_0}(y-y_0)$$

为书写方便,令 $w_{x_0,y_0}=w_{00}$, $w_{x_1,y_0}=w_{10}$, $w_{x_0,y_1}=w_{01}$,则上式写成

$$w\approx w_{00}+\frac{w_{10}-w_{00}}{x_1-x_0}(x-x_0)+\frac{w_{01}-w_{00}}{y_1-y_0}(y-y_0) \tag{1-3-2}$$

上式中与函数表对应的数据如表 1-3-1 所示。

表 1-3-1　$w=f(x,y)$ 函数表

y \ x	…	x_0	x_1	…
…	…	…	…	…
y_0	…	w_{00}	w_{10}	…
y_1	…	w_{01}	w_{11}	…
…	…	…	…	…

如果二元函数表中没有给出变化率(如表 1-3-1),则可以利用式(1-3-2)进行比例双内插求函数值。从该式中可见,近似值是在 w_{00} 的基础上分别对 x 和 y 进行比例内插。因为式(1-3-2)是由变率双内插公式得到的,所以使用该式时应遵循"最接近原则"。

例 1-3-1:设物标高度 h,垂直角 α,水平距离 $D=h\cdot\cot\alpha$,利用该式编表 1-3-2,求$h=23$ m, $\alpha=6'.8$ 时的水平距离 D(n mile)。

表 1-3-2　水平距离表　　单位:n mile

h(m) / α(′)	10	20	30	40	50	60	70
3	6.2	12.4	18.6	24.7	30.9	37.1	43.3
4	4.6	9.3	13.9	18.6	23.2	27.8	32.5
5	3.7	7.4	11.1	14.8	18.6	22.3	26.0
6	3.1	6.2	9.3	12.4	15.5	18.6	21.7
7	2.7	5.3	8.0	10.6	13.3	15.9	18.6
8	2.3	4.6	7.0	9.3	11.6	13.9	16.2
9	2.1	4.1	6.2	8.2	10.3	12.4	14.4
10	1.9	3.7	5.6	7.4	9.3	11.1	13.0

解:$h = 23$ m,且最接近表列引数 $20\ \text{m} = x_0$,$\alpha = 6'.8$,且最接近表列引数 $7' = y_0$,因此以 $5.3 = w_{00}$ 为基准进行比例双内插。

$$w \approx w_{00} + \frac{w_{10} - w_{00}}{x_1 - x_0}(x - x_0) + \frac{w_{01} - w_{00}}{y_1 - y_0}(y - y_0)$$

$$= 5.3 + \frac{8.0 - 5.3}{30 - 20} \times (23 - 20) + \frac{6.2 - 5.3}{6 - 7} \times (6.8 - 7)$$

$$= 6.29\ \text{n mile}$$

比例双内插还可以通过进行 3 次比例单内插求得。以例 1-3-1 为例,摘录表 1-3-2 如表 1-3-3 所示。

表 1-3-3　水平距离表　　单位:n mile

h(m) / α(′)	10	20	30	40	50	60	70
5	3.7	7.4	11.1	14.8	18.6	22.3	26.0
6	3.1	6.2	9.3	12.4	15.5	18.6	21.7
7	2.7	5.3	8.0	10.6	13.3	15.9	18.6
8	2.3	4.6	7.0	9.3	11.6	13.9	16.2

例 1-3-2:用 3 次比例单内插求 $h = 23$ m,$\alpha = 6'.8$ 时的水平距离 D。

$h = 23$ m 介于 $20\ \text{m} = x_0$ 和 $30\ \text{m} = x_1$ 之间,$\alpha = 6'.8$ 介于 6′ 和 7′ 之间。

(1)求 $\alpha=6'$,$h=23\ \text{m}=x$ 时的水平距离 D_1(n mile)

以 $y_0 = 6.2$ 为基准,在 $h = 20\ \text{m} = x_0$ 和 $h = 30\ \text{m} = x_1$ 之间进行比例单内插。

$$D_1 = y_0 + \frac{y_1 - y_0}{x_1 - x_0}(x - x_0) = 6.2 + \frac{9.3 - 6.2}{30 - 20} \times (23 - 20) = 7.13(\text{n mile})$$

(2)求 $\alpha=7'$,$h=23\ \text{m}=x$ 时的水平距离 D_2(n mile)

以 $y_0 = 5.3$ 为基准,在 $h = 20\ \text{m} = x_0$ 和 $h = 30\ \text{m} = x_1$ 之间进行比例单内插。

$$D_2 = y_0 + \frac{y_1 - y_0}{x_1 - x_0}(x - x_0) = 5.3 + \frac{8.0 - 5.3}{30 - 20} \times (23 - 20) = 6.11(\text{n mile})$$

(3) 求 $h=23$ m, $\alpha=6'.8=x$ 时的水平距离 D(n mile)

以 D_1 为基准，在 $\alpha=6'=x_0$ 和 $\alpha=7'=x_1$ 之间进行比例单内插。

$$D=D_1+\frac{D_2-D_1}{\alpha_1-\alpha_0}(\alpha-\alpha_0)=7.13+\frac{6.11-7.13}{7-6}\times(6.8-6)=6.31(\text{n mile})$$

利用原始公式求水平距离

$$D=\frac{h\cdot\cot\alpha}{1\,852}=\frac{23\cot 6'.8}{1\,852}=6.278(\text{n mile})$$

综上所述，航海上通常采用两种比例双内插方法，方法一是利用式(1-3-2)进行比例双内插；方法二是进行 3 次比例单内插。

从例 1-3-1 的计算结果 $D=6.29$ n mile 和例 1-3-2 的计算结果 $D=6.31$ n mile 与水平距离准确值 $D=6.278$ 相比较，看似例 1-3-1 计算结果精度高一些，其实不然，两种方法不能说哪一种精度一定高。但是例 1-3-2 进行了 3 次比例单内插，其计算结果的精度较例 1-3-1 的相对稳定。

在航海实践中，为了使用方便，有些函数表册的编制尽可能缩小表间距(或造表函数做了一定的处理)，从而使两种方法求得结果基本相等。

第四节　三内插法

利用三元函数编制的三元函数表，有三个查表引数，用三个查表引数求函数值的方法称为三内插法。根据编表函数的性质可分为变率三内插和比例三内插两种内插方法。

一、变率三内插

当编表函数的变化率不均匀时，为提高用表计算精度，表中列出了相应的变化率，要求使用相应的变化率进行函数计算。变率内插就是利用函数表中给出的变化率进行内插。

使用三元函数 $w=f(x,y,z)$ 编制的函数表，如果查表引数 x、y、z 介于表列引数之间，可利用式(1-1-3)求取函数值 w

$$w=f(x,y,z)\approx f(x_0,y_0,z_0)+\frac{\partial w}{\partial x}(x-x_0)+\frac{\partial w}{\partial y}(y-y_0)+\frac{\partial w}{\partial z}(z-z_0)\qquad(1\text{-}4\text{-}1)$$

如果函数表中给出了变化率，则利用上式求函数值。在现代航海中，很少使用给出变化率的三元函数表。但这类表在 20 世纪中下叶盛行，具有代表性的是“天体高度方位表”。

二、比例三内插

将式(1-4-1)中的变化率 $\frac{\partial w}{\partial x}$、$\frac{\partial w}{\partial y}$、$\frac{\partial w}{\partial z}$ 用平均变化率替代，得到比例三内插的计算公式

$$w \approx w_{x_0,y_0,z_0} + \frac{w_{x_1,y_0,z_0} - w_{x_0,y_0,z_0}}{x_1 - x_0}(x - x_0) + \frac{w_{x_0,y_1,z_0} - w_{x_0,y_0,z_0}}{y_1 - y_0}(y - y_0) + \frac{w_{x_0,y_0,z_1} - w_{x_0,y_0,z_0}}{z_1 - z_0}(z - z_0)$$

将上式写成

$$w \approx w_{000} + \frac{w_{100} - w_{000}}{x_1 - x_0}(x - x_0) + \frac{w_{010} - w_{000}}{y_1 - y_0}(y - y_0) + \frac{w_{001} - w_{000}}{z_1 - z_0}(z - z_0) \quad (1\text{-}4\text{-}2)$$

式(1-4-2)中与函数表对应的数据如表1-4-1所示。

表1-4-1　$w = f(x,y,z)$ 函数表

(a)z_0

y \ x	…	x_0	x_1	…
…	…	…	…	…
y_0	…	w_{000}	w_{100}	…
y_1	…	w_{010}	w_{110}	…
…	…	…	…	…

(b)z_1

y \ x	…	x_0	x_1	…
…	…	…	…	…
y_0	…	w_{001}	w_{101}	…
y_1	…	w_{011}	w_{111}	…
…	…	…	…	…

如果三元函数表中没有给出变化率(如表1-4-1所示),则可以利用式(1-4-2)进行比例三内插求函数值。从该式中可见,近似值是在 w_{000} 的基础上分别对x、y和z进行比例内插。因为式(1-4-2)是由变率三内插公式得到的,所以使用该式时应遵循“最接近原则”。

例1-4-1:已知纬度34°24′.0,赤纬10°48′.0,视时4^h09^m,利用太阳方位表(如表1-4-2所示)求太阳方位A。

注:本题计算忽略了纬度、赤纬和方位的名称的确定,相关内容在专业课中介绍。

表1-4-2　太阳方位表

(a) 纬度34°

视时 \ 赤纬	8°	9°	10°	11°
4^h04^m	100.0	99.1	98.1	97.2
4^h08^m	99.4	98.5	97.5	96.6
4^h12^m	98.8	97.8	96.9	95.9
4^h16^m	98.2	97.2	96.3	95.3

(b) 纬度 35°

视时 \ 赤纬	8°	9°	10°	11°
4^h04^m	100.6	99.6	98.7	97.8
4^h08^m	99.9	99.0	98.1	97.1
4^h12^m	99.3	98.4	97.4	96.5
4^h16^m	98.6	97.7	96.8	95.9

解:令赤纬为 x,视时为 y,纬度为 z。为内插方便,将六十进制换算成十进制,纬度 34°24′.0 = 34°.4,赤纬 10°48′.0 = 10°.8。查表引数为纬度 34°,赤纬 11°,视时 4^h08^m,则以 w_{000} =96°.6 为基准进行比例三内插。

由式(1-4-2)

$$w \approx w_{000} + \frac{w_{100} - w_{000}}{x_1 - x_0}(x - x_0) + \frac{w_{010} - w_{000}}{y_1 - y_0}(y - y_0) + \frac{w_{001} - w_{000}}{z_1 - z_0}(z - z_0)$$

$$\text{太阳方位}\ A = 96.6 + \frac{97.5 - 96.6}{10 - 11} \times (10.8 - 11) + \frac{95.9 - 96.6}{12 - 8} \times (9 - 8) + \frac{97.1 - 96.6}{35 - 34} \times (34.4 - 34) = 96°.8$$

比例三内插还可以以纬度 34°为基准进行比例双内插,再以纬度 35°为基准进行比例双内插,然后以上述两结果在纬度 34°和 35°之间进行比例内插。显然,这比利用式(1-4-2)内插烦琐。在航海实践中利用三元函数编制成三元函数表,如果没有给出变化率,则表册的编排已经考虑了如果利用式(1-4-2)进行内插,其结果可以满足应用计算精度的要求(如太阳方位表的编制)。

习　题

一、思考题

1. 试述航海上内插法的分类。
2. 试述变率单内插的几何意义和内插注意事项。
3. 试述比例单内插的几何意义。
4. 比较变率单内插和比例单内插几何意义的异同点。

二、计算题

1. 某船静水力特性参数表如表 1-2-3 所示。已知型吃水 d = 7.30 m,求该船此时的排水量 Δ 和总载重量 DW。

2. 某船静水力特性参数表如表 1-2-3 所示。已知型吃水 d = 7.75 m,求该船此时的排水量 Δ 和总载重量 DW。

3. 某船静水力特性参数表如表 1-2-3 所示。已知排水量 Δ = 14 680 t，求该船此时的型吃水 d。

4. 某船静水力特性参数表如表 1-2-3 所示。已知总载重量 DW = 10 510 t，求该船此时的型吃水 d。

5. 设物标高 h，垂直角 α，水平距离 $D = h\cot\alpha$，利用该式编表 1-3-2，求 h = 52 m，α = 5′.4 时的水平距离 D(n mile)。

6. 设物标高 h，垂直角 α，水平距离 $D = h\cot\alpha$，利用该式编表 1-3-2，求 h = 38 m，α = 8′.2 时的水平距离 D(n mile)。

7. 设物标高 h，垂直角 α，水平距离 $D = h\cot\alpha$，利用该式编表 1-3-2，求 h = 63 m，α = 5′.8 时的水平距离 D(n mile)。

8. 设物标高 h，垂直角 α，水平距离 $D = h\cot\alpha$，利用该式编表 1-3-2，求 h = 58 m，α = 7′.8 时的水平距离 D(n mile)。

9. 某船散装谷物许用倾侧力矩表如下表所示。求当排水量 Δ = 48 846 t 和重心高度 KG = 8.77 m 时的散装谷物许用倾侧力矩 M。

某船散装谷物许用倾侧力矩(M) 表

重心高度 KG(m) / 排水量 Δ(t)	8.3	8.4	8.5	8.6	8.7	8.8	8.9	9.0
47 000	36 106	35 066	34 027	32 987	31 948	30 908	29 869	28 829
48 000	36 913	35 851	34 789	33 728	32 666	31 604	30 543	29 481
49 000	37 763	36 679	35 595	34 511	33 427	32 344	31 260	30 176

10. 已知纬度 34°16′.0，赤纬 10°18′.0，视时 $4^{h}13^{m}$，利用太阳方位表(如表 1-4-2 所示)求太阳方位 A。

11. 已知纬度 34°24′.0，赤纬 10°48′.0，视时 $4^{h}09^{m}$，利用太阳方位表(如表 1-4-2 所示)求太阳方位 A。

12. 已知纬度 34°54′.0，赤纬 10°42′.0，视时 $4^{h}15^{m}$，利用太阳方位表(如表 1-4-2 所示)求太阳方位 A。

第二章　球面三角形

球面三角学是研究球面图形性质的球面几何学的分支，主要研究球面上由三条大圆弧相交所构成的球面三角形的性质、边与角之间的数量关系，被广泛应用于天文、航海、测量、制图等方面。在航海实践中球面三角学是导航定位的主要的理论基础之一，因此，本章是航海专业课程的数学基础。

第一节　球面几何

在平面几何中，基本概念是点和线。在球面几何中，点的概念和定义依旧不变，但线不再是“直线”，而是球面上两点之间最短距离“线”，称为大圆弧，因此，球面上的距离是用“角度”来表示的。

一、球、球面

在空间与一定点等距离的点的轨迹称为球面(spherical surface)。包围在球面中的实体称为球(sphere)，这一定点称为球心。球心与球面上任意一点间的距离称为球半径 R。过球心与球面相交的直线段称为球直径。同球的半径和直径都相等。同理，半径或直径相等的球全等。所以，球面又可定义为半圆周绕它的直径旋转一周的旋转面。

二、球面上的圆

任意一平面与球面相截的截痕是圆。

如图 2-1-1 所示，平面 π 与球面相截，A 是截痕上任意点。由球心 O 向截面 π 作垂线 $\overline{OO'}$，连线 $\overline{OA}$、$\overline{O'A}$ 构成直角三角形 OAO'，$\angle OO'A = 90°$，则

$$\overline{O'A} = \sqrt{(\overline{OA})^2 - (\overline{OO'})^2}$$

当平面 π 的位置不变，则 $\overline{OO'}$ 是定长，又因 $\overline{OA}$ 是球的半径 R，A 在截痕上任意移动时，$\overline{OA}$ 总是定值，因而 $\overline{O'A}$ 也是定值。由此可知，

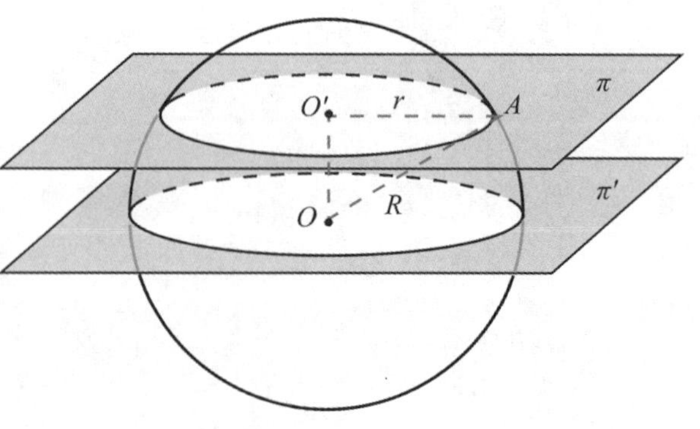

图 2-1-1　大圆、小圆示意图

π 平面与球面的截痕是一个以 O' 为圆心，$\overline{O'A}=r$ 为半径的圆。从而可以推广到任一平面与球面的截痕均为圆。

当 $\overline{O'O}=0$，平面 π' 通过球心时，所截成的圆称为大圆(great circle)，它的一段圆弧称为大圆弧。截面不通过球心的圆称为小圆(small circle)，它的一段圆弧称为小圆弧。

三、大圆的性质

(1)大圆的圆心与球心重合。

(2)大圆的直径等于球直径，半径等于球半径。

(3)同球或等球上的大圆的大小相等。

(4)大圆等分球面和球体。

(5)同球上的两个大圆平面一定相交，交线是它们的直径，并且两大圆互相平分。

如图2-1-2所示，$AEBF$ 和 $CEDF$ 是任意两个大圆。因为球心同时在这两个大圆面上，所以必在这两个大圆面的交线上，因此这个交线是这两个圆的公共直径。而圆的直径必平分该圆，所以这两个大圆互相平分。

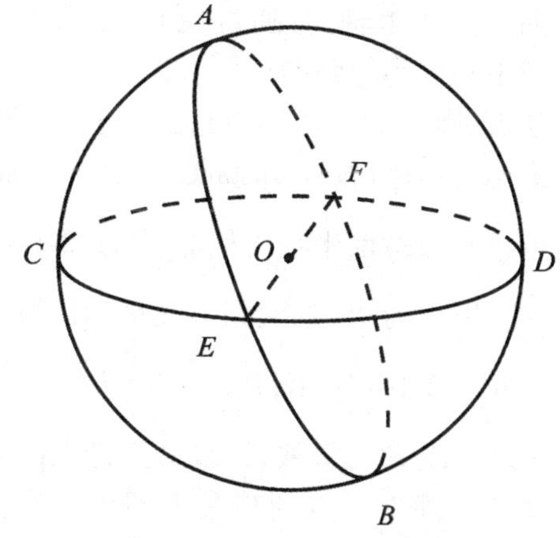

图2-1-2　球面上两大圆弧相互平分示意图

(6)过球面上不在同一直径两端上的两个点，能作且仅能作一个大圆，却能作无数个小圆。若在同一直径两端上的两个点，则能作无数个大圆而不能作小圆。

(7)球面上两点间的最短球面距离是过球面上两点间小于180°的大圆弧(劣弧)。

如图2-1-3所示，过球面上两点 A、B 作一大圆弧。过 A 和 B 作任意曲线 $\overbrace{ACD\cdots NB}$，且分成 $N+1$ 个无穷小弧段 $\overset{\frown}{AC},\overset{\frown}{CD},\cdots,\overset{\frown}{NB}$，因为这些弧是无穷小，都可以认为是大圆弧。用直线连接 $\overline{OA},\overline{OC},\overline{OD},\cdots,\overline{ON},\overline{OB}$(均为球半径)，得一顶点位于球心的多面角 $O-ACD\cdots NB$。由立体几何知，在多面角中，任一面角小于其他面角之和，即

$$\angle AOB<\angle AOC+\angle COD+\cdots+\angle NOB$$

上述球心角等于该球心角所对应的弧长与球半径的比值，即

$$\frac{\overset{\frown}{AB}}{OA}<\frac{\overset{\frown}{AC}}{OA}+\frac{\overset{\frown}{CD}}{OC}+\cdots+\frac{\overset{\frown}{NB}}{ON}$$

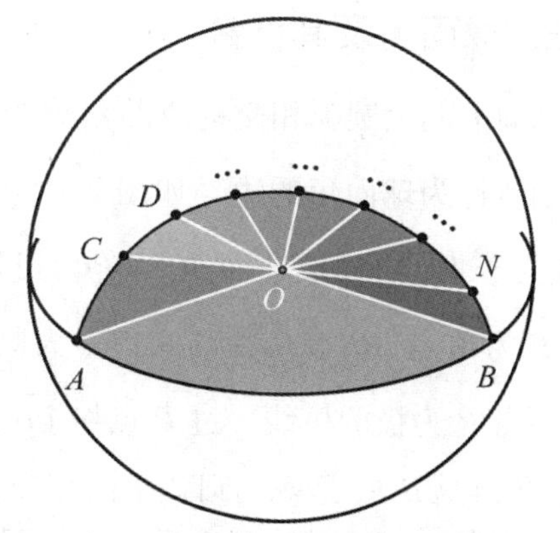

图2-1-3　球面上两点间最短球面距离证明图

由于 $\overline{OA}=\overline{OC}=\overline{OD}=\cdots=\overline{ON}=$ 球半径，所以

$$\overset{\frown}{AB}<\overset{\frown}{AC}+\overset{\frown}{CD}+\cdots+\overset{\frown}{NB}$$

这就证明了球面上两点间的最短球面距离是过球面上两点间小于 180°的大圆弧，也就是说，球面上两点间的最短球面距离应用大圆弧度量，而大圆弧的弧长等于该弧长所对的球心角乘以球半径，在同一个球上，球半径是常数，即已知球心角就等于知道了球心角所对应的弧长。所以，球面上的距离是用“角度”来表述的。航海上以角度 1′表示 1 n mile（海里）。在航海实践中，船舶沿大圆弧 $\overset{\frown}{AB}$ 所走的航线称为大圆航线。

四、轴、极、极距、极线

垂直于任意圆面的球直径称为该圆（大圆或小圆）的轴（axis）。轴的两个端点称为极（pole），故每个圆均有两个极。垂直于同一轴可有无数个平行圆，其中只有一个圆的平面通过球心的是大圆，其余的都是小圆。如果将地球视为圆球体，地球自转轴的两个端点称为地北极和地南极，赤道平面垂直于地轴，且通过地心，是大圆，平行于赤道平面的小圆称为等纬圈。

从极到圆（大圆或小圆）弧上任一点沿大圆弧的球面距离称为极距（polar distance），又叫球面半径。同一个圆的极距或球面半径均相等，如图 2-1-4 中，$\overset{\frown}{Pa}=\overset{\frown}{Pb}=\overset{\frown}{Pc}=\overset{\frown}{Pd}$。极距为 90°的大圆弧又称为该极的极线（equator）。如图 2-1-4 所示，$\overset{\frown}{PA}=\overset{\frown}{PB}=\overset{\frown}{PC}=\overset{\frown}{PD}=90°$，大圆 $\overset{\frown}{ABCD}$ 为 P 或 P'的极线，极线必定是大圆弧。

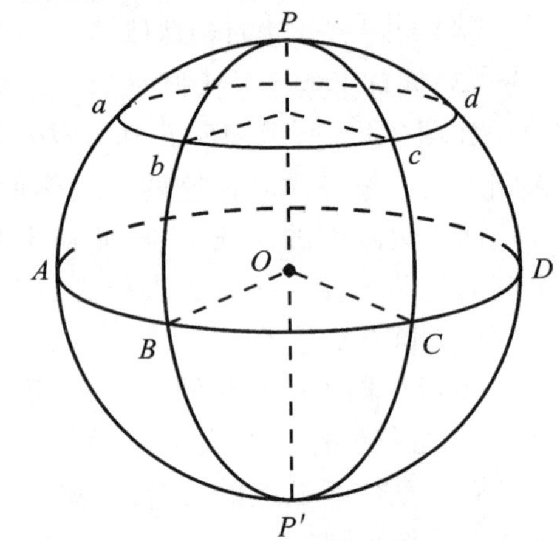

图 2-1-4 轴、极、极距、极线

如果球面上一点到某一大圆上任意两点（不在同一直径两端点）的球面距离都是 90°，这一点就是该大圆的极，而这个大圆是该点的极线。

五、球面角及其度量

球面上两大圆弧相交构成的角称为球面角（spherical angle），其交点称为球面角的顶点，两大圆弧称为球面角的边。如图 2-1-5 所示，大圆弧 $\overset{\frown}{PB}$、$\overset{\frown}{PC}$ 相交于 P 点，构成球面角 $\angle BPC$，可简写为 $\angle P$ 或 P。其中 P 为顶点，$\overset{\frown}{PB}$、$\overset{\frown}{PC}$ 为其两边。大圆弧 $\overset{\frown}{ABCD}$ 是以球面角顶点 P 为极的极线。过 P 点作 $\overset{\frown}{PB}$、$\overset{\frown}{PC}$ 的切线 $\overline{Pb}$ 和 $\overline{Pc}$，$\angle bPc=\angle BOC$ 是两大圆弧平面相交构成的二面角。

球面角 $\angle BPC$ 的三种度量方法如下：

（1）切于顶点 P 两条边（大圆弧）的切线的夹角 $\angle bPc$。

（2）顶点 P 的极线被两条边（大圆弧）所截的弧长 $\overset{\frown}{BC}$。

（3）大圆弧 $\overset{\frown}{BC}$ 所对的球心角 $\angle BOC$。

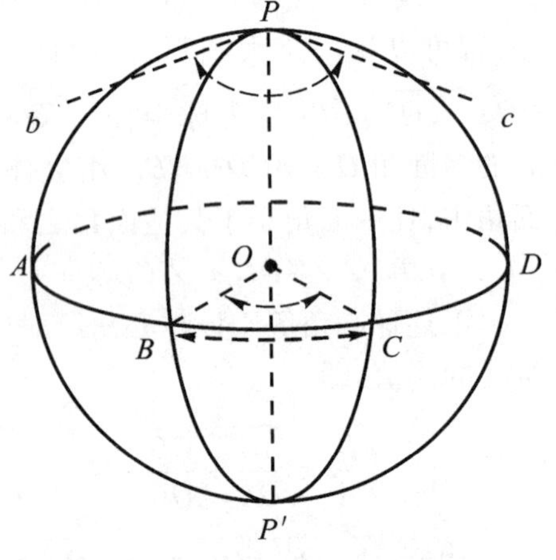

图 2-1-5 球面角的度量

上述三种度量方法在航海实践中经常用到，在描述球面角时常用第一种方法，如大圆航向表述为起航点大圆航线的切线与其子午线（的切线）的夹角。在度量球面角时常用第二种方法，其特点是直观且便于度量，如用两地的经线在赤道上所夹的一段弧长来度量两地的经度差。在描述大圆弧的性质时常用第三种方法，如大圆弧可用其所对的球心角表示，反之，球心角可用其对应的大圆弧描述。

六、圆心角相等的小圆弧与大圆弧之比

如图 2-1-6 所示，大圆弧 $\widehat{AB}$ 平面与小圆弧 $\widehat{ab}$ 平面互相平行，$\overline{PP'}$ 为它们的轴。显然圆心角

$$\angle AOB = \angle ao'b = \frac{\widehat{AB}}{\overline{AO}} = \frac{\widehat{ab}}{\overline{ao'}}（弧度）$$

$$\frac{\widehat{ab}}{\widehat{AB}} = \frac{\overline{ao'}}{\overline{AO}} = \frac{\overline{ao'}}{\overline{aO}} = \sin\angle aOo' = \sin\widehat{Pa}$$

所以

$$\widehat{ab} = \widehat{AB} \times \sin\widehat{Pa}$$

即小圆弧长等于圆心角相等的大圆弧长乘以小圆极距的正弦函数。

如果将地球视为圆球体，如图 2-1-6 所示，P 为地极，$\widehat{AB}$ 为赤道，则

$$\widehat{ab} = \widehat{AB} \times \sin(90° - \widehat{Aa}) = \widehat{AB} \times \cos\widehat{Aa} = \widehat{AB} \times \cos（小圆的纬度）$$

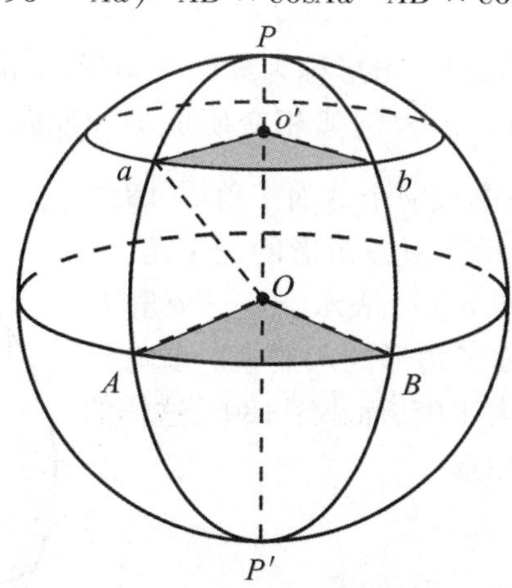

图 2-1-6　圆心角相等的小圆弧与大圆弧

即小圆弧长等于圆心角相等的大圆弧长乘以小圆纬度的余弦函数，如果已知小圆纬度和 $\widehat{ab}$（航海上称为东西距），可以利用上述定理求出 a、b 两地的经度差即$\widehat{AB}$。本定理在航海实践中经常用到。

如果大圆弧与小圆弧的圆面互相不平行，只要圆心角相等，上述关系式同样成立。

七、两大圆极之间的大圆弧所对的球心角等于该两大圆平面的二面角

如图 2-1-7 所示，两大圆弧$\widehat{CD}$和$\widehat{CE}$ 相交于 C 点，构成球面角 $\angle DCE$，A 和 B 点分别是该两大

圆的极。由于两大圆极之间的球心角 $\angle AOB$ 和二面角 $\angle DOE$ 均等于 $90° - \angle BOD$,所以 $\angle AOB = \angle DOE = \angle DCE$(球面角)。在天文航海中描述测者的纬度等于仰极高度时用到该定理。

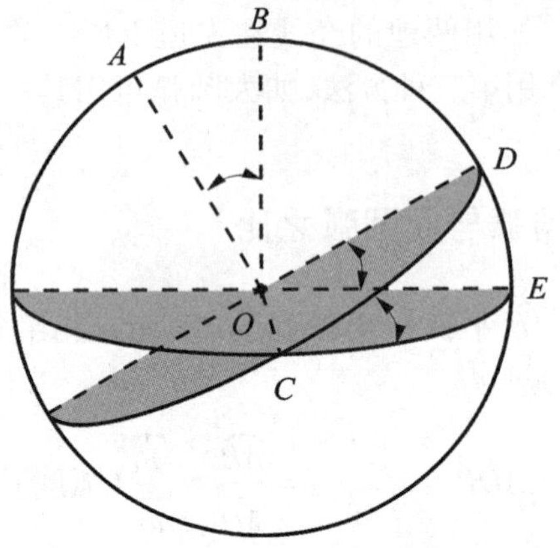

图 2-1-7　两大圆平面的夹角示意图

第二节　球面三角形

一、球面三角形的定义

在球面上由三个大圆弧围成的三角形称为球面三角形(spherical triangle)。围成三角形的大圆弧称为球面三角形的边。由大圆弧相交所成的球面角称为球面三角形的角。如图 2-2-1 所示,大圆弧$\overset{\frown}{AB}$、$\overset{\frown}{BC}$ 和$\overset{\frown}{CA}$ 围成一个球面三角形 ABC。

用大写英文字母 A、B、C 表示球面三角形的三个角,三个角的对应边则用小写英文字母 a、b、c 表示。这三个角 A、B、C 和三条边 a、b、c 统称为球面三角形的六要素。航海上讨论的球面三角形的六要素均大于0°,而小于180°,这样的球面三角形又称为欧拉球面三角形。

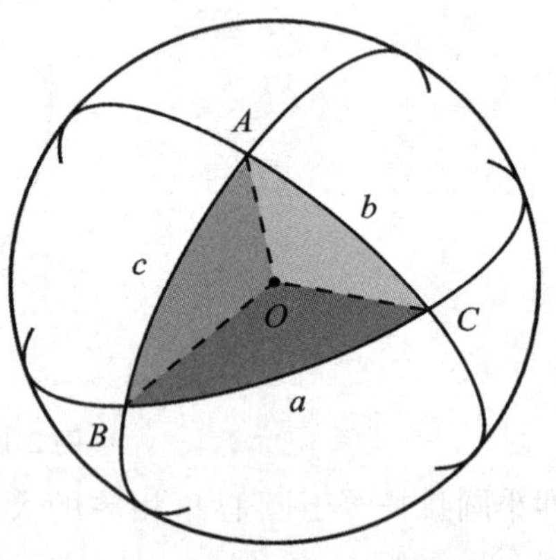

图 2-2-1　球面三角形

二、球面三角形的分类

球面三角形分为直角、直边、等腰、等边、初等和任意三角形。

1. 球面直角三角形和球面直边三角形

至少有一个角为 90°的球面三角形称为球面直角三角形。至少有一个边为 90°的球面三角形称为球面直边三角形。

2. 球面等腰三角形和球面等边三角形

球面三角形中,有两边或两角相等的三角形称为球面等腰三角形,三边或三角都相等的三角形称为球面等边三角形。

3. 球面初等三角形

三条边相对其球半径甚小的球面三角形称为球面小三角形。只有一边相对其球半径甚小的球面三角形称为球面窄三角形。两者统称为球面初等三角形(primary triangle)。

4. 球面任意三角形

凡不具备上述特殊条件的球面三角形称为球面任意三角形。

三、球面三角形的关系

1. 全等球面三角形

在同球或等球上,边角对应相等,且排列顺序相同的球面二角形称为全等球面三角形。

全等的条件有下列四种情况:

(1)两边及其夹角对应相等。

(2)两角及其夹边对应相等。

(3)三边对应相等。

(4)三角对应相等。

2. 对称球面三角形

如图 2-2-2 所示,从球面三角形 ABC 的三个顶点作直径与球面交于 A_0、B_0 和 C_0 点,得另一球面三角形 $A_0B_0C_0$,它和原三角形对应,且边、角对应相等,但边、角排列次序不同,这样的两个球面三角形称为对称球面三角形。

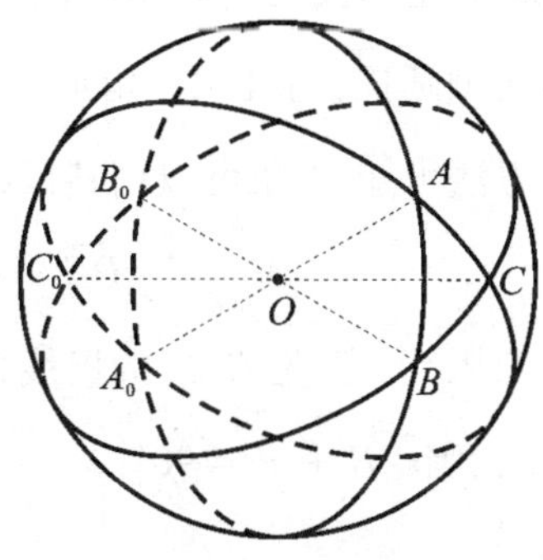

图 2-2-2　对称球面三角形

3. 球面极线三角形(极线三角形)

球面三角形三个顶点的极线所构成的球面三角形称为原球面三角形(原三角形)的球面极线三角形(极线三角形 polar triangle)。以原三角形的三个顶点 A、B、C 为极,作三个极的三条极线 $\widehat{B'C'}$、$\widehat{A'C'}$、$\widehat{A'B'}$构成极线三角形 $A'B'C'$。若原三角形各边均小于 90°,则其极线三角形在原三角形之外,如图 2-2-3(a)所示。若原三角形各边均大于 90°,则其极线三角形在原三角形之内,如图 2-2-3(b)所示。若原三角形的一边或两边小于 90°,其余的边大于 90°,则其极线三角形与原三角形相交,如图 2-2-3(c)所示。

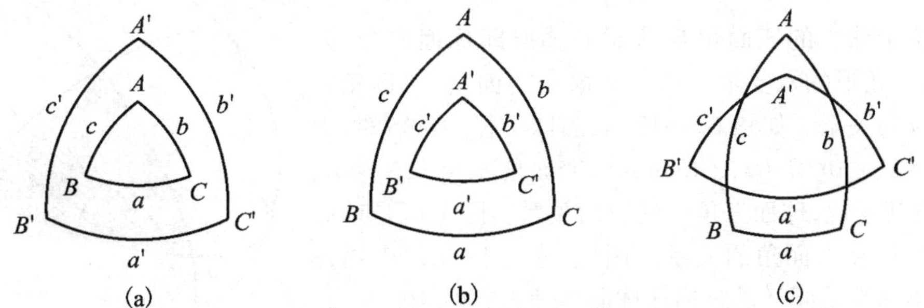

图 2-2-3　原三角形与其极线三角形相互位置关系示意图

(1)原三角形与其极线三角形互为极线三角形。

如图2-2-4所示，以原三角形ABC的三个顶点为极作三条极线围成其极线三角形$A'B'C'$，作两条大圆弧辅助线$\overset{\frown}{B'A}$和$\overset{\frown}{B'C}$，由于a'弧是A点的极线，所以$\overset{\frown}{B'A}=90°$，同理，$c'$弧是$C$点的极线，$\overset{\frown}{B'C}=90°$，由极和极线的定义可知，球面上一点到某一大圆弧上任意两点（不在同一直径两端点）的球面距离均为90°，则大圆弧是该点的极线，即b弧是B'点的极线。同理可证，c弧是C'点的极线，a弧是A'点的极线，所以三角形ABC是三角形$A'B'C'$的极线三角形。由此得出原三角形与其极线三角形互为极线三角形。

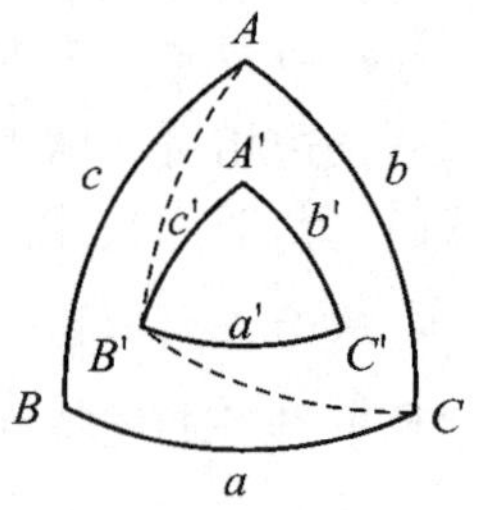

图2-2-4　证明示意图

（2）原球面三角形的边与其极线三角形对应角互补，原球面三角形的角与其极线三角形对应边互补：

$$A + a' = 180° \qquad B + b' = 180° \qquad C + c' = 180°$$
$$a + A' = 180° \qquad b + B' = 180° \qquad c + C' = 180°$$

即原三角形与其极线三角形对应边角互补。如图2-2-5所示，$A'B'C'$是球面三角形ABC的极线三角形。将极线三角形$\overset{\frown}{B'C'}$（a'边）向两侧延长，与其原三角形的两边相交得大圆弧$\overset{\frown}{DE}$，由球面角的度量方法可知，A角可以用其极线被两条边所截的弧长$\overset{\frown}{DE}$来度量，则

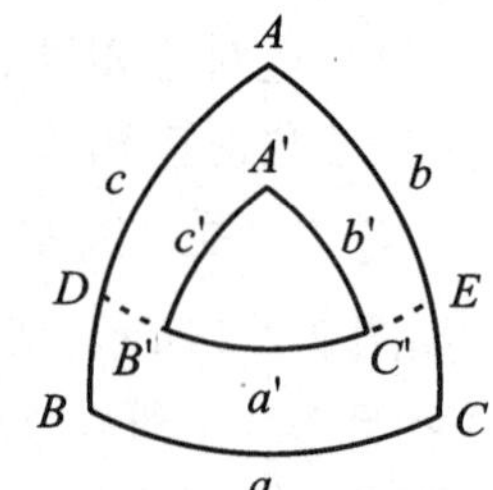

图2-2-5　证明示意图

$$A + a' = \overset{\frown}{DE} + a' = \overset{\frown}{DB'} + a' + \overset{\frown}{C'E} + a'$$

因为c弧是C'点的极线，则$\overset{\frown}{DB'} + a' = 90°$，同理，$b$弧是$B'$点的极线，则$\overset{\frown}{C'E} + a' = 90°$。

所以

$$A + a' = 90° + 90° = 180°$$

同理可证，$B + b' = 180°$，$C + c' = 180°$。

至于$a + A' = 180°$，$b + B' = 180°$，$c + C' = 180°$留待读者自行证明。

四、球面三角形的性质和成立条件

1. 球面三角形与球心三面角的关系

顶点位于球心的三面角与球面的截痕即球面三角形，因此，球面三角形的六要素与球心三面角的面角、二面角有着一一对应的关系。如图2-2-6所示，当球半径为常数时，面角$\angle AOB = c$、$\angle BOC = a$、$\angle COA = b$，二面角$A_1 = A$、$B_1 = B$、$C_1 = C$。也就是说，球面三角形的边角关系实际上就是球心三面角的面角和二面角的关系。因此，在立体几何中描述球心三面角的性质同样适合描述球面三角形，如：

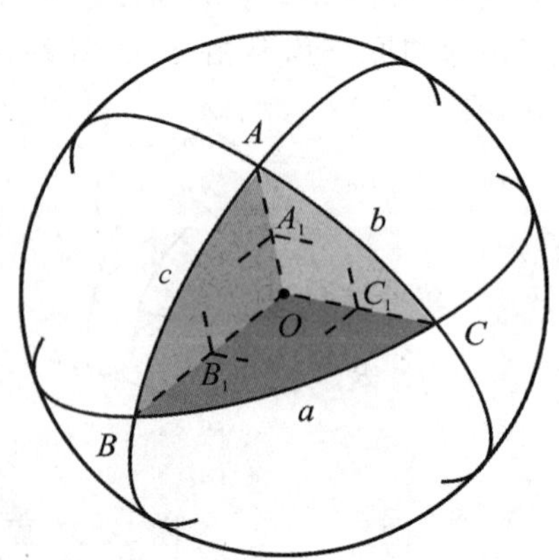

图2-2-6　球面三角形与球心三面角的关系示意图

（1）球心三面角的各面角之和大于0°小于360°。

（2）球心三面角的任意两个面角之和大于第三个面角，

之差小于第三个面角。

(3)球心三面角的三个二面角之和大于180°小于540°。

2. 球面三角形的每一边必大于0°小于180°,三边之和大于0°小于360°

由欧拉三角形定义可知,球面三角形的六要素均大于0°小于180°,所以球面三角形的每一边必大于0°小于180°;

因为球心三面角的各面角之和大于0°小于360°,而面角等于球面三角形的边,所以,球面三角形的三边之和大于0°小于360°。

3. 球面三角形两边之和大于第三边,两边之差小于第三边

因为球心三面角的任意两个面角之和大于第三个面角,之差小于第三个面角,而面角等于球面三角形的边,所以球面三角形两边之和大于第三边,两边之差小于第三边。

4. 球面三角形的每一角必大于0°小于180°,三角之和大于180°小于540°

由欧拉三角形定义可知,球面三角形的六要素均大于0°小于180°,所以球面三角形的每一角必大于0°小于180°;

因为球心三面角的三个二面角的和大于180°小于540°,而二面角等于球面三角形的角,所以球面三角形的三角之和大于180°小于540°。

5. 球面三角形两角之和减去第三角小于180°

因为球面三角形两边之和大于第三边,即

$$a' + b' > c'$$

由极线三角形与原三角形对应边角互补,得

$$180° - A + 180° - B > 180° - C$$

即

$$A + B - C < 180°$$

同理

$$A + C - B < 180°$$
$$B + C - A < 180°$$

6. 球面三角形的外角小于不相邻的两内角之和,而大于它们之差

如图2-2-7所示,$\angle D$是球面三角形ABC的一个外角,它是$\angle C$的邻角,则

$$D + C = 180°,\ 180° - C = D$$

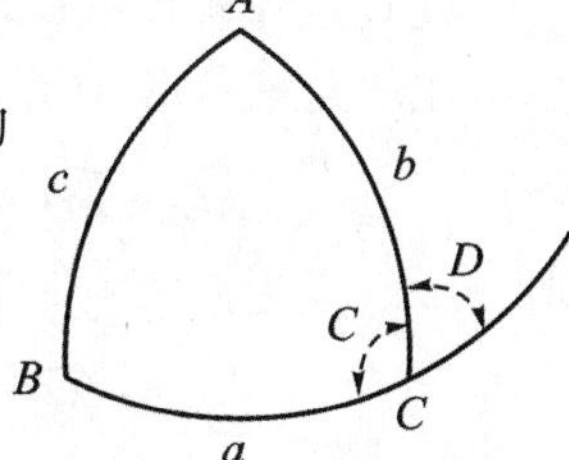

图2-2-7　证明示意图

因为

$$A + B + C > 180°,且\ D + C = 180°$$

所以

$$A + B + C > D + C$$
$$A + B > D$$

又因

$$A + C - B < 180°$$

则

$$A - B < 180° - C, \text{且 } 180° - C = D$$

所以

$$A - B < D$$

7. 同一球面三角形中，如果两条边相等，等边的对角相等，反之，等角的对边也相等

(1) 如图 2-2-8 所示，已知 $c=b$，求证 $C=B$。

过 A 点作 $\overset{\frown}{BC}$ 中点 D 的辅助大圆弧 $\overset{\frown}{AD}$，得到两个球面三角形 ABD 和 ACD，由于这两个三角形对应边相等，则该两个三角形对称，因而对应角 $B = C$。

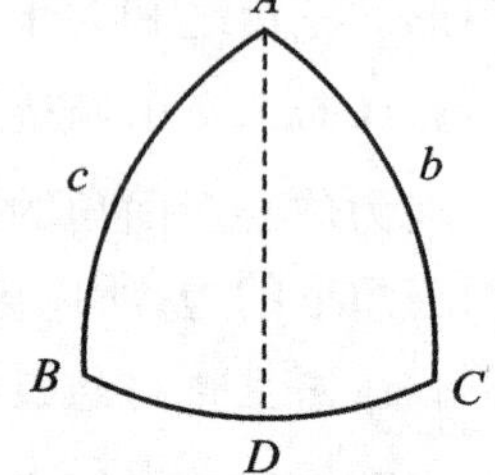

图 2-2-8　证明示意图

(2) 如图 2-2-8 所示，已知 $C=B$，求证 $c=b$。

因为原三角形与极线三角形对应边角互补，则

$$B + b' = C + c' = 180°$$

因为

$$C = B$$

所以

$$b' = c'$$

得到

$$B' = C' \text{（等边的对角相等）}$$

因为

$$B' + b = C' + c$$

所以

$$b = c$$

8. 在任意球面三角形中，对大角的边较大，反之，对大边的角也较大（大边对大角，大角对大边）

(1) 如图 2-2-9 所示，已知球面角 $C > B$，求证 $c > b$。

过 C 点作辅助线 $\overset{\frown}{CD}$，使 $\angle\alpha = \angle\beta$，于是 $\overset{\frown}{CD} = \overset{\frown}{BD}$。

在球面三角形 ACD 中

$$\overset{\frown}{AC} < \overset{\frown}{AD} + \overset{\frown}{CD} \quad \text{（两边之和大于第三边）}$$

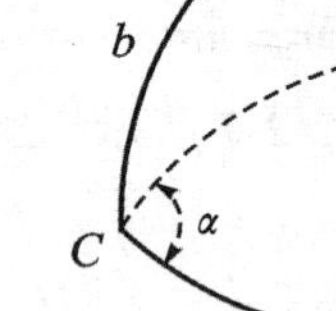

图 2-2-9　证明示意图

则

$$\overset{\frown}{AC} < \overset{\frown}{AD} + \overset{\frown}{BD} \quad (\overset{\frown}{CD} = \overset{\frown}{BD})$$

即

$$b < c$$

(2) 已知 $c > b$，求证 $C > B$。

因为

$$c > b$$

所以

$$180° - C' > 180° - B'$$

即

$$C' < B'$$

根据大角对大边,得

$$c' < b'$$

则

$$180° - C < 180° - B$$

或

$$C > B$$

9. 球面三角形成立的条件

总结上述性质,得出球面三角形成立的条件如下:

(1)当给定球面三角形三条边时:

①任一边应大于0°小于180°。

②三边之和大于0°小于360°。

③两边之和大于第三边,或两边之差小于第三边。

(2)当给定球面三角形三个角时:

①每一角应大于0°小于180°。

②三角之和大于180°小于540°。

③两角之和减去第三角小于180°。

(3)当给定球面三角形两边及其夹角或给定球面三角形两角及其夹边时:

球面三角形的六要素均应大于0°小于180°。

给定其他条件判断球面三角形是否成立已超出航海应用范围,这里不再赘述。

第三节　球面三角形的边角函数关系

本节将介绍航海上经常使用的解算球面三角形的基本公式及其应用方法。

一、球面三角形的基本公式

1. 余弦公式(cosine formula)

(1)边的余弦公式

$$\cos a = \cos b \cos c + \sin b \sin c \cos A$$

可以读成:

一边的余弦等于其他两边余弦的乘积,加上这两边正弦及其夹角余弦的乘积。

如图2-3-1所示,从球面三角形 ABC 的顶点 A 作 b、c 两边的切线,并与 $\overline{OC}$、$\overline{OB}$ 的延长线相交于 D、E 两点,$\overline{DA}$、$\overline{EA}$ 垂直于 $\overline{OA}$,$\angle EAD = \angle A$。在平面三角形 ODE 中,由平面余弦公式得

$$\overline{DE}^2 = \overline{OD}^2 + \overline{OE}^2 - 2\overline{OD} \cdot \overline{OE} \cos a \tag{2-3-1}$$

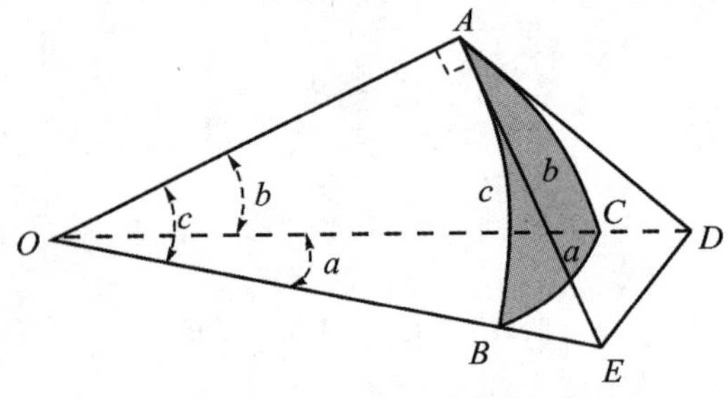

图 2-3-1　边的余弦公式证明图

同理,在平面三角形 AED 中有

$$\overline{DE}^2=\overline{AD}^2+\overline{AE}^2-2\overline{AD}\cdot\overline{AE}\cos A \tag{2-3-2}$$

在平面直角三角形 OAD 和 OAE 中

$$\overline{OA}^2=\overline{OD}^2-\overline{AD}^2=\overline{OE}^2-\overline{AE}^2 \tag{2-3-3}$$

用式(2-3-1)减式(2-3-2)并参看式(2-3-3)得

$$\begin{aligned}0&=\overline{OA}^2+\overline{OA}^2-2\overline{OD}\cdot\overline{OE}\cos a+2\overline{AD}\cdot\overline{AE}\cos A\\&=\overline{OA}^2-\overline{OD}\cdot\overline{OE}\cos a+\overline{AD}\cdot\overline{AE}\cos A\end{aligned}$$

整理得

$$\cos a=\frac{\overline{OA}\cdot\overline{OA}}{\overline{OD}\cdot\overline{OE}}+\frac{\overline{AD}\cdot\overline{AE}}{\overline{OD}\cdot\overline{OE}}\cos A$$

在直角三角形 OAD 和 OAE 中

$$\cos b=\frac{\overline{OA}}{\overline{OD}};\cos c=\frac{\overline{OA}}{\overline{OE}};\sin b=\frac{\overline{AD}}{\overline{OD}};\sin c=\frac{\overline{AE}}{\overline{OE}}$$

所以

$$\cos a=\cos b\cos c+\sin b\sin c\cos A$$

同理可得

$$\cos b=\cos a\cos c+\sin a\sin c\cos B$$

$$\cos c=\cos a\cos b+\sin a\sin b\cos C$$

边的余弦公式应用:在球面三角形中,已知两边及其夹角求第三边;已知三边求三角。该式是航海上最常用的基本公式之一,通常用来求两点间的大圆航程和天体的计算高度。

(2)角的余弦公式

$$\cos A=-\cos B\cos C+\sin B\sin C\cos a$$

可以读成:

一角的余弦等于其他两角余弦的乘积冠以负号加上这两角正弦及其夹边余弦的乘积。

角的余弦公式可由边的余弦公式和极线球面三角形的关系来证明。

设 $A'B'C'$ 是球面三角形 ABC 的极线三角形。由边的余弦公式可写成:

$$\cos a'=\cos b'\cos c'+\sin b'\sin c'\cos A'$$

将 $a'=180°-A,b'=180°-B,c'=180°-C,A'=180°-a$ 代入上式得

$$\cos A=-\cos B\cos C+\sin B\sin C\cos a$$

同理可得

$$\cos B = -\cos C\cos A + \sin C\sin A\cos b$$

$$\cos C = -\cos A\cos B + \sin A\sin B\cos c$$

角的余弦公式应用:在球面三角形中,已知两角及其夹边求对角;已知三角求三边。

2. 正弦公式(sine formula)

$$\frac{\sin a}{\sin A} = \frac{\sin b}{\sin B} = \frac{\sin c}{\sin C}$$

可以读成:

边的正弦与其对角的正弦成比例。

如图2-3-2所示,过球面三角形ABC的顶点A作$\overline{AH}$垂直于平面OBC。由点H作$\overline{HG}$垂直于$\overline{OB}$,作$\overline{HF}$垂直于$\overline{OC}$,再作$\overline{AG}$垂直于$\overline{OB}$,作$\overline{AF}$垂直于$\overline{OC}$。

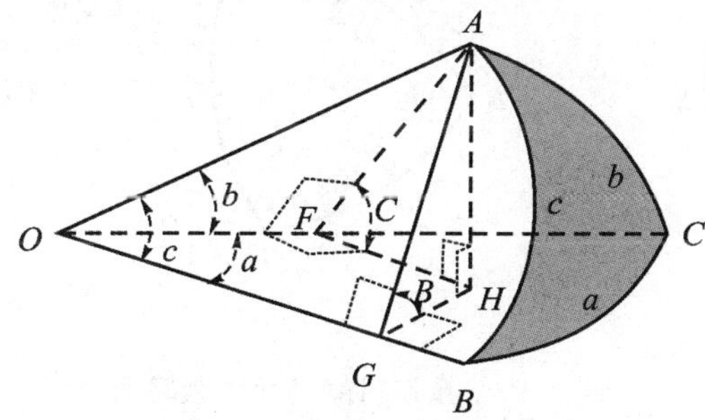

图 2-3-2　正弦公式证明图

在直角三角形OGA和FHA中

$$\frac{\sin c}{\sin C} = \frac{\dfrac{\overline{AG}}{\overline{AO}}}{\dfrac{\overline{AH}}{\overline{AF}}} = \frac{\overline{AG}\cdot\overline{AF}}{\overline{AO}\cdot\overline{AH}}$$

在直角三角形OFA和GHA中

$$\frac{\sin b}{\sin B} = \frac{\dfrac{\overline{AF}}{\overline{AO}}}{\dfrac{\overline{AH}}{\overline{AG}}} = \frac{\overline{AG}\cdot\overline{AF}}{\overline{AO}\cdot\overline{AH}}$$

所以

$$\frac{\sin c}{\sin C} = \frac{\sin b}{\sin B}$$

同理可证

$$\frac{\sin a}{\sin A} = \frac{\sin b}{\sin B}$$

因此

$$\frac{\sin a}{\sin A}=\frac{\sin b}{\sin B}=\frac{\sin c}{\sin C}$$

正弦公式应用:在球面三角形中,已知两角及其一对边,求另一边;已知两边及其一对角,求另一角。

应注意:使用正弦函数求角度有双解,判定哪一解是正确解比较复杂,因此,解算球面三角形应尽量避免使用正弦函数求角度,即避免使用正弦公式。该公式常用于其他球面三角形公式的推导与证明。

3. 余切公式(四联公式 four-parts formula)

在球面三角形的六要素中已知 4 个相连要素中的 3 个要素就可以利用余切公式求出另外 1 个要素。因此,又称其为四联公式。为读写记忆方便,4 个相连要素的命名如图 2-3-3 所示。

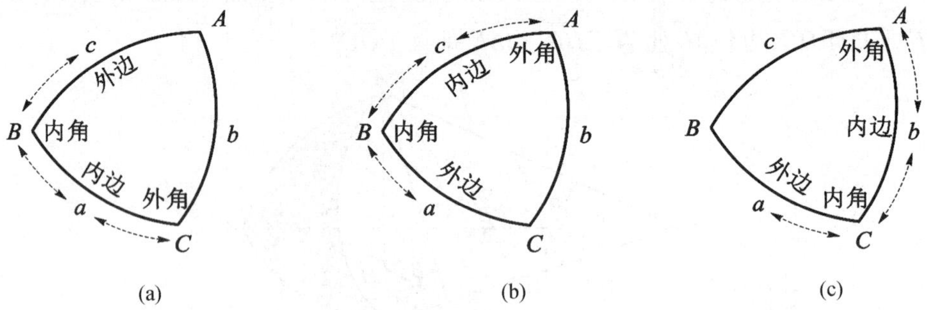

图 2-3-3 余切(四联)公式读写图

cot(外边)sin(内边)= cot(外角)sin(内角)+cos(内边)cos(内角)

可以读成:

外边余切与内边正弦的乘积等于外角余切与内角正弦的乘积加上内边和内角余弦之积。

根据图 2-3-3(a)可以写出

$$\cot c\sin a=\cot C\sin B+\cos a\cos B$$

根据图 2-3-3(b)可以写出

$$\cot a\sin c=\cot A\sin B+\cos c\cos B$$

根据图 2-3-3(c)可以写出

$$\cot a\sin b=\cot A\sin C+\cos b\cos C$$

一共可以写出 6 个计算式。

余切公式用于:在球面三角形中,已知 4 个相连要素中的 3 个,求另外 1 个要素。通常用于已知两边及夹角求相连的角或已知两角及夹边求相连的边。该式也是航海上最常用的基本公式之一,通常用来求大圆航向和天体的计算方位。

4. 正余弦公式(五联公式 five-parts formula)

正余弦公式用来描述球面三角形六要素中 5 个相连要素之间的关系。正余弦公式一般不用来求解,而是用来导出其他球面三角形的公式。

(1)边角正余弦公式

边角正余弦公式用来描述在球面三角形的六要素中 5 个相连要素(3 个边和 2 个角)之间的关系。因此,又称其为五联公式。为读写记忆方便,5 个相连要素的命名如图 2-3-4 所示。

相邻 sin(边)cos(角)= sin(邻边)cos(第三边)-cos(邻边)sin(第三边)cos(夹角)

可以读成：

相邻边角正余弦乘积等于邻边第三边正余弦乘积减去邻边第三边余正弦及其夹角余弦之积。

根据图 2-3-4(a)可以写出

$$\sin a\cos B = \sin c\cos b - \cos c\sin b\cos A$$

根据图 2-3-4(b)可以写出

$$\sin a\cos C = \sin b\cos c - \cos b\sin c\cos A$$

同理,一共可以写出 6 个公式。

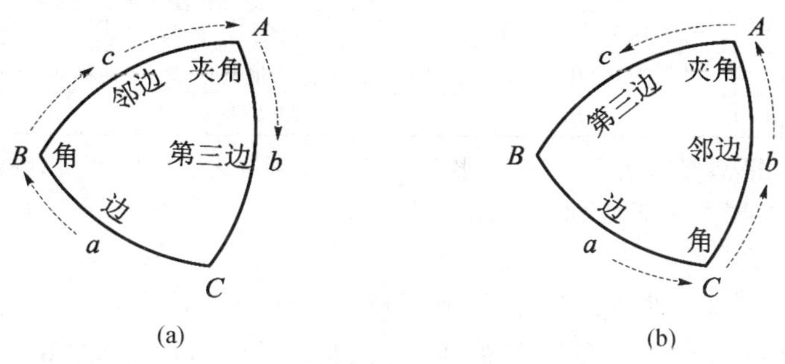

图 2-3-4　边角正余弦(五联)公式读写图

(2)角边正余弦公式

角边正余弦公式用来描述在球面三角形的六要素中 5 个相连要素(3 个角和 2 个边)之间的关系。因此,又称其为五联公式。为读写记忆方便,5 个相连要素的命名如图 2-3-5 所示。

相邻 sin(角)cos(边)= sin(邻角)cos(第三角)+cos(邻角)sin(第三角)cos(夹边)

可以读成：

相邻角边正余弦乘积等于邻角第三角正余弦乘积加上邻角第三角余正弦及其夹边余弦之积。

根据图 2-3-5(a)可以写出

$$\sin C\cos a = \sin B\cos A + \cos B\sin A\cos c$$

根据图 2-3-5(b)可以写出

$$\sin C\cos b = \sin A\cos B + \cos A\sin B\cos c$$

同理,一共可以写出 6 个公式。

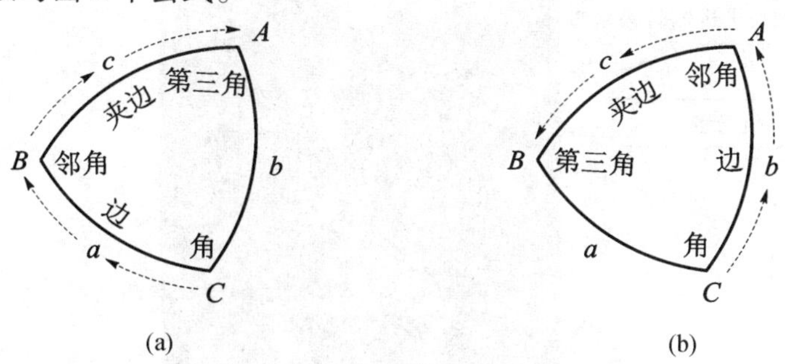

图 2-3-5　角边正余弦(五联)公式读写图

二、解算球面三角形

1. 解算任意球面三角形

根据球面三角形已知要素求解其余要素的方法称为解球面三角形。航海上任意球面三角形的基本解算形式见表 2-3-1。

表 2-3-1　任意球面三角形的基本解算形式

已知	求	应用公式	说明
两边夹角	第三边及其他两角	边的余弦公式、四联公式	有一确定解
两角夹边	第三角及其他两边	角的余弦公式、四联公式	
三边	三角	边的余弦公式	
三角	三边	角的余弦公式	

注意:使用正弦函数求角度有双解,判定哪一解是正确解比较复杂,因此,解算任意球面三角形时,尽可能避免使用正弦公式。

(1)三角函数计算器

使用三角函数计算器解算球面三角形要注意以下几个方面:

①角度单位:计算器有三种角度单位供选择,即度(DEG)、弧度(RAD)、公度(GRAD)。多数计算器开机后即处在 DEG 状态。解算球面三角形用 DEG 状态。

②利用计算器计算三角函数时,应将角度由六十进制转换成十进制(如将 30°30′转换成 30°.5),再进行三角函数运算。通常三角函数计算器上都有六十进制与十进制转换键,利用该键可以方便地转换。目前多数采用 CASIO 系列三角函数计算器,如图 2-3-6 所示。计算器使用例题如表 2-3-2 所示。

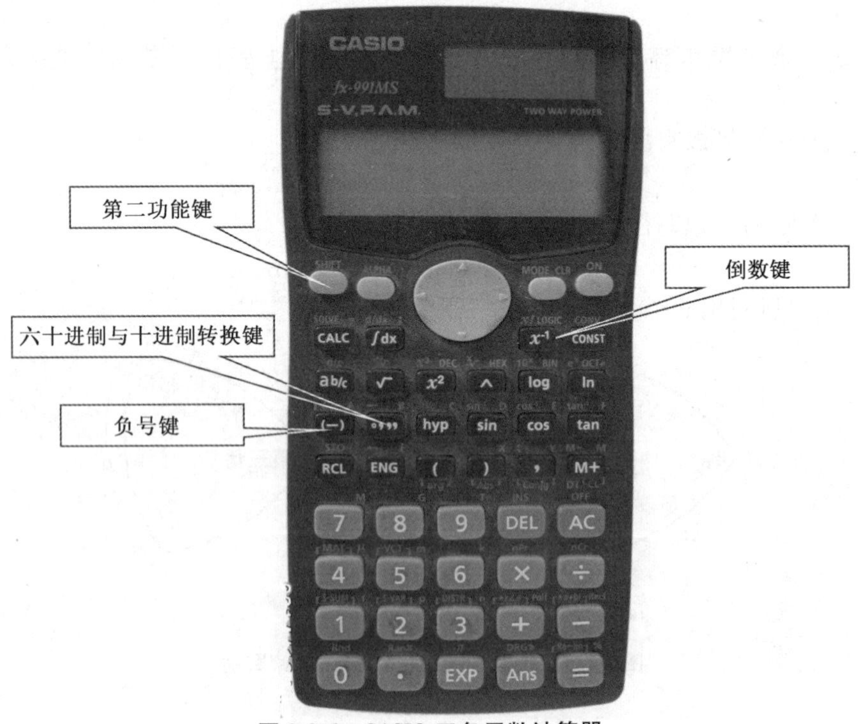

图 2-3-6　CASIO 三角函数计算器

表 2-3-2　计算器使用例题

例题	按书写顺序按键操作	结果显示	按键	结果显示
30°21′. 3	3 0 °′″ 2 1 · 3 °′″ =	30°21′18″	°′″	30. 355
sin−30°21′. 3	sin (−) 3 0 °′″ 2 1 · 3 °′″ =	−0. 505 356 191		
cot130°21′. 3	tan 1 3 0 °′″ 2 1 · 3 °′″ = x^{-1} =	−0. 849 713 339		

求反函数需利用第二功能键，如求 arc(sin*A*)，按键顺序为 SHIFT sin =。如果 arc(tan*A*)求出的是负角度，说明该角度大于 90°，应再加上 180°，才是所求角度。

(2)解算任意球面三角形

例 2-3-1：在球面三角形 *ABC* 中，已知 $a=118°31'.1$，$b=50°20'.6$，$C=100°40'.8$，求 c、A。

解：

1)先绘制球面三角形草图，标出已知要素，如图 2-3-7 所示。

2)根据已知要素写出计算公式，本题是已知两边及其夹角求第三边和相邻的一个角。

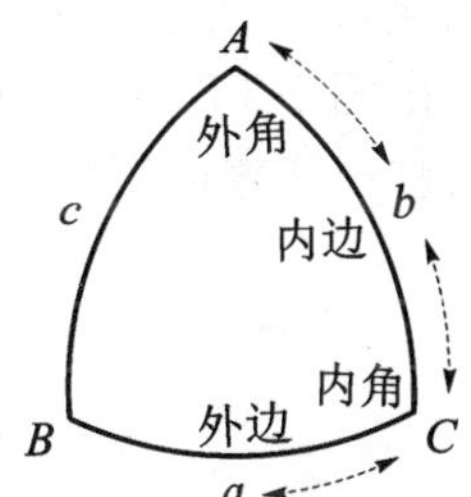

图 2-3-7　球面三角形示意图

①首先利用边的余弦公式求 *c* 边

$$\cos c = \cos a\cos b + \sin a\sin b\cos C$$

$$\cos c = \cos 118°31'.1\cos 50°20'.6 + \sin 118°31'.1$$
$$\sin 50°20'.6\cos 100°40'.8$$

利用计算器计算顺序如下：

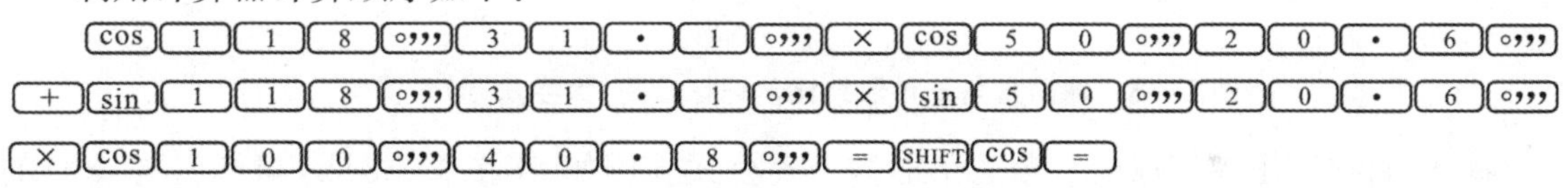

显示 115. 471 424 9，°′″显示 115°28′17. 1，解得 $c=115°28'.3$。

②利用四联公式求 *A* 角

$$\cot a\sin b = \cot A\sin C + \cos b\cos C$$

经整理写出适合计算器运算的形式，即

$$\cot A = \sin b/\tan a/\sin C - \cos b/\tan C$$

$$\cot A = \sin 50°20'.6/\tan 118°31'.1\ /\sin 100°40'.8 - \cos 50°20'.6/\tan 100°40'.8$$

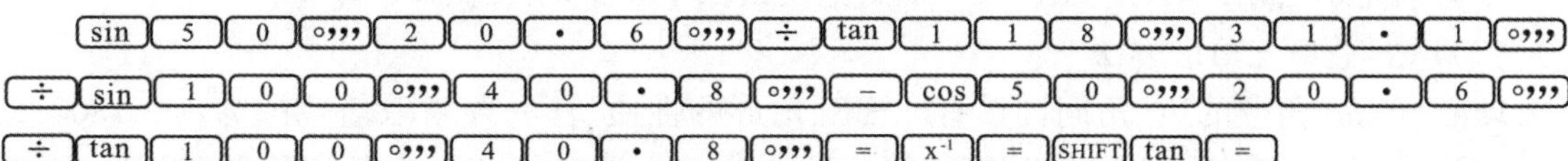

显示 − 73. 019 969 82，+ 180 = 显示 106. 980 030 2，°′″显示 106°58′48. 1，解得 $A = 106°58'.8$。

2. 解算球面直角三角形

有一个或一个以上的角为直角的球面三角形称为球面直角三角形(right triangle)。下面只讨论一个角为直角的球面直角三角形的边角函数关系。

设球面直角三角形 *ABC* 中，$C=90°$。将 $\sin 90° = 1$，$\cos 90° = 0$ 代入球面任意三角形基本公

式,可以导出以下十个球面直角三角形公式:

$$\sin a = \sin A \sin c \qquad \cos c = \cot A \cot B$$
$$\sin a = \cot B \tan b \qquad \cos A = \sin B \cos a$$
$$\sin b = \sin B \sin c \qquad \cos A = \cot c \tan b$$
$$\sin b = \cot A \tan a \qquad \cos B = \sin A \cos b$$
$$\cos c = \cos a \cos b \qquad \cos B = \cot c \tan a$$

(1)球面直角三角形公式的纳比尔记忆法则(大字法则)

由于球面直角三角形公式众多,通过分析其规律,人们总结出一套球面直角三角形公式记忆法则,称其为纳比尔记忆法则。该法则记忆图形像汉字的“大”字,所以又称其为大字法则。

如图 2-3-8(a)所示,在球面直角三角形 ABC 中,$C=90°$,称 a、b 为直角边,c 为斜边。先画“大”字图形,“大”字上部竖线对直角 C,相邻两侧为直角边 a 和 b,“大”字下面三个空格分别填入相对元素边或角的余数如:$90°-A$,$90°-c$,$90°-B$,如图 2-3-8(b)所示。

由图 2-3-8(b),球面直角三角形公式的记忆法则可以读成:

任一要素的正弦等于相邻两要素正切乘积或相对两要素余弦乘积。

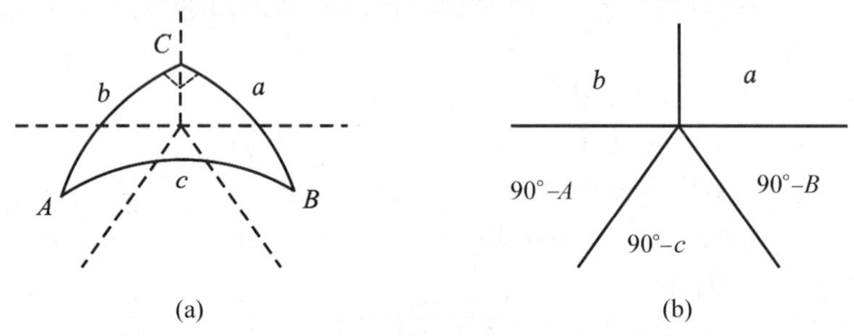

图 2-3-8 球面直角三角形纳比尔记忆法则(大字法则)示意图

据此,直接写出解算球面直角三角形的有关公式。例如:由图 2-3-8(b)可知,$(90°-c)$的相邻两要素为$(90°-A)$和$(90°-B)$,相对两要素为 a 和 b,由记忆法则分别可写出

$$\sin(90° - c) = \tan(90° - A)\tan(90° - B)$$
$$\sin(90° - c) = \cos a \cos b$$

整理后两式为

$$\cos c = \cot A \cot B, \cos c = \cos a \cos b$$

根据纳比尔法则还可以写出“大” 字图中其余四个要素的八个基本公式。

(2)球面直角三角形解法

球面直角三角形的边、角同样具有球面三角形的性质,任一要素取值范围为 0°~180°,即在 0°~90°的第一象限或在 90°~180°的第二象限内。由于在解球面直角三角形过程中,有时会用到正弦函数,这样就会出现双解的问题,为判断正确解,则需要掌握球面直角三角形边、角的基本性质,如表 2-3-3 所示。

表 2-3-3　球面直角三角形边、角的基本性质

证明公式(见图 2-3-8)	边、角性质
$\cos c=\cos a\cos b$	若两直角边 a 和 b 在同一象限,则斜边 c 小于 90°;若两直角边不在同一象限,则斜边大于 90°
$\cos c=\cot A\cot B$	若斜边 c 的两个邻角 A 和 B 在同一象限,则斜边 c 小于 90°;若斜边的两个邻角不在同一象限,则斜边大于 90°
$\cos A=\sin B\cos a$ $\cos B=\sin A\cos b$	直角边与其对角(a 与 A 或 b 与 B)在同一象限

例 2-3-2:在球面直角三角形 ABC 中,已知 $C=90°$,$a=122°30'.4$,$A=120°20'.3$,求 c、b、B。

解:根据题中给出的条件,正确画出"大"字图形,如图 2-3-9 所示。根据已知条件写出计算公式:

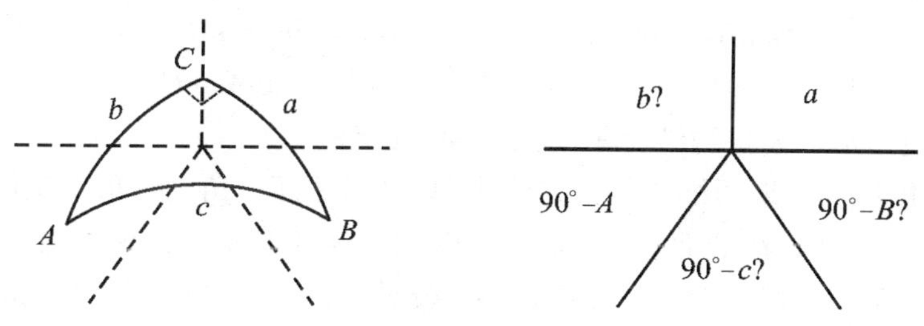

图 2-3-9　纳比尔记忆法则示意图

$$\sin a=\sin A\sin c \quad \text{改写成} \quad \sin c=\frac{\sin a}{\sin A}$$

$$\sin b=\tan a\cot A \quad \text{改写成} \quad \sin b=\frac{\tan a}{\tan A}$$

$$\cos A=\cos a\sin B \quad \text{改写成} \quad \sin B=\frac{\cos A}{\cos a}$$

本题的未知要素都是用正弦函数求解,所以每个公式有以下两组解:

$c_1=77°43'.5$　　$c_2=102°16'.5$

$b_1=66°41'.8$　　$b_2=113°18'.2$

$B_1=70°02'.2$　　$B_2=109°57'.8$

利用球面直角三角形基本性质判别正确解的组合:

(1)因为直角边与其对角(a 与 A 或 b 与 B)在同一象限,所以 $b_1=66°41'.8$ 与 $B_1=70°02'.2$ 在同一象限,为一组;$b_2=113°18'.2$ 与 $B_2=109°57'.8$ 在同一象限,为另一组。

(2)因为若两直角边 a 和 b 在不同象限,则斜边 c 大于 90°,所以已知 $a=122°30'.4$ 与解 $b_1=66°41'.8$ 在不同象限,斜边的正确解应取 $c_2=102°16'.5$,即 c_2 与 b_1 为一组。

(3)因为若两直角边 a 和 b 在同一象限,则斜边 c 小于 90°,所以已知 $a=122°30'.4$ 与解 $b_2=113°18'.2$ 在同一象限,斜边的正确解应取 $c_1=77°43'.5$,即 c_1 与 b_2 为一组。

本题正确解为

$b_1=66°41'.8$,$B_1=70°02'.2$,$c_2=102°16'.5$ 为一组解;

$b_2=113°18'.2$,$B_2=109°57'.8$,$c_1=77°43'.5$ 为另一组解。

只有利用 sin 函数求角度时存在双解，需要判断正确解，而利用 cos、tan 函数求角度时无须判断，只是求 $x = \arctan x$ 时，x 会出现“－”值，说明 x 在第二象限，只需在 $-x$ 的基础上“$+180°$”即可。

3. 解算球面直边三角形

有一个或一个以上的边为 90° 的球面三角形称为球面直边三角形（quadrantal triangle）。这里只讨论一边为 90° 的球面直边三角形的边角函数关系。将直边代入球面三角形的基本公式，同样可推导出相应的十个球面直边三角形公式。

$$\sin A = \sin a \sin C \qquad \cos C = -\cos A \cos B$$
$$\sin A = \cot b \tan B \qquad \cos a = \sin b \cos A$$
$$\sin B = \sin b \sin C \qquad \cos a = -\tan B \cot C$$
$$\sin B = \cot a \tan A \qquad \cos b = \sin a \cos B$$
$$\cos C = -\cot a \cot b \qquad \cos b = -\tan A \cot C$$

（1）球面直边三角形公式的纳比尔记忆法则（大字法则）

球面直边三角形仍可采用纳比尔记忆法则，只是和球面直角三角形的法则略有区别。

如图 2-3-10（a）所示，在球面直边三角形 ABC 中，$c = 90°$，A、B 称为直边 c 的两个邻角，a 和 b 称为其他两边。先画“大”字图形，大字上部竖线对直边 c，相邻两侧为其两邻角 A 和 B，“大”字下面三个空格分别填入相对元素边或角的余数如 $90° - a$，$90° - C$，$90° - b$，如图 2-3-10（b）所示，由此，球面直边三角形公式的记忆法则可以读成：

任一要素的正弦等于相邻两要素正切乘积或相对两要素余弦乘积，若等式右边为同类要素（均为边或均为角）时应冠以负号。

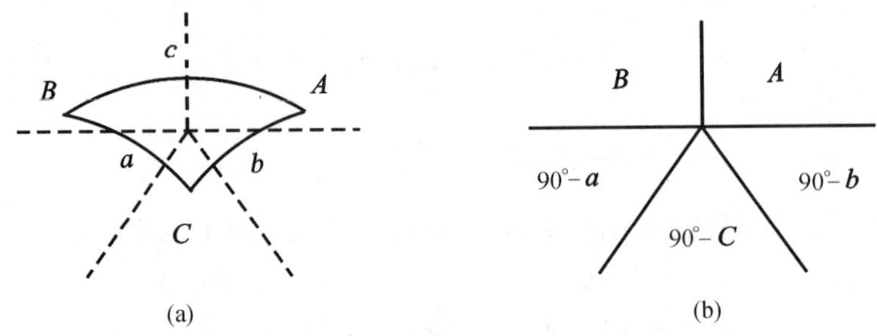

图 2-3-10　球面直边三角形纳比尔记忆法则（大字法则）示意图

例如：如图 2-3-10（b）所示，$90° - C$ 的相邻两要素为 $90° - a$ 和 $90° - b$，相对两要素为 B 和 A，由记忆法则可分别写出两式

$$\sin(90° - C) = -\tan(90° - a)\tan(90° - b)$$
$$\sin(90° - C) = -\cos A \cos B$$

整理后得

$$\cos C = -\cot a \cot b;\ \cos C = -\cos A \cos B$$

根据该法则还可以写出“大”字图形中其余四个要素的八个基本公式。

（2）球面直边三角形解法

同样在解球面直边三角形过程中，有时也会用到正弦函数，这样就会出现双解的问题，为判断正确解，则需要掌握球面直边三角形边、角的基本性质，如表 2-3-4 所示。

表 2-3-4　球面直边三角形边、角的基本性质

证明公式	边、角性质
$\cos C=-\cos A\cos B$	若直边 c 的两个邻角 A 和 B 在同一象限，则直边 c 的对角 C 大于 90°；若直边的两个邻角不在同一象限，则直边的对角小于 90°
$\cos C=-\cot a\cot b$	若其他两边 a、b 在同一象限，则直边 c 的对角 C 大于 90°；若其他两边不在同一象限，则直边的对角小于 90°
$\cos a=\sin b\cos A$ $\cos b=\sin a\cos B$	直边 c 的邻角与其对边（A 与 a 或 B 与 b）在同一象限

例 2-3-3：在球面直角三角形 ABC 中，$c=90°$，$A=105°53'.2$，$a=104°54'.7$，求 b、B 和 C。

解：根据题中给出的条件，正确画出"大"字图形，如图 2-3-11 所示，根据已知条件写出计算公式

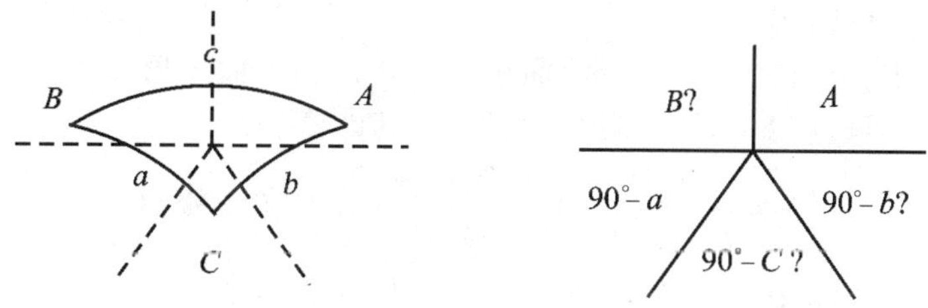

图 2-3-11　纳比尔记忆法则示意图

$$\sin A=\sin a\sin C \quad 改写成 \quad \sin C=\frac{\sin A}{\sin a}$$

$$\sin B=\tan A\cot a \quad 改写成 \quad \sin B=\frac{\tan A}{\tan a}$$

$$\cos a=\cos A\sin b \quad 改写成 \quad \sin b=\frac{\cos a}{\cos A}$$

本题的未知要素都是用正弦函数求解，所以每个公式有两组解如下：

$C_1=84°27'.4$　　$C_2=95°32'.6$

$B_1=69°20'.2$　　$B_2=110°39'.8$

$b_1=70°03'.8$　　$b_2=109°56'.2$

利用球面直边三角形基本性质判别正确解的组合：

（1）因为直边的邻角与其对边在同一象限，所以 $b_1=70°03'.8$ 与 $B_1=69°20'.2$ 在同一象限，为一组，$b_2=109°56'.2$ 与 $B_2=110°39'.8$ 在同一象限，为另一组。

（2）因为若直边的两个邻角不在同一象限，则直边的对角小于 90°，所以已知 $A=105°53'.2$ 与解 $B_1=69°20'.2$ 在不同象限，直边的对角正确解应取 $C_1=84°27'.4$，即 C_1 与 B_1 为一组。

（3）因为若直边的两个邻角在同一象限，则直边的对角大于 90°，所以已知 $A=105°53'.2$ 与解 $B_2=110°39'.8$ 在同一象限，直边的对角正确解应取 $C_2=95°32'.6$，即 C_2 与 B_2 为一组。

本题正确解为

$b_1=70°03'.8$，$B_1=69°20'.2$，$C_1=84°27'.4$ 为一组解。

$b_2=109°56'.2$，$B_2=110°39'.8$，$C_2=95°32'.6$ 为另一组解。

只有用 sin 函数求角度时存在双解，需要判断正确解，而利用 cos、tan 函数求角度时无须判

断，只是在求 $x=\arctan x$ 时，x 会出现"－"值，说明 x 在第二象限，只需在 $-x$ 的基础上"+180°"即可。

4. 解算球面初等三角形

在研究航海应用问题时，经常会遇到三条边相对其球半径甚小或一条边相对其球半径甚小的球面三角形，称它们为球面小三角形和球面窄三角形，两者统称为球面初等三角形。

(1)球面小三角形

三条边与其球半径相比均甚小的球面三角形称为球面小三角形。其特性是：

①三条边相对其球半径甚小。

②三个角不会很小。

③三角之和接近 180°。

④其面积接近平面面积。

在球面三角形中，三角之和大于 180°而小于 540°。在平面三角形中，三角之和等于 180°。它们之间的差值($A+B+C-180°$)称为球面角盈 E。其计算公式为

$$E=\frac{S}{R^2\sin 1''}\left(1+\frac{a^2+b^2+c^2}{24R^2}\right)\quad (\text{角秒}'')$$

式中：S 为球面三角形面积；a、b、c 为球面三角形三边；R 为球半径。

经计算可知，当地面上球面小三角形各边均为 15 n mile 时，球面角盈 $E\approx 2''$；当各边均为 60 n mile 时，球面角盈 $E\approx 27''$。计算结果表明，在地面上，当距离在数十海里以内时，球面角盈很小，可将球面小三角形视为平面三角形进行计算。

航海上，在视野范围内观测陆标定位，可以将球面三角形视为平面三角形来求解，计算结果完全满足定位精度的要求。

(2)球面窄三角形

一条边相对其球半径甚小的球面三角形称为球面窄三角形。如图 2-3-12 所示，ABC 为球面窄三角形，其特性是：

①一边 a 相对球半径甚小。

②小边 a 的对角 A 也很小。

③两边的差值很小(两边近似相等，$b\approx c$)。

④小边的邻角约等于另一邻角的外角，$B\approx C_{外}$，$C\approx B_{外}$。

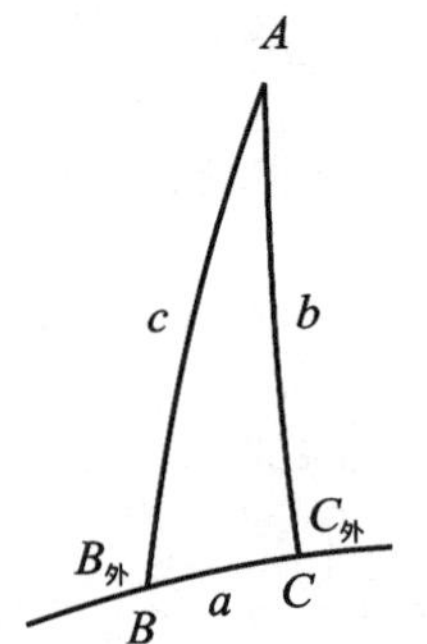

图 2-3-12 球面窄三角形

A. 求 $c-b$ 的第一近似值和第二近似值公式

$$(c-b)_{\mathrm{I}}=a\cos B \tag{2-3-4}$$

其中，脚注 Ⅰ 表示第一近似值，脚注 Ⅱ 表示第二近似值。

$$(c-b)_{\mathrm{II}}=(c-b)_{\mathrm{I}}-\frac{a^2}{2}\sin^2 B\cot c \tag{2-3-5}$$

B. 求 A 角第一近似值和第二近似值公式

$$A_{\mathrm{I}}=\frac{a\sin B}{\sin c} \tag{2-3-6}$$

$$A_{\mathrm{II}}=A_{\mathrm{I}}+\frac{a^2}{2}\sin(2B)\cot c\csc c \tag{2-3-7}$$

上述公式推导如下：

a. 求 $c-b$ 的第一近似值的公式

如图 2-3-12 所示，由五联公式得

$$\begin{aligned}\sin a\cos B &= \sin c\cos b - \cos c\sin b\cos A\\ &= \sin c\cos b - \cos c\sin b + \cos c\sin b(1-\cos A)\\ &= \sin(c-b) + 2\cos c\sin b\sin^2\frac{A}{2}\end{aligned}$$

经整理得

$$\sin(c-b) = \sin a\cos B - 2\cos c\sin b\sin^2\frac{A}{2} \tag{2-3-8}$$

因为 A、$c-b$ 和 a 均甚小，所以 $\sin^2\dfrac{A}{2}\approx 0$（二级小量）、$\sin(c-b)\approx c-b$、$\sin a\approx a$，则

$$(c-b)_{\mathrm{I}} = a\cos B \tag{2-3-9}$$

b. 求 A 角的第一近似值的公式

如图 2-3-12 所示，由正弦公式得

$$\frac{\sin A}{\sin B} = \frac{\sin a}{\sin b} = \frac{\sin a}{\sin[c-(c-b)]} = \frac{\sin a}{\sin c\cos(c-b) - \cos c\sin(c-b)}$$

因为 A、$(c-b)$ 和 a 均甚小，所以 $\sin A\approx A$、$\sin(c-b)\approx c-b$、$\sin a\approx a$、$\cos(c-b)\approx 1$，则

$$A = \frac{a\sin B}{\sin c - (c-b)\cos c} = \frac{a\sin B}{\sin c[1-(c-b)\cot c]}$$

考虑二级小量，则

$$\begin{aligned}A &= \frac{a\sin B}{\sin c}[1+(c-b)\cot c]\\ &= \frac{a\sin B}{\sin c} + \frac{a\sin B}{\sin c}(c-b)\cot c\end{aligned} \tag{2-3-10}$$

因 $a(c-b)$ 为二级小量，可忽略，则

$$A_{\mathrm{I}} = \frac{a\sin B}{\sin c} \tag{2-3-11}$$

c. 求 $c-b$ 的第二近似值的公式

由式(2-3-8)

$$\sin(c-b) = \sin a\cos B - 2\cos c\sin b\sin^2\frac{A}{2}$$

$$(c-b) = a\cos B - 2\cos c\sin b\left(\frac{A}{2}\right)^2$$

将式(2-3-11)代入上式得 $c-b$ 的第二近似值公式为

$$(c-b)_{\mathrm{II}} = a\cos B - 2\cos c\sin b\left(\frac{a\sin B}{2\sin c}\right)^2$$

$$(c-b)_{\mathrm{II}} = (c-b)_{\mathrm{I}} - \frac{a^2}{2}\sin^2 B\cot c \tag{2-3-12}$$

d. 求 A 角的第二近似值的公式

由式(2-3-10)

$$A=\frac{a\sin B}{\sin c}+\frac{a\sin B}{\sin c}(c-b)\cot c$$

将式(2-3-9)代入上式得 A 角的第二近似值公式为

$$A_{\mathrm{II}}=\frac{a\sin B}{\sin c}+\frac{a\sin B}{\sin c}a\cos B\cot c$$

$$A_{\mathrm{II}}=A_{\mathrm{I}}+\frac{a^2}{2}\sin(2B)\cot c\csc c \tag{2-3-13}$$

航海上常用的是求 $c-b$ 边的第二近似值公式和求 A 角第一近似值公式。在观测北极星高度求测者纬度改正量和观测北极星方位求罗经差时,就用到球面窄三角形的计算公式。

三、度与弧度的换算

在航海专业课中经常用到度和弧度的换算,必须很好地掌握,其关系如下:

$$360°=2\pi$$

$$1°=\frac{2\pi}{360°}\approx 0.017\,453\ \text{弧度}$$

$$1\ \text{弧度}=\frac{360°}{2\pi}\approx 57°.3\approx 3\,438'$$

现有一角 x,其值用度或分制单位表示为 $x°$ 或 x',用弧度制单位计量,则它们之间的关系为

$$x(\text{弧度})=\frac{x°}{57°.3}=\frac{x'}{3\,438'} \tag{2-3-14}$$

令

$$\text{arc}1°=(1°\ \text{的弧度值})=\frac{1}{57°.3}=0.017\,45\ \text{弧度}$$

$$\text{arc}1'=(1'\ \text{的弧度值})=\frac{1}{3\,438'}=0.000\,29\ \text{弧度}$$

则式(2-3-14)可写成:

$$x(\text{弧度})=x°\text{arc}1°=x'\text{arc}1'$$

第四节　球面三角形在航海上的典型应用*

这部分内容不在本课程的教学大纲之内,撰写的目的是让读者学到《航海学》该部分内容时能方便地得到理论计算依据。

一、求两点间的大圆航向和航程(或求天体的计算高度和计算方位)

球面任意三角形在航海上的典型应用是求球面上(设地球为圆球体)两点间的大圆航向和航程,以及求天体的计算高度和计算方位。

如图 2-4-1 所示，北极 p_n，南极 p_s，赤道 $\widehat{qq'}$，已知起航点 $A(\varphi_1,\lambda_1)$ 和到达点 $B(\varphi_2,\lambda_2)$，经差 $D\lambda=\lambda_2-\lambda_1$(到达点经度 λ_2 减去起航点经度 λ_1。计算过程中，东经取"+"，西经取"-"。$+D\lambda$ 为 E，$-D\lambda$ 为 W)。

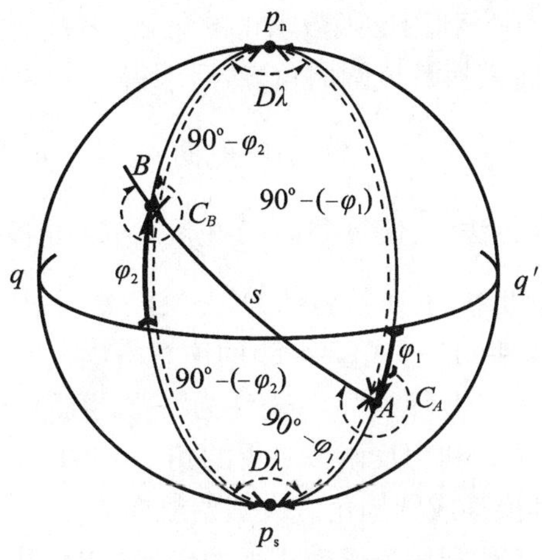

图 2-4-1 两点间大圆航向和航程示意图

由图 2-4-1 可见，求两点间的大圆航程 $s=\widehat{AB}$(大圆弧)、大圆始航向 C_A 和大圆终航向 C_B 可以解算两个球面三角形 p_sAB 和 p_nAB 中的任意一个，计算公式形式相同，但注意事项有所不同。

1. 求大圆航程 s，由边的余弦公式得

$$\cos s=\sin\varphi_1\sin\varphi_2+\cos\varphi_1\cos\varphi_2\cos|D\lambda| \tag{2-4-1}$$

2. 求大圆始航向 C_A

(1)由四联公式经整理得

$$\left.\begin{array}{r}\cot\angle p_sAB\\ \cot\angle p_nAB\end{array}\right\}=\frac{\tan\varphi_2\cos\varphi_1}{\sin|D\lambda|}-\frac{\sin\varphi_1}{\tan|D\lambda|} \tag{2-4-2}$$

(2)由边的余弦公式经整理得

$$\left.\begin{array}{r}\cos\angle p_sAB\\ \cos\angle p_nAB\end{array}\right\}=\frac{\sin\varphi_2}{\cos\varphi_1\sin s}-\frac{\tan\varphi_1}{\tan s} \tag{2-4-3}$$

3. 求大圆终航向 C_B

(1)由四联公式经整理得

$$\left.\begin{array}{r}\cot\angle p_sBA\\ \cot\angle p_nBA\end{array}\right\}=\frac{\tan\varphi_1\cos\varphi_2}{\sin|D\lambda|}-\frac{\sin\varphi_2}{\tan|D\lambda|} \tag{2-4-4}$$

(2)由边的余弦公式经整理得

$$\left.\begin{array}{r}\cos\angle p_sBA\\ \cos\angle p_nBA\end{array}\right\}=\frac{\sin\varphi_1}{\cos\varphi_2\sin s}-\frac{\tan\varphi_2}{\tan s} \tag{2-4-5}$$

方法一：解算球面三角形 p_sAB

如图 2-4-1 所示，$\widehat{p_sA}=90°-\varphi_1$，计算过程中无论是北纬还是南纬，起航点纬度 φ_1 均取"+"。代数和 $\widehat{p_sB}=90°-\varphi_2$，$\varphi_2$ 本身有符号，当 φ_2 与 φ_1 同名时 φ_2 取"+"，异名时 φ_2 取"-"。本图中 φ_1 为 S，φ_2 为 N，两者为异名，φ_2 取"-"，所以 $\widehat{p_sB}=90°-(-\varphi_2)$。使用上述式(2-4-1)～式(2-4-5)的注意事项：

(1) φ_1 恒为"+"。

(2)当 φ_2 与 φ_1 同名时 φ_2 取"+"，异名时 φ_2 取"-"，也就是说计算时只 φ_2 有"±"。

(3)利用反函数求得的角 $\angle p_sAB$ 为半圆周角，其第一名称与 φ_1 同名，第二名称与 $D\lambda$ 同名，将其换算成圆周角即大圆始航向 C_A。

(4)利用反函数求得的角$\angle p_sBA$为半圆周角,其第一名称与φ_1同名,第二名称与$D\lambda$异名,将其换算成圆周角,然后求得

$$终航向\ C_B = \angle p_sBA(圆周角) \pm 180^\circ \begin{cases} D\lambda\ 为“W” \\ D\lambda\ 为“E” \end{cases}$$

方法二:解算球面三角形p_nAB(北极p_n为几何极)

北纬为“+”,南纬为“-”,经差同上,图2-4-1中φ_1为南纬,所以$\widehat{p_sA} = 90^\circ - (-\varphi_1)$。使用式(2-4-1) ~ 式(2-4-5)的注意事项:

(1)北纬为“+”,南纬为“-”,也就是说φ_1、φ_2均有“±”。

(2)利用反函数求得的角$\angle p_nAB$为半圆周角,其第一名称为“N”,第二名称与$D\lambda$同名,将其换算成圆周角即大圆始航向C_A。

(3)利用反函数求得的角$\angle p_nBA$为半圆周角,其第一名称为“N”,第二名称与$D\lambda$异名,再将其换算成圆周角,然后求得

$$终航向\ C_B = \angle p_nBA(圆周角) \pm 180^\circ \begin{cases} D\lambda\ 为“W” \\ D\lambda\ 为“E” \end{cases}$$

上述两种方法的解算公式形式是一样的,但是,两者对应两个球面三角形,因此解算注意事项不尽相同。方法一是以解算与起航点纬度同名的地极为一顶点所构成的球面三角形,这样就需要以φ_1来判断φ_2的符号,利用反函数求得的半圆周角需用φ_1和$D\lambda$的名称来判断。方法二定义了纬度的符号,解算地北极p_n为一顶点所构成的球面三角形,则半圆周角第一名称总是“N”。方法二较方法一少了两步判断。

如果求天体的计算高度和计算方位,则需将地球视为天球,φ_1定义为测者纬度,φ_2定义为天体的赤纬,$D\lambda$定义为天体的半圆地方时角,求得的大圆航程s为天体的顶距,$90^\circ - s$为天体计算高度,求得的大圆始航向C_A就是天体的计算方位。

例2-4-1:某船拟从A地($\varphi_1 = 35^\circ12'.6S$,$\lambda_1 = 75^\circ30'.0W$)航行到$B$地($\varphi_2 = 20^\circ20'.6N$,$\lambda_2 = 150^\circ42'.0W$),求$A$、$B$两地的大圆航程$s$、起航点的大圆始航向$C_A$和到达点的终航向$C_B$。

解:$D\lambda = \lambda_2 - \lambda_1 = -150^\circ42'.0 - (-75^\circ30'.0) = -75^\circ12'.0 = 75^\circ12'.0W$,本题示意图同图2-4-1。

方法一:本题到达点纬度φ_2与起航点纬度φ_1异名,所以φ_2为“-”。

(1)由式(2-4-1)求两地大圆航程s

$$\begin{aligned}\cos s &= \sin\varphi_1\sin\varphi_2 + \cos\varphi_1\cos\varphi_2\cos|D\lambda| \\ &= \sin35^\circ12'.6\sin(-20^\circ20'.6) + \cos35^\circ12'.6\cos(-20^\circ20'.6)\cos|75^\circ12'.0|\end{aligned}$$

$s = 5\,416'.3$

(2)由式(2-4-2)求起航点的大圆始航向C_A

$$\begin{aligned}\cot\angle p_sAB &= \frac{\tan\varphi_2\cos\varphi_1}{\sin|D\lambda|} - \frac{\sin\varphi_1}{\tan|D\lambda|} \\ &= \frac{\tan(-20^\circ20'.6)\cos35^\circ12'.6}{\sin|75^\circ12'.0|} - \frac{\sin35^\circ12'.6}{\tan|75^\circ12'.0|}\end{aligned}$$

$\angle p_sAB = -65^\circ.03 = 180^\circ - 65^\circ.03 = 115^\circ.0SW$

起航点的大圆始航向$C_A = 115^\circ.0SW + 180^\circ = 295^\circ.0$

(3)由式(2-4-4)求到达点的大圆终航向 C_B

$$\cot\angle p_sBA = \frac{\tan35°12'.6\cos(-20°20'.6)}{\sin|75°12'.0|} - \frac{\sin(-20°20'.6)}{\tan|75°12'.0|}$$

$\angle p_sBA = 52°.2SE = 127°.8$

到达点的大圆终航向 $CB = 127°.8 + 180° = 307°.8$

方法二:北纬为“+”,南纬为“-”。$D\lambda = \lambda_2 - \lambda_1 = 75°12'.0W$

(1)由式(2-4-1)求两地大圆航程 s

$$\cos s = \sin\varphi_1\sin\varphi_2 + \cos\varphi_1\cos\varphi_2\cos|D\lambda|$$
$$= \sin(-35°12'.6)\sin20°20'.6 + \cos(-35°12'.6)\cos20°20'.6\cos|75°12'.0|$$

$s = 5\ 416'.3$

(2)由式(2-4-2)求起航点的大圆始航向 C_A

$$\cot\angle p_nAB = \frac{\tan20°20'.6\cos(-35°12'.6)}{\sin|75°12'.0|} - \frac{\sin(-35°12'.6)}{\tan|75°12'.0|}$$

$\angle p_nAB = 65°.0NW$

起航点的大圆始航向 $C_A = 360° - 65°.0NW = 295°.0$

(3)由式(2-4-4)求到达点的大圆终航向 C_B

$$\cot\angle p_nBA = \frac{\tan(-35°12'.6)\cos20°20'.6}{\sin|75°12'.0|} - \frac{\sin20°20'.6}{\tan|75°12'.0|}$$

$\angle p_nBA = -52°.2 + 180° = 127°.8NE = 127°.8$

到达点的大圆终航向 $C_B = 127°.8 + 180° = 307°.8$

二、求两点间的混合航线的航向和航程

在航海实践中采用大圆航线时,有时会通过高纬度海区,为了避开高纬度海区恶劣的水文气象条件或岛礁等航行危险区,航海人员往往会根据航行季节及航区的自然状况设置一限制纬度 φ_L,要求航线不超过该纬度,同时又尽可能缩短航程,混合航线就是有限制纬度的最短航线。在说明该问题前先阐述大圆弧顶点的概念,大圆弧顶点是大圆弧的最高纬度点,该点处的切线就是纬度线(等纬圈),也就是说大圆弧在其顶点处与该处子午线(经线)垂直(成直角)。如果船舶从 A 地航行到 B 地的大圆航线的顶点附近一段航线穿过前述的航行危险区,航海人员会根据当时的具体情况确定一个限制纬度 φ_L 得到一混合航线,如图 2-4-2 所示。混合航线由三段组成:

(1)第一段为大圆弧 $\widehat{AM}=s_1$(大圆航线),其顶点 M 是大圆弧与限制纬度 φ_L 的切点,因此在点 M 处大圆弧 $\widehat{AM}$ 与该处的经线($\widehat{p_nM}$)垂直相交。

(2)第二段为等纬圈 $\widehat{MN}=s_2$,恒向线航线。

(3)第三段为大圆弧 $\widehat{NB}=s_3$(大圆航线),其顶点 N 是大圆弧与限制纬度 φ_L 的切点,因此在点 N 处大圆弧$\widehat{NB}$ 与该处的经线($\widehat{p_nN}$)垂直相交。

由上可见,在已知起航点和到达点的经纬度和限制纬度的前提下,确定混合航线的 M 和 N 点是关键,利用球面直角三角形定义,解决了 M 和 N 点的确定。

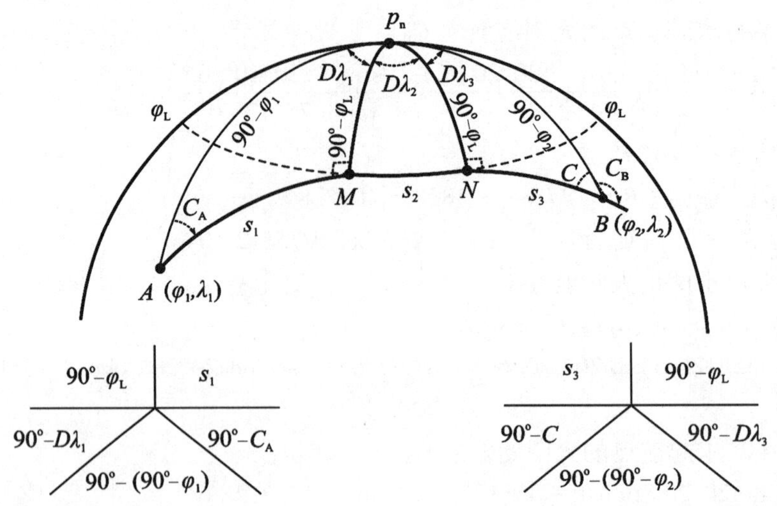

球面直角三角形p_nMA大字法则示意图　　　　球面直角三角形p_nNB大字法则示意图

图 2-4-2　两点间的混合航线示意图

第一段航线 $\widehat{AM}$：球面直角三角形 p_nMA（$\angle p_nMA = 90°$），根据大字法则，如图 2-4-2 所示，得

$$\cos(D\lambda_1) = \frac{\tan\varphi_1}{\tan\varphi_L} \tag{2-4-6}$$

$$\lambda_M = \lambda_1 + D\lambda_1$$

$$\cos s_1 = \frac{\sin\varphi_1}{\sin\varphi_L} \tag{2-4-7}$$

$$\sin C_A = \frac{\cos\varphi_L}{\cos\varphi_1} \tag{2-4-8}$$

第二段航线$\widehat{MN}$：航向 90° 或 270°（本图为 90°）

由球面几何定理圆心角相等的小圆弧与大圆弧之比等于小圆纬度的余弦，得

$$s_2 = D\lambda_2\cos\varphi_L$$

第三段航线$\widehat{NB}$：球面直角三角形p_nNB（$\angle p_nNB = 90°$），根据大字法则，如图 2-4-2 所示，得

$$\cos(D\lambda_3) = \frac{\tan\varphi_2}{\tan\varphi_L} \tag{2-4-9}$$

$$\lambda_N = \lambda_2 - D\lambda_3$$

$$\cos s_3 = \frac{\sin\varphi_2}{\sin\varphi_L} \tag{2-4-10}$$

$$\sin C = \frac{\cos\varphi_L}{\cos\varphi_2} \tag{2-4-11}$$

使用上述公式的注意事项：

①纬度恒为“+”；

②半圆周角 $\angle p_nAM$ 的第一名称与 φ_1 同名，第二名称与 $D\lambda=\lambda_2-\lambda_1$ 同名，再将其换算成圆周角即大圆始航向 C_A；

③半圆周角 $\angle p_nBN=C$ 第一名称与 φ_1 同名，第二名称与 $D\lambda$ 异名，再将其换算成圆周角。

$$\text{终航向 } C_B=C(\text{圆周角})\ \pm 180^\circ\begin{cases}D\lambda \text{ 为“W”}\\ D\lambda \text{ 为“E”}\end{cases}$$

例 2-4-2：某船拟从 A 地（$\varphi_1=36^\circ12'.6\text{N},\lambda_1=140^\circ30'.0\text{E}$）出发，走限制纬度 $\varphi_L=45^\circ\text{N}$ 的混合航线到达 B 地（$\varphi_2=40^\circ30'.0\text{N},\lambda_2=124^\circ30'.0\text{W}$），求混合航线始航向、终航向、分点坐标和航程。

解：混合航线如图 2-4-2 所示。

（1）求两地经差 $D\lambda=\lambda_2-\lambda_1=-124^\circ30'.0-140^\circ30'.0=-265^\circ=95^\circ\text{E}$

（2）第一段航线 $\widehat{AM}$：由球面直角三角形 p_nMA（$\angle p_nMA=90^\circ$）

$$\cos(D\lambda_1)=\frac{\tan\varphi_1}{\tan\varphi_L}=\frac{\tan36^\circ12'.6}{\tan45^\circ},D\lambda_1=42^\circ55'.9\text{E}(\text{符号同 } D\lambda)$$

$$\lambda_M=\lambda_1+D\lambda_1=140^\circ30'.0\text{E}+42^\circ55'.9\text{E}=183^\circ25'.9\text{E}=176^\circ34'.1\text{W}$$

$$\cos s_1=\frac{\sin\varphi_1}{\sin\varphi_L}=\frac{\sin36^\circ12'.6}{\sin45^\circ},s_1=2\ 000'.3$$

$$\sin C_A=\frac{\cos\varphi_L}{\cos\varphi_1}=\frac{\cos45^\circ}{\cos36^\circ12'.6},C_A=61^\circ.2\text{NE}$$

始航向：$C_A=61^\circ.2$

（3）第三段航线 $\widehat{NB}$：由球面直角三角形 p_nNB（$\angle p_nNB=90^\circ$）

$$\cos(D\lambda_3)=\frac{\tan\varphi_2}{\tan\varphi_L}=\frac{\tan40^\circ30'.0}{\tan45^\circ},D\lambda_3=31^\circ20'.5\text{E}(\text{符号同 } D\lambda)$$

$$\lambda_N=\lambda_2-D\lambda_3=-124^\circ30'.0-31^\circ20'.5=155^\circ50'.5\text{W}$$

$$\cos s_3=\frac{\sin\varphi_2}{\sin\varphi_L}=\frac{\sin40^\circ30'.0}{\sin45^\circ},s_3=1\ 397'.9$$

$$\sin C=\frac{\cos\varphi_L}{\cos\varphi_2}=\frac{\cos45^\circ}{\cos40^\circ30'.0},C=68^\circ.4\text{NW}=291^\circ.6$$

终航向：$C_B=291^\circ.6-180^\circ=111^\circ.6$

（4）第二段航线 $\widehat{MN}$：航向 90°

$$D\lambda_2=\lambda_N-\lambda_M=155^\circ50'.5\text{W}-176^\circ34'.1\text{W}=-155^\circ50'.5+176^\circ34'.1=20^\circ43'.6\text{E}=1\ 243'.6\text{E}$$

$$s_2=D\lambda_2\cos\varphi_L=1\ 243'.6\times\cos45^\circ=879'.4$$

（5）混合航线总航程

$$s=s_1+s_2+s_3=2\ 000'.3+879'.4+1\ 397'.9=4\ 277'.6$$

三、子午线收敛差（convergency）和大圆改正量（half convergency）

如前所述，球面上两点间的大圆始航向 C_1 和终航向 C_2 不相等，两者之差 $\gamma=C_2-C_1$ 称为

A、B 两点处的子午线收敛差，其产生的原因是球面上各点的子午线相交于极点所致。采用称为纳比尔相似式的球面任意三角形公式求子午线收敛差。如图 2-4-3(a) 所示，直接引用纳比尔相似式得

$$\tan\frac{A+B}{2}=\frac{\cos\dfrac{\overset{\frown}{p_nA}-\overset{\frown}{p_nB}}{2}}{\cos\dfrac{\overset{\frown}{p_nA}+\overset{\frown}{p_nB}}{2}}\cot\frac{D\lambda}{2}$$

$$\cot\frac{c_2-c_1}{2}=\frac{\cos\dfrac{\varphi_2-\varphi_1}{2}}{\sin\dfrac{\varphi_2+\varphi_1}{2}}\cot\frac{D\lambda}{2}$$

$$\tan\frac{\gamma}{2}=\frac{\sin\varphi_m}{\cos\dfrac{D\varphi}{2}}\tan\frac{D\lambda}{2} \tag{2-4-12}$$

设 A、B 两点间的 $D\varphi$ 和 $D\lambda$ 较小，而且 γ 为小量，则 $\tan\frac{\gamma}{2}\approx\frac{\gamma}{2}$，$\cos\frac{D\varphi}{2}\approx 1$，$\tan\frac{D\lambda}{2}\approx\frac{D\lambda}{2}$，代入式(2-4-12)，得到子午线收敛差的近似值为

$$\gamma = D\lambda\sin\varphi_m \tag{2-4-13}$$

如图 2-4-3(b) 所示，在墨卡托海图上，大圆始航向为 C_1，终航向为 C_2，恒向线航向为 C_{RL}，从图中可得到

$$\psi = C_{RL} - C_1;\psi = C_2 - C_{RL}$$

则

$$2\psi = C_2 - C_1 = \gamma$$

$$\psi = \frac{C_2 - C_1}{2} = \frac{\gamma}{2}$$

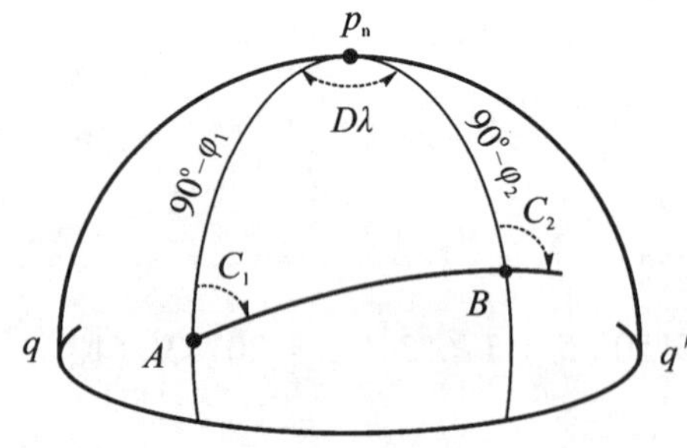

(a)球面上两点间大圆航向航程示意图

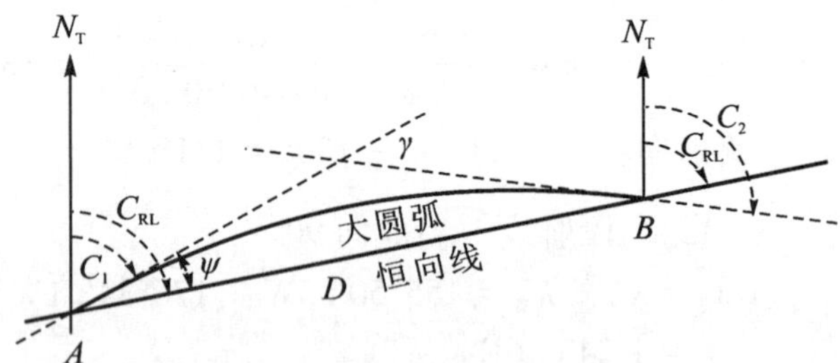

(b)墨卡托海图上两点间航向航程示意图

图 2-4-3　子午线收敛差和大圆改正量示意图

大圆改正量约为子午线收敛差的一半。将式(2-4-13) 代入上式得

$$\psi = \frac{1}{2}D\lambda\sin\varphi_m \tag{2-4-14}$$

式中：φ_m 为 A、B 两点间的平均纬度；$D\lambda$ 为 A、B 两点间的经差。

由于在推导式(2-4-14)中,假设A、B两点间的$D\varphi$和$D\lambda$较小;又假设A、B两点的大圆改正量ψ是相等的,实际上只有在大圆弧长较小的情况下才是这样的,因此,它是一近似式。这也说明了用大圆改正量法走大圆航线时,两地间的距离不能太远的原因所在。

如图2-4-3(b)所示,设A、B两点间的恒向线距离为D,式(2-4-14)又可改写成:

$$\psi=\frac{1}{2}D\sin C_{RL}\tan\varphi_m \tag{2-4-15}$$

另外,需强调的是,在墨卡托海图上,大圆弧呈现为一条凸向近极的曲线(赤道、子午线除外),而恒位线(见第四章第二节恒位线方程)是一条凹离近极的曲线。在墨卡托海图上,如果两地间距离不远,两点间的大圆弧和恒位线以两点间的恒向线对称,并且,它们在该两点上的切线分别与恒向线成大圆改正量ψ的交角,如图2-4-4所示。当A、B两点很近(在视界范围之内)时,三条线合为一条,在墨卡托海图上为恒向线直线。

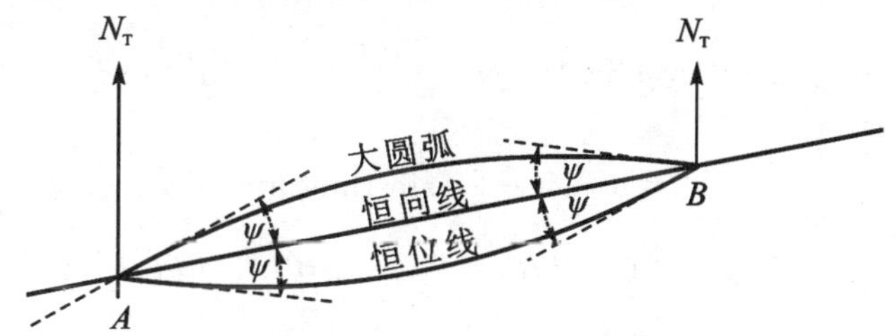

图2-4-4　墨卡托海图上大圆弧、恒向线、恒位线相互位置示意图

四、求观测北极星高度求纬度的高度改正量x

如天球示意图2-4-5所示,图中P_N是天北极,B是北极星某一时刻在天球上的位置,Z是测者天顶,球面窄三角形为ZP_NB(与图右侧的球面窄三角形对应),北极星极距$p=\widehat{P_NB}<1°$,A是北极星方位角(小角度),$t=LHA$是北极星地方时角,φ是测者的纬度,h_t是北极星的真高度,$\widehat{ZP_N}=90°-\varphi$,$\widehat{ZB}=90°-h_t$,图中虚线小圆是北极星周日平行圈(圆心$P_N$,球面半径$p$),$\widehat{c'c'}$是高度平行圈,$x$是改正量。

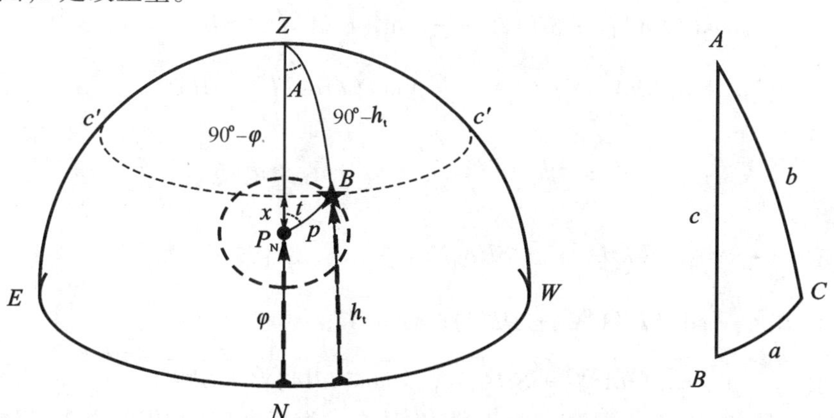

图2-4-5　求北极星高度改正量x示意图

由图 2-4-5 得

$$\varphi = h_t - x, x = \widehat{ZP_N} - \widehat{ZB}$$

x 可以由球面窄三角形求 $c-b$ 的第二近似值的公式求得，参照图 2-4-5 中的球面窄三角形，由式(2-3-5)得

$$x = (c-b)_{\text{II}} = (c-b)_{\text{I}} - \frac{a^2}{2}\sin^2 B\cot c = a\cos B - \frac{a^2}{2}\sin^2 B\cot c$$

$$= p\cos t - \frac{p^2}{2}\sin^2 t\cot(90° - \varphi)$$

$$= p\cos t - \frac{p^2}{2}\sin^2 t\tan\varphi$$

x 和 p 用角度分(′)表示，则

$$x'\text{arc}1' = p'\text{arc}1'\cos t - \frac{(p'\text{arc}1')^2}{2}\sin^2 t\tan\varphi$$

$$x' = p'\cos t - \frac{p'^2}{2}\sin^2 t\tan\varphi\text{arc}1'$$

由恒星计算公式：天体地方时角 $t = LHA$ = 春分点地方时角 $LHA♈$ + 天体共轭赤经 SHA，代入上式，则

$$x' = p'\cos(LHA♈ + SHA) - \frac{p'^2}{2}\sin^2(LHA♈ + SHA)\tan\varphi\text{arc}1'$$

由于岁差、章动和光行差的影响，北极星的极距 p 和共轭赤经 SHA 在不断地变化，但年变化量很小，用 p'_0 和 SHA_0 表示北极星的极距和共轭赤经的年平均值，上式等号右边第二项为小量，用 p'_0 和 SHA_0 代替 p' 和 SHA，经整理得

$$x' = p'\cos(LHA♈ + SHA) - \frac{p'^2_0}{2}\sin^2(LHA♈ + SHA_0)\tan\varphi\text{arc}1' +$$

$$p'_0\cos(LHA♈ + SHA_0) - p'_0\cos(LHA♈ + SHA_0)$$

$$= p'_0\cos(LHA♈ + SHA_0) - \frac{p'^2_0}{2}\sin^2(LHA♈ + SHA_0)\tan\varphi\text{arc}1' -$$

$$[p'_0\cos(LHA♈ + SHA_0) - p'\cos(LHA♈ + SHA)]$$

因此

$$\varphi = h_t - x = h_t + a_0 + a_1 + a_2$$

式中：

改正量 $a_0 = -p'_0\cos(LHA♈ + SHA_0)$；

改正量 $a_1 = \frac{p'^2_0}{2}\sin^2(LHA♈ + SHA_0)\tan\varphi\text{arc}1'$；

改正量 $a_2 = p'_0\cos(LHA♈ + SHA_0) - p'\cos(LHA♈ + SHA)$。

用上述公式编成三个北极星高度改正量表，列在航海天文历中，供航海人员使用。

五、求北极星的计算方位 A

如图 2-4-5 所示，北极星方位角可以由球面窄三角形求 A 角的第一近似值的公式求得，由

式(2-3-6)可得

$$A_{\mathrm{I}} = \frac{a\sin B}{\sin c} = \frac{p\sin t}{\sin(90^{\circ} - \varphi)}$$

$$A^{\circ}\mathrm{arc}1^{\circ} = \frac{p^{\circ}\mathrm{arc}1^{\circ}\sin t}{\cos\varphi}$$

$$A^{\circ} = \frac{p^{\circ}\sin t}{\cos\varphi} \tag{2-4-16}$$

已知北极星地方时角 $t = LHA$ = 春分点地方时角 LHA ♈ - 北极星赤经 RA,北极星极距 p = 90° - 北极星赤纬 Dec。考虑北极星方位精度的要求,上式中北极星的赤纬和赤经可取其年平均值 Dec_0 和 RA_0 代替,则

$$A^{\circ} = \frac{(90^{\circ} - Dec_0)\sin(LHA\,♈ - RA_0)}{\cos\varphi} \tag{2-4-17}$$

利用上述公式编成北极星方位角表,列在航海天文历中,供航海人员使用。

另外,在航海实践中,当北极星的方位变化小于 2° 时,可以用观测北极星高度求得的观测纬度线代替北极星船位线,为满足该要求,测者纬度不应超过 60°N,其原理如下:

式(2-4-16)中北极星的极距 $p < 1^{\circ}$,当测者纬度 φ 一定时,北极星的方位 A 取决于北极星的地方时角 t,由图 2-4-5 可知,当 $t = 90^{\circ}$ 或 270° 时,A 最大,此时 $\sin t = \pm 1$,在上述条件下,将极距 $p \approx 1^{\circ}$,纬度 $\varphi = 60^{\circ}$ 代入上式,得

$$\frac{1^{\circ}}{\cos 60^{\circ}} = 2^{\circ}$$

说明当测者纬度小于 60°N 时,可以满足用观测北极星高度求得的纬度线代替北极星船位线所产生的方向误差小于 2° 的要求。

六、恒向线航迹计算

设地球为圆球体,如图 2-4-6 所示,北极为 p_n,基准大圆为赤道 $\widehat{qq'}$,在球面上,航向为常数(C)的点的轨迹称为恒向线(等角航线)。船舶在球面上沿固定航向航行,它的航迹即恒向线。恒向线是双重曲率的球面螺旋线,趋向地极,但不能通过地极。

如图 2-4-6 所示,恒向线 $\widehat{AB}$ 与所有子午线的交角为航向 C,其总航程为 s。将恒向线分成 n 个无穷小段 $\widehat{Aa_1}, \widehat{a_1a_2}, \cdots, \widehat{a_{n-1}a_n}$,可以得到球面上 n 个无穷小三角形,并将它们视为平面直角三角形,由其中之一无穷小平面直角三角形 a_1ka_2($\angle a_1ka_2 = 90^{\circ}$)得到积分元为

$$\mathrm{d}\varphi = \mathrm{d}s\cos C$$

$$\mathrm{d}w = \mathrm{d}s\sin C$$

取上两式的积分区间为$[(\varphi_1, \varphi_2), (0, s)]$,$[(0, W), (0, s)]$,则

$$\int_{\varphi_1}^{\varphi_2}\mathrm{d}\varphi = \int_0^s \cos C\mathrm{d}s$$

$$\varphi_2 - \varphi_1 = D\varphi = s\cos C \tag{2-4-18}$$

$$\int_0^W \mathrm{d}w = \int_0^s \sin C\mathrm{d}s$$

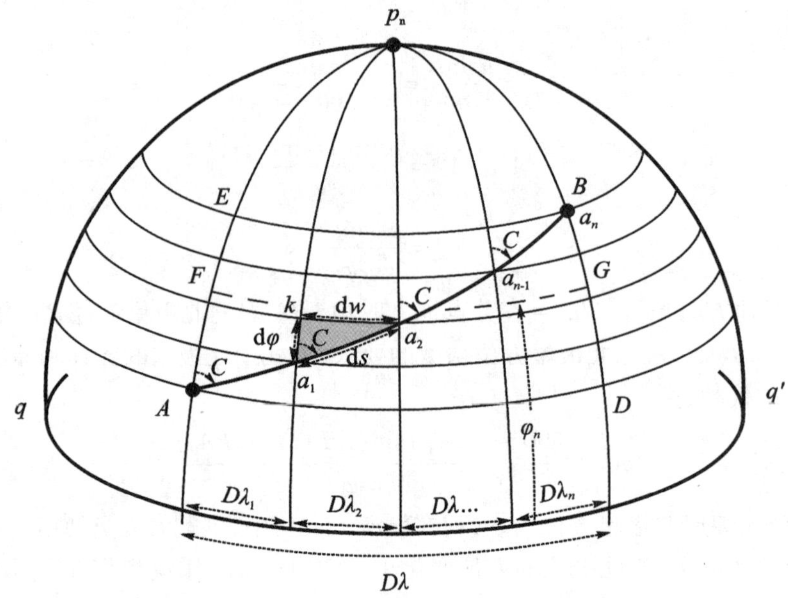

图 2-4-6 球面上恒向线航迹计算示意图

$$W = Dep = s\sin C \tag{2-4-19}$$

式中，Dep（departure）称为东西距，即恒向线航程 s 的东西分量。

如图 2-4-6 所示，$\widehat{AD}$ 是 A、D 两点间的东西距，$\widehat{EB}$ 是 E、B 两点间的东西距，那么 A、B 两点间的东西距（恒向线航程 s 的东西分量）$\widehat{AB}$ 应介于上述两东西距之间，如图 2-4-6 中的 $\widehat{FG}$，则 $\widehat{FG}$ 的纬度称为中分纬度 φ_n（middle latitude），根据球面几何中圆心角相等的小圆弧与大圆弧的关系有

$$D\lambda = \frac{\widehat{FG}}{\cos\varphi_n} = \frac{Dep}{\cos\varphi_n}$$

将式（2-4-19）代入上式得

$$D\lambda = \frac{s\sin C}{\cos\varphi_n}$$

在中低纬海区，航程不太大时，中分纬度 φ_n 与起航点（φ_1,λ_1）和到达点（φ_2,λ_2）之间的平均纬度 φ_m 相差不大，可以用平均纬度 φ_m 代替中分纬度 φ_n，则

$$D\lambda = \frac{Dep}{\cos\varphi_n} \approx \frac{Dep}{\cos\varphi_m} = \frac{s\sin C}{\cos\dfrac{\varphi_1 + \varphi_2}{2}} \tag{2-4-20}$$

由式（2-4-18）、式（2-4-19）得

$$\tan C = \frac{Dep}{D\varphi} \approx \frac{D\lambda}{D\varphi}\cos\varphi_m \tag{2-4-21}$$

上述航迹计算方法涉及中分纬度（平均纬度），不能用于跨赤道的航迹计算。上述航迹计算主要解决下述问题：

（1）已知起航点（φ_1,λ_1）与到达点（φ_2,λ_2），求两点间的恒向线航向 C 和航程 s（不跨赤道）。

$$D\varphi = \varphi_2 - \varphi_1 ; \varphi_m = \frac{\varphi_1 + \varphi_2}{2} = \varphi_1 + \frac{D\varphi}{2} ; D\lambda = \lambda_2 - \lambda_1$$

$$\tan C = \frac{Dep}{D\varphi} \approx \frac{|D\lambda|}{|D\varphi|}\cos\varphi_m$$

$$s = \frac{|D\varphi|}{|\cos C|}$$

注意事项：求得的航向 C 为半圆周角，第一名称与纬差 $D\varphi$ 同名，第二名称与经差 $D\lambda$ 同名。

(2)已知起航点(φ_1,λ_1)、恒向线航向 C 和航程 s，求到达点(φ_2,λ_2)（不跨赤道）。

$$\varphi_2 = \varphi_1 + D\varphi = \varphi_1 + s\cos C = \varphi_1 + \frac{s'}{60'}\cos C ; \varphi_m = \frac{\varphi_1 + \varphi_2}{2} = \varphi_1 + \frac{D\varphi}{2}$$

$$\lambda_2 = \lambda_1 + D\lambda \approx \lambda_1 + \frac{s\sin C}{\cos\varphi_m} = \lambda_1 + \frac{s'\sin C}{60'\cos\varphi_m}$$

上述公式是在将地球看作圆球体的前提下，用平均纬度代替中分纬度进行近似计算，公式相对简单，便于记忆和使用，是随时估算航迹的基本方法。当需要精度较高的估算时，可利用平均纬度向中分纬度进行修正的估算方法，或采用墨卡托估算方法，但需要有计算机或相应的专用表册。

例 2-4-3：某船拟由 $\varphi_1 = 42°30'.0N$，$\lambda_1 = 160°40'.0E$ 处驶往 $\varphi_2 = 40°10'.0N$，$\lambda_2 = 140°20'.0E$ 处，求两点间的恒向线航向 C 和航程 s。

解：

$$D\varphi = \varphi_2 - \varphi_1 = 40°10'.0N - 42°30'.0N = -2°20'.0 = 140'S$$

$$\varphi_m = \varphi_1 + \frac{D\varphi}{2} = 42°30'.0N + \frac{2°20'.0}{2}S = 42°30'.0 - \frac{2°20'.0}{2} = 41°20'.0 = 41°20'.0N$$

$$D\lambda = \lambda_2 - \lambda_1 = 140°20'.0E - 160°40'.0E = -20°20'.0 = 1\,220'W$$

$$\tan C \approx \frac{|D\lambda|}{|D\varphi|}\cos\varphi_m = \frac{|1\,220'|}{|140'|}\cos 41°20'.0$$

$$C = 81°18'39''SW = 261°18'39'' = 261°.3$$

$$s = \frac{|D\varphi|}{|\cos C|} = \frac{|140'|}{|\cos 81°18'39''|} = 926'.7$$

注：求 $\cos C$ 时，$C = \arctan C$ 最好用计算器存储器的数据，如用四舍五入数据应精确到角秒（″）的个位，如本例题所示。

例 2-4-4：某船由 $\varphi_1 = 39°30'.0N$，$\lambda_1 = 60°40'.0W$ 出发，在无风流的条件下，按航向 $C = 150°$ 航行 $s = 210$ n mile，求到达点的经纬度。

$$\varphi_2 = \varphi_1 + D\varphi = \varphi_1 + \frac{s'}{60'}\cos C = 39°30'.0 + \frac{210'}{60'}\cos 150° = 39°30'.0 - 3°01'.9 = 36°28'.1N$$

$$\varphi_m = \frac{\varphi_1 + \varphi_2}{2} = \varphi_1 + \frac{D\varphi}{2} = 39°30'.0N + \frac{3°01'.9S}{2} = 39°30'.0 - \frac{3°01'.9}{2} = 37°59'.1N$$

$$\lambda_2 = \lambda_1 + D\lambda \approx \lambda_1 + \frac{s'\sin C}{60'\cos\varphi_m} = 60°40'.0\text{W} + \frac{210'\sin150°}{60'\cos37°59'.1} = -60°40'.0 + 2°13'.2 = -58°26'.8 = 58°26'.8\text{W}$$

习 题

一、思考题

1. 试述大圆弧和小圆弧的定义。

2. 试述球面角的度量方法。

3. 试述极、极距、极线的定义。

4. 球面上一点到某一大圆弧上任意两点的球面距离均为90°,则该大圆必是这一点的极线的说法是否正确?为什么?

5. 试述球面三角形的定义,以及球面三角形与球心三面角的对应关系。

6. 试述球面极线三角形的定义。

7. 试述球面三角形与其极线三角形的关系。

8. 试述球面直角三角形的基本性质。

9. 试述球面直边三角形的基本性质。

10. 试述球面初等三角形的定义和基本特征。

11. 为什么球面上的距离用角度来度量?

12. 如果一个球面角的两边均为90°,那么该球面角如何度量最合适?为什么?

13. 通过极的大圆弧与该极的极线构成怎样的球面角?为什么?

14. 已知球面三角形的三个角分别为90°、90°、30°,该球面三角形的三边各为何值?

二、计算题

1. 判断下列三角形是否存在:

(1)$a = 100°, b = 50°, c = 40°$。

(2)$a = 135°, b = 113°, c = 121°$。

(3)$a = 112°, b = 58°, c = 122°$。

(4)$A = 50°, B = 122°, C = 26°$。

(5)$A = 45°, B = 67°, C = 17°$。

(6)$a = 125°, b = 126°, C = 40°$。

(7)$A = 80°, B = 130°, C = 131°$。

2. 设地球为圆球体,如图2-4-7所示,北极为p_n,南极为p_s,赤道为$\widehat{qq'}$,等纬圈$\widehat{cd} = 1\,350'$(n mile),c点的纬度为60°N,求c、d两地之间的经差(提示:求$\widehat{ab}$)。

3. 如图2-4-8所示,a点是大圆弧$\widehat{AB}$的极,e点是大圆弧$\widehat{CD}$的极,求证$\widehat{Be} = \widehat{Ca}$。

4. 原三角形和其极线三角形如图 2-4-9 所示，试证 $a + A' = 180°$。

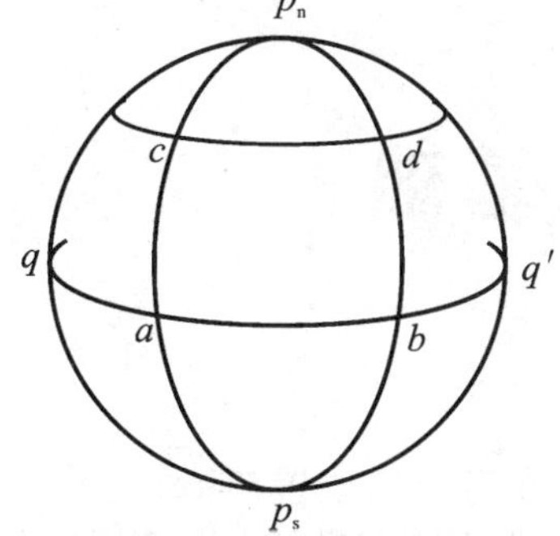

图 2-4-7　计算题 2 示意图

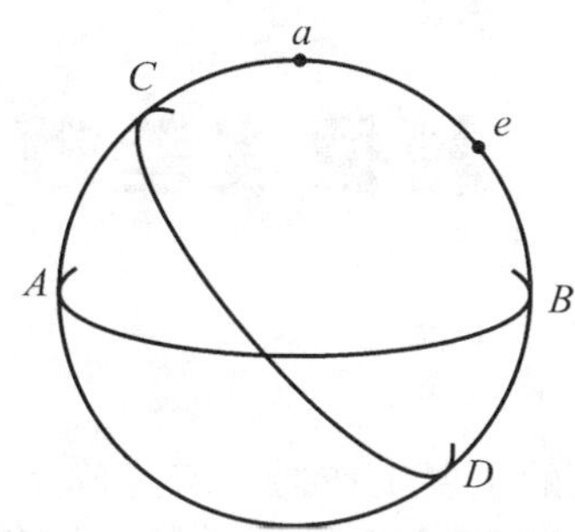

图 2-4-8　计算题 3 示意图

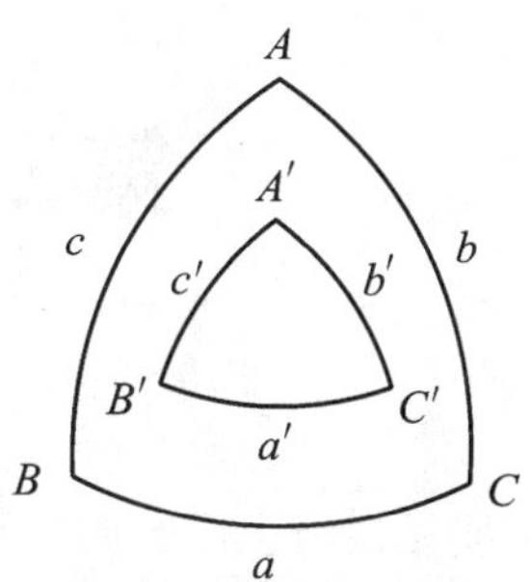

图 2-4-9　计算题 4 示意图

5. 已知球面三角形的两边及其夹角：

(1) 若 $a = 38°15'.0, b = 75°10'.0, C = 52°14'.0$，求 c、A、B。

(2) 若 $a = 118°31'.0, b = 50°20'.0, C = 100°40'.0$，求 c、A、B。

(3) 若 $a = 50°10'.5, b = 40°00'.2, C = 121°36'.3$，求 c、A、B。

6. 已知球面三角形的两角及其夹边：

(1) 若 $a=85°03'.0, B=30°19'.0, C=58°20'.0$，求 A、b、c。

(2) 若 $a=59°41'.0, B=119°28'.0, C=131°15'.0$，求 A、b、c。

7. 已知球面三角形的角 $C=90°$：

(1) 若 $a=67°43'.0, A=80°12'.7$，求 B、b、c。

(2) 若 $b=112°10'.0, B=99°50'.2$，求 A、a、c。

(3) 若 $c=67°32'.2, b=132°45'.0$，求 A、a、B。

(4) 若 $a=138°54'.9, b=102°16'.7$，求 A、B、c。

8. 已知球面三角形的边 $c=90°$：

(1) 若 $a=58°26'.5, A=49°43'.0$，求 C、B、b。

(2) 若 $b=115°50'.3, B=131°32'.6$，求 C、A、a。

(3) 若 $A=126°24'.7, B=108°59'.5$，求 C、a、b。

(4) 若 $C=70°12'.0, B=136°25'.7$，求 A、a、b。

9*. 某船拟从 A 地($\varphi_1 = 35°30'.0N, \lambda_1 = 145°30'.0E$)航行到 B 地($\varphi_2 = 39°20'.6N, \lambda_2 = 123°42'.0W$)，求 A、B 两地的大圆航程 s，起航点的大圆始航向 C_A 和到达点的终航向 C_B。

10*. 某船拟从 A 地($\varphi_1 = 55°32'.5S, \lambda_1 = 75°30'.0W$)航行到 B 地($\varphi_2 = 41°20'.6S, \lambda_2 = 178°42'.0E$)，求 A、B 两地的大圆航程 s，起航点的大圆始航向 C_A 和到达点的终航向 C_B。

11*. 某船拟从 A 地($\varphi_1 = 15°12'.6S, \lambda_1 = 85°30'.0W$)航行到 B 地($\varphi_2 = 16°20'.4N, \lambda_2 = 150°42'.0W$)，求 A、B 两地的大圆航程 s，起航点的大圆始航向 C_A 和到达点的终航向 C_B。

12*. 某船拟从 A 地($\varphi_1 = 34°30'.6N, \lambda_1 = 143°30'.0E$)出发，走限制纬度 $\varphi_L = 45°N$ 的混合航线到达 B 地($\varphi_2 = 40°30'.0N, \lambda_2 = 124°30'.0W$)，求混合航线始航向、终航向、分点坐标和航程。

13*. 某船拟从 A 地($\varphi_1 = 35°12'.6S, \lambda_1 = 85°30'.0W$)出发，走限制纬度 $\varphi_L = 45°S$ 的混合航线到达 B 地($\varphi_2 = 42°30'.0S, \lambda_2 = 175°10'.0W$)，求混合航线始航向、终航向、分点坐标和航程。

第三章　船位误差理论基础

船舶在海上航行时，航海人员的主要工作之一就是确定船舶在海上的位置（简称定位），以保证船舶的航行安全。航海人员利用相关航海仪器来观测物标（陆标、天体等）的距离、方位、高度等诸多要素，通过必要的计算，在海图上标绘出的船舶位置（船位），称为观测船位。由观测误差产生的该位置的误差称为船位误差。本章讨论的船位误差是指人工观测定位产生的船位误差，而无线电导航（如卫星导航）产生的观测船位的误差将在相关的专业课中介绍。

科学实验是从测量开始的，而每进行一次测量（或观测）必定存在误差。误差自始至终存在于一切科学实验（观测）之中，这已被人们所公认。船舶定位是测量学科的一个分支，因此，每个经观测得到的船位必定存在误差。

航海人员研究误差的目的并不是期望通过一系列的数据处理来进一步提高观测结果的精度，而是根据船位误差理论确定的原则指导航海人员采用正确的观测方法，在原有精度的基础上得到最佳观测结果，并对该结果有一个正确的认识，力求简单、明了，以便在航海实践中灵活运用。

第一节　观测误差基础知识

在介绍船位误差理论之前，需要掌握观测误差的基本概念和产生的原因。这对后续内容的学习至关重要。

一、观测误差的基本概念

1. 航海上观测的定义和分类

航海人员要确定船舶在海上的位置，首先要进行观测，航海上常用的观测形式可分为以下几种：

（1）按照测得结果的方法可分为直接观测和间接观测。

直接观测：利用相应的观测仪器直接观测被测量的相关数据，如高度、方位、距离等。

间接观测：根据一个或多个直接观测结果，利用一定的函数关系求得被测量。如船舶定位属于间接观测，它是通过直接观测物标的距离、方位、高度等数据，经过计算和作图等方法得到观测船位。

（2）按观测条件可分为等精度观测和非等精度观测。

等精度观测：对某一量在相同观测条件下进行重复观测，当对观测结果进行比对时，对每

一次(或每一组)观测结果的信赖程度均相同。

例如:在同一观测环境中,同一测者,用同一个观测仪器,采用同一种方法,重复观测同一固定物标(不考虑疲劳程度),在对观测结果进行比对时,对每一次观测结果的信赖程度均相同,这样一组观测称为等精度观测。

非等精度观测:对某一量在不同观测条件下进行重复观测,当对观测结果进行比对时,对每一次观测结果的信赖程度均不相同。

例如:在不同观测环境中,或不同测者,或用不同的观测仪器,或采用不同的测量方法,重复观测同一固定物标(不考虑疲劳程度),对观测结果进行比对时,对每一次(或每一组)观测结果的信赖程度均不相同,这样一组观测称为非等精度观测。

将上述观测组合起来可分为等精度直接观测、等精度间接观测、非等精度直接观测、非等精度间接观测。

严格地讲,航海上的观测均是非等精度观测,观测数据如果均按非等精度处理将很烦琐,这是航海人员不愿采用的。本章的宗旨就是通过对观测误差和观测方法的分析,采用适当的方法,使观测接近等精度观测,而后用等精度处理方法来指导航海实践,并使观测结果不失其精度。

2. 观测误差的定义和表示方法

了解观测误差的目的就是要评价观测结果的可信度,而可信度的高低与观测误差的大小直接相关,为了得到更准确的观测值 l,往往会对同一个物标进行重复观测,此时会发现这些观测值之间存在一些差异,这是由于观测值中含有观测误差。

人们在观测某一物标时,希望得到被测量的真值 L,即在观测某一量时该量本身所具有的真实大小,然而,被测量的真值是一个理想的概念,绝大多数情况下是不知道的。但在特定条件下,真值又是可知的。例如:平面三角形三个内角之和为180°,一个整圆周为360°等。如果分别观测平面三角形的三个内角,就会发现三个角的观测值之和不等于180°,这就是观测误差影响所致。观测误差可用绝对误差和相对误差来描述。

(1)绝对误差(absolute error)

绝对误差就是观测值与被测量真值之间的差值。在实际工作中,由于真值通常是得不到的,但是,又需要知道观测误差来评定观测值的可信度,则采用不同的近似值来代替真值进行绝对误差的计算,因此,得到的绝对误差也就有不同的名称,航海上常见的绝对误差有以下几种表示方法:

①真误差(true error):某被测量的观测值与其真值之差,简称误差,可用下式表示:

$$\text{误差}\ \Delta = \text{观测值}\ l - \text{真值}\ L \tag{3-1-1}$$

在航海实践中,被测量的真值往往是不知道的,所以上式是误差的理论定义。正是因为真值不知道,才需要观测。人们通常是在观测值的基础上进行误差修正得到真值的近似值,由此引入改正量的概念。

②改正量(correction):航海人员在实际工作中经常使用改正量 δ 来获得真值的近似值,即

$$\text{真值}\ L \approx \text{观测值}\ l + \text{改正量}\ \delta \tag{3-1-2}$$

由此定义

$$\text{改正量}\ \delta = \text{真值}\ L - \text{观测值}\ l \tag{3-1-3}$$

改正量与误差的数值大小相等,符号相反。通常分析问题时用误差的概念,对观测值进行

修正时用改正量。在航海实践中,如罗经差、磁差、自差、指标差等均为改正量,但是航海人员习惯称之为误差,这一点在阅读航海书籍时,特别是涉及误差的符号时应引起注意。观测值加上改正量可获得真值的近似值,这是因为改正量本身也有误差。

由式(3-1-1)可知,误差可以描述对观测结果的信赖程度,精度也可以描述对观测结果的信赖程度,两者是从相反的角度描述同一个问题。

误差:反映观测值偏离真值的程度。

精度:反映观测值接近真值的程度。

习惯上,误差用大小来表述,精度用高低来评说,即误差小,精度高;误差大,精度低。求误差的大小时通常表述为"对观测数据进行处理",同样还可以表述为"对观测精度进行估计或评定"。如果对某一物标进行两组观测,两组观测结果的误差相等,则可以说该两组观测结果是等精度的,否则就是非等精度的。

在航海实践中被测量的真值可以用高一级精度的测得值来代替,如观测值的算术平均值。还有,真值还可以用行业规定的某一具体数值来确定。如 1 海里(n mile)的长度随着纬度的不同而略有不同,国际上推荐 1 n mile = 1 852 m 作为统一的海里标准长度,即 1 海里的真值,航海上测速、测距均以此为标准。再有,船舶从甲地到达乙地,要事先在海图上画一条计划航迹线(计划航线),船舶应沿着该线航行,该线即为甲地到乙地的计划航迹真值。用高一级精度测得值来代替真值代入式(3-1-1)得到残差。

③残差(residual):用最接近真值的那个数值来代替真值,该值称为最概率值。观测值与最概率值之差称为残差,在一组等精度 n 次观测中,某一次观测的残差可用下式表示:

$$\text{残差 } v_i = \text{观测值 } l_i - \text{最概率值 } \overline{L} \quad (i = 1,2,\cdots,n) \tag{3-1-4}$$

由上式可见,残差的性质与误差是一致的,而且是可以获得的,因此,在对观测数据进行处理时,均利用残差的概念来评定观测精度。残差是在后续内容中经常用到的重要概念。

综上所述,航海上绝对误差的表述包括真误差(简称误差)、改正量和残差。

(2)相对误差(relative error)

测量的绝对误差(或改正量)与被测量真值之比称为相对误差。

对于相同数量级的被测量,由式(3-1-1)定义的绝对误差可以评定其测量精度的高低。对于不同数量级的被测量进行观测精度比对时,利用绝对误差就难以评定其测量精度的高低。例如,测量 $l_1 = 10$ n mile 距离的观测误差为 $\Delta_1 = 0.1$ n mile,测量 $l_2 = 50$ n mile 距离的观测误差也为 $\Delta_2 = 0.1$ n mile,用绝对误差衡量,两者的观测精度好像是一致的,但事实上是后者的观测精度更高。此时用相对误差来评定精度较为确切,相对误差可用下式表述:

$$\text{相对误差} = \frac{\text{绝对误差}}{\text{真值}} \approx \frac{\text{绝对误差}}{\text{测得值}} \tag{3-1-5}$$

应用过程中可表示为

$$\text{相对误差} = \frac{\text{观测值} - \text{真值}}{\text{真值}} = \frac{\text{真误差 } \Delta}{\text{真值}} \approx \frac{\text{真误差 } \Delta}{\text{测得值}} \tag{3-1-6}$$

测得值是接近真值的值,可用高一级精度的观测值代替,如观测值的算术平均值等。上述 l_1 的相对误差为$\dfrac{\Delta_1}{l_1} = \dfrac{0.1}{10} = 1\%$,$l_2$ 的相对误差为$\dfrac{\Delta_2}{l_2} = \dfrac{0.1}{50} = 0.2\%$。由此可见,$l_2$ 的观测精度高。相对误差是无量纲数值,且较小,常用百分数来表示。对不同数量级的被测量的观测精度

进行评定时采用相对误差。

同样，相对误差也可以用改正量来表述，即

$$相对误差=\frac{真值-观测值}{真值}=\frac{改正量\ \delta}{真值}\approx\frac{改正量\ \delta}{测得值} \tag{3-1-7}$$

用改正量与用误差表述的相对误差在数值上大小相等，但符号相反。航海上评定距离精度时采用相对误差，如距离位置线的误差，计程仪改正率（计程仪计量距离误差），推算船位的误差等。

航海上距离误差通常用距离 D 的百分数表示，如距离误差 $=\frac{\delta}{D}D=$（相对误差%）D。航海人员通常讲某条距离位置线的误差是距离的百分之几，这就是相对误差的概念。

3. 观测误差产生的原因

了解观测误差产生的原因，不仅是认识观测中误差存在的普遍性，更重要的是航海人员可以根据误差产生的原因来改进观测方法、提高观测技术水平，以达到提高观测精度的目的。航海上产生观测误差的原因主要有以下两个方面。

（1）观测过程中产生的误差

①仪器误差（或装置误差）：测量工具不完善而产生的误差，如航海六分仪仪器差不准、雷达光点误差等。

②环境误差：观测环境因素对观测造成影响而产生的误差，如光线、气温、气压、风浪等的变化对观测的影响，使观测产生的误差。

③人员误差：由测者感官上的分辨、反应能力而产生的误差，如测者感官上的分辨能力和反应能力不尽相同，观测时产生照准偏差、读数偏差，如看水尺误差等。

④方法误差：由于采用的测量原理或测量方法本身不尽完善所产生的误差。如在测量物标的垂直角求距离中，眼高和岸距引起求得的距离误差；不在同一水平线上观测两物标之间的水平夹角产生的观测误差等。

（2）处理观测数据时所产生的误差

①有效数字凑整误差。

②近似计算的误差。

③利用参数、常数所产生的误差。如船舶积载时，船舶常数估计不准所产生的误差等。

4. 观测误差的分类

按照误差的性质和特点，误差可以分为随机误差、系统误差和粗差三大类。

（1）随机误差（random error）

在相同条件下，对同一量进行多次重复观测，所产生误差的绝对值的大小和符号均不确定，就误差的个体而言不遵从任何规律，就误差的总体而言遵从一定的统计规律，这样的误差称为随机误差。

随机误差的成因：多种因素的综合影响。

随机误差的处理：随机误差不能被消除，只能通过一定的重复观测，并利用相应的误差处理方法来减小其对观测结果的影响。

(2)系统误差(systematic error)

在相同条件下,对同一量进行多次重复观测,所产生误差的绝对值的大小和符号均不变,当观测条件变化时,按一定的规律变化(非统计规律),这样的误差称为系统误差。

航海上,系统误差按航海人员对系统误差掌握的程度可分为:

①已定系统误差:误差的绝对值和符号固定的系统误差,如罗经差、磁差、自差、六分仪指标差等。

②未定系统误差:误差的绝对值和符号未能确定的系统误差,通常可以估计出其范围。如利用罗经观测物标方位时由于罗经面未保持水平所产生的倾斜误差、在标准大气状态下计算出的眼高差与实际眼高差不一致所产生的误差等。

系统误差的成因:测量工具的误差、环境误差、测者习惯误差、方法误差等。

系统误差的处理:处理系统误差的方法很多,航海上常用的方法是消除法或抵消法,即可事先求出系统误差的大小,然后将其消除,或用一定的方法(计算法、作图法等)将其抵消。

可以说,观测精度的提高过程就是逐步地发现和克服未定系统误差的过程。

(3)粗差(mistake)

粗差又称过失误差,主要是由人为过失造成的误差,如读错数值、测错物标等。在数据处理之前应将粗差剔除。还有一类应尽量避免的主观误差:如粗心大意造成的读值、记录、计算错误,或操作失误造成的观测误差。

上文虽然将误差分成三类,但是误差的分类不是绝对的,在一定的条件下可以相互转化。对某项具体误差在一种条件下是随机误差,在另一种条件下则是系统误差。例如,利用天体或水天线测定航海六分仪指标差时是按随机误差处理的,即重复观测,取算术平均值方法,用测得的指标差修正观测高度则是系统误差。总之,系统误差和随机误差之间并不存在绝对的界限。

处理误差的步骤:先剔除粗差,然后消除系统误差,最后处理随机误差。也就是说,含有粗差的观测结果必须被剔除。

二、随机误差的基本概念与处理

随机误差是在观测过程中受多种随机因素的影响所产生的误差。随机误差具有随机性,对一物标进行单次观测无法估计出随机误差对观测值的影响,因此,必须进行多次重复观测来发现其所遵循的统计规律,进而对观测结果中的随机误差做出科学的评定,以指导我们采用合理的观测方法,减小随机误差对观测结果的影响。

1. 随机误差的统计特征

在一定的观测条件下,对同一物标进行多次重复观测(不含有系统误差和粗差),所产生的随机误差有下述四项统计特征:

(1)对称性:绝对值相等的正、负误差出现的概率相同,即经大量重复观测所产生的绝对值相等的正负误差出现的机会相等。

(2)单峰性:绝对值小的误差比绝对值大的误差出现的机会多。

(3)有界性:在一定的条件下,误差的绝对值有一定的界限。

(4)抵偿性:当观测次数无限增加时,随机误差的代数和将趋于零。

2. 随机误差的衡量标准

由随机误差的定义可知,对同一物标进行 n 次重复观测所产生的随机误差绝对值的大小和正负均不确定,因此衡量随机误差的大小应有一个尺度,即衡量标准。常用的衡量标准之一称为标准差(standard error),又称均方误差(root mean square)。

(1)标准差 σ 的计算如下

$$\sigma = \pm\sqrt{\frac{\Delta_1^2 + \Delta_2^2 + \cdots + \Delta_n^2}{n}} = \pm\sqrt{\frac{1}{n}\sum_{i=1}^{n}\Delta_i^2} = \pm\sqrt{\frac{[\Delta\Delta]}{n}} \qquad (3\text{-}1\text{-}8)$$

式中:$[\ ] = \sum$,称为高斯符号,即求和;$\Delta\Delta = \Delta^2$;n 为观测次数。

真误差 Δ_i = 观测值 l_i - 真值 L,由于真误差 Δ_i 在实际工作中一般得不到,所以上式不能直接用于计算,称其为求标准差的理论公式。

利用标准差作为衡量随机误差的标准,优点如下:

①标准差不会等于零,说明观测必然存在误差。

②标准差以"±"表示,符合以不确定度(见下述)表述随机误差的要求。

③标准差比较稳定,特别当观测次数足够多时,多一次或少一次观测对 σ 影响不大。

在真值未知的前提下,按式(3-1-8)是无法求得 σ 的,根据数理统计的概念,如果能得到理论值的近似值,近似值就是理论值的估计值,因此,设法用可以求得的残差 v_i 代替无法测得的真误差 Δ_i,并根据测得值计算出标准差 σ 的估计值。根据误差和残差的定义可知

$$\text{真误差 } \Delta_i = \text{观测值 } l_i - \text{真值 } L$$

$$\text{残差 } v_i = \text{观测值 } l_i - \text{最概率值 } \bar{L} \quad (i = 1, 2, \cdots, n)$$

将上两式相减得

$$\Delta_i - v_i = \bar{L} - L = \Delta_{\bar{L}}$$

$\Delta_{\bar{L}} = \bar{L} - L$ 是最概率值的真误差,从而得

$$\Delta_i = v_i + \Delta_{\bar{L}} \quad (a)$$

对上式求和

$$\sum_{i=1}^{n}\Delta_i = \sum_{i=1}^{n}v_i + n\Delta_{\bar{L}}$$

当 n 足够大时,由随机误差的抵偿性可知 $\sum_{i=1}^{n}v_i \to 0$,则上式可写成

$$\Delta_{\bar{L}} = \frac{1}{n}\sum_{i=1}^{n}\Delta_i$$

对上式两边平方得

$$\Delta_{\bar{L}}^2 = \frac{1}{n^2}\left(\sum_{i=1}^{n}\Delta_i\right)^2 = \frac{1}{n^2}\left(\sum_{i=1}^{n}\Delta_i^2 + 2\sum_{1\leqslant i<j}^{n}\Delta_i\Delta_j\right)$$

当 n 足够大时,$\sum_{1\leqslant i<j}^{n}\Delta_i\Delta_j \to 0$,则上式可写成

$$\Delta_{\bar{L}}^2 = \frac{1}{n^2}\sum_{i=1}^{n}\Delta_i^2 \quad (b)$$

将式(a)两边平方并求和得

$$\sum_{i=1}^{n}\Delta_i^2 = \sum_{i=1}^{n}v_i^2 + 2\Delta_{\bar{L}}\sum_{i=1}^{n}v_i + n\Delta_{\bar{L}}^2$$

将式(b) 代入上式,当 n 足够大时,$\sum_{i=1}^{n}v_i \to 0$,则上式可写成

$$\sum_{i=1}^{n}\Delta_i^2 = \sum_{i=1}^{n}v_i^2 + \frac{1}{n}\sum_{i=1}^{n}\Delta_i^2 \quad (c)$$

由标准差的理论公式式(3-1-8) 可知

$$\sum_{i=1}^{n}\Delta_i^2 = n\sigma^2$$

将上式代入式(c) 得

$$n\sigma^2 = \sum_{i=1}^{n}v_i^2 + \sigma^2$$

$$\sigma = \pm\sqrt{\frac{1}{n-1}\sum_{i=1}^{n}v_i^2} = \pm\sqrt{\frac{[vv]}{n-1}} \qquad (3\text{-}1\text{-}9)$$

式中:n 为观测次数;残差 v_i = 观测值 l_i - 最概率值 $\bar{L}$;$vv = v^2$。

这就是利用残差 v_i 计算标准差 σ 的具有实用价值的贝塞尔(Bessel)公式。很明显,在推导该式时取了两个近似环节:一是由 n 为有限次测量代替理论上定义 σ 所要求的 $n\to\infty$;二是取 $\sum \Delta_i\Delta_j\to 0, i\neq j$,这也是在 $n\to\infty$ 时成立。而当观测次数 n 为有限时,用贝塞尔(Bessel)公式求得的标准差只是 σ 的近似值,所以用该式求标准差的方法称为对 σ 的估计。

在后续的章节中 σ 本身含有"±",有时不写出来,如 $\pm\sigma$ 可写成 σ。

(2)概率误差 r(probable error),又称或然误差

除采用标准差作为衡量随机误差的尺度以外,还可采用概率误差 r 作为衡量随机误差的标准。它是根据误差出现的概率来定义的,即在一组观测中,不计观测误差的符号,观测误差大于 r 的观测值与观测误差小于 r 的观测值将各占一半,即出现的概率为 50%,以此求得概率误差 r 与标准差 σ 的关系(见图 3-1-5)为

$$r = 0.674\ 489\sigma \approx 0.674\ 5\sigma \approx \frac{2}{3}\sigma \qquad (3\text{-}1\text{-}10)$$

通常是先求出标准差,而后利用上式求出概率误差。

(3)随机不确定度(random uncertainty)

表述误差时出现两种情况:一种是明确误差的"+"或"-",这与误差的定义是一致的(适用于表述系统误差);另一种是以"±"给出一个区间,表示误差变化的范围,过去把该范围也称为误差,实际上该范围不是误差的具体值。为避免造成概念上的混乱,国际上采用了不确定度的概念,即凡是用区间"±"给出的误差指标均称为随机不确定度,如 $\pm t\sigma$(适用于表述随机误差)。由于随机不确定度是用"±"区间给出的误差指标,真值落在该区间的机会通常用概率来表述。在实际工作中,航海人员习惯将不确定度称为"误差"。

3. 随机误差的概率分布

根据随机误差具有的统计性质,高斯(C. F. Gauss)于 1809 年推导出描述随机误差统计特征的解析方程式,即概率密度函数,称为正态分布(高斯分布),航海上通常采用正态分布来描

述航海观测中所产生的随机误差。

(1)正态分布密度函数

$$f(x)=\frac{1}{\sigma\sqrt{2\pi}}\mathrm{e}^{-\frac{x^2}{2\sigma^2}} \tag{3-1-11}$$

式中:x 为随机误差;标准差 σ 为参数。

上式的分布密度曲线见图 3-1-1。

①正态分布密度曲线下的面积为随机误差落在不同区间的概率。随机误差越接近零,概率密度就越大。当 $x=0$ 时,$f(x)=\frac{1}{\sigma\sqrt{2\pi}}$ 为最大。

②概括了随机误差的四个统计特征:

A. $f(x)$ 为偶函数,说明随机误差的对称性。

B. $f(x)$ 只有一个峰值,说明随机误差的单峰性。

C. $f(x)$ 以横轴为渐近线,说明随机误差的有界性。

D. $f(x)$ 为偶函数,说明随机误差的抵偿性。

③概率密度函数以标准差 σ 为参数,σ 的大小决定了分布曲线的高低和宽窄,决定了曲线的形状(确定了观测精度):

σ 愈小,$f(x)$ 减小得愈快,则曲线变陡,且变高,即小误差出现的机会多,说明观测精度高,见图 3-1-2;

σ 愈大,$f(x)$ 减小得愈慢,则曲线变平坦,且变低,即小误差出现的机会少,说明观测精度低,见图 3-1-2;

σ 一定,曲线形状就定了,即观测精度也确定了。

这就是选用标准差 σ 作为衡量观测精度(随机误差大小)标准(尺度)的原因所在。

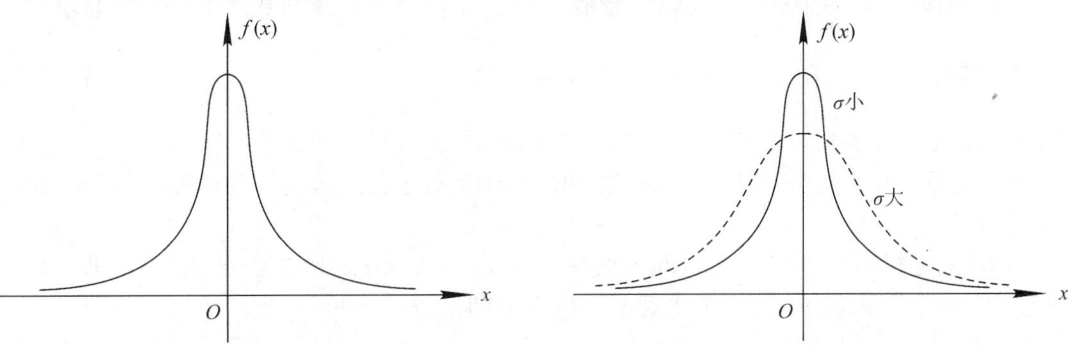

图 3-1-1　正态分布密度曲线　　图 3-1-2　正态分布密度曲线比较

当 $\sigma=1$ 时,称为标准正态分布密度函数 $\phi(x)$

$$\phi(x)=\frac{1}{\sqrt{2\pi}}\mathrm{e}^{-\frac{x^2}{2}} \tag{3-1-12}$$

其他参数的正态分布密度函数均可以由此推出。

(2)正态分布函数

求正态分布函数即求随机误差落在正态分布密度曲线下不同区间内的概率 P,即求曲线下的面积。Δ 为随机误差的取值范围,则正态分布函数为

$$F(x)=P(\Delta \leqslant x)=\int_{-\infty}^{x} f(x)\,\mathrm{d}x=\int_{-\infty}^{x} \frac{1}{\sigma\sqrt{2\pi}}\mathrm{e}^{-\frac{x^2}{2\sigma^2}}\mathrm{d}x \tag{3-1-13}$$

令 $x=t\sigma$，$\mathrm{d}x=\sigma\mathrm{d}t$，$\sigma=1$，代入上式，得标准正态分布函数为

$$\Phi(t)=\int_{-\infty}^{t} \frac{1}{\sqrt{2\pi}}\mathrm{e}^{-\frac{t^2}{2}}\mathrm{d}t \tag{3-1-14}$$

任意参数的正态分布函数均可利用上述标准正态分布函数得到。

随机误差落在$(-\infty,+\infty)$区间的概率为1，即曲线下的面积为1，故

$$\int_{-\infty}^{+\infty} f(x)\,\mathrm{d}x=1 \tag{3-1-15}$$

随机误差落在任意对称区间内的概率为 $P(-x<\Delta<+x)$，令 $x=t\sigma$，称 $\pm t\sigma$ 为置信区间，t 为置信系数，$P(-t\sigma<\Delta<+t\sigma)$ 称为置信概率，如图 3-1-3 所示。

令任意参数 $\dfrac{x}{\sigma}=t$，代入标准正态分布函数式(3-1-14)，标准正态分布函数的积分区间为 $(-\infty,t)$，如图 3-1-4 所示，而随机误差落在对称区间的概率，为该图 2 倍积分区间 $(-\infty,t)$ 的面积再减去 1，即得到用标准正态分布函数表示的随机误差落在对称区间的概率为

$$P(-x<\Delta<+x)=P(-t\sigma<\Delta<+t\sigma)=2\Phi(t)-1 \tag{3-1-16}$$

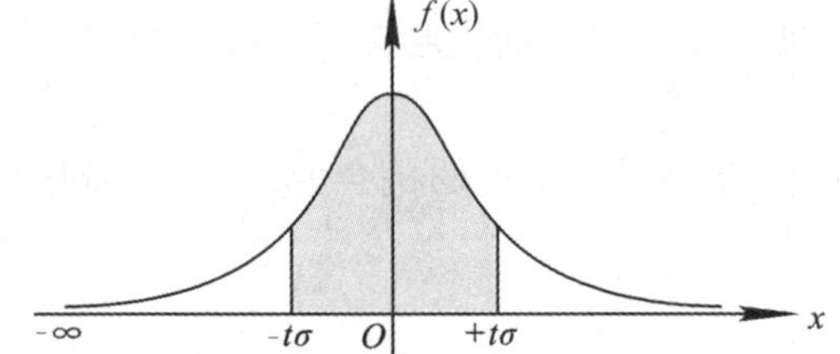

图 3-1-3 随机误差落在对称区间的概率示意图

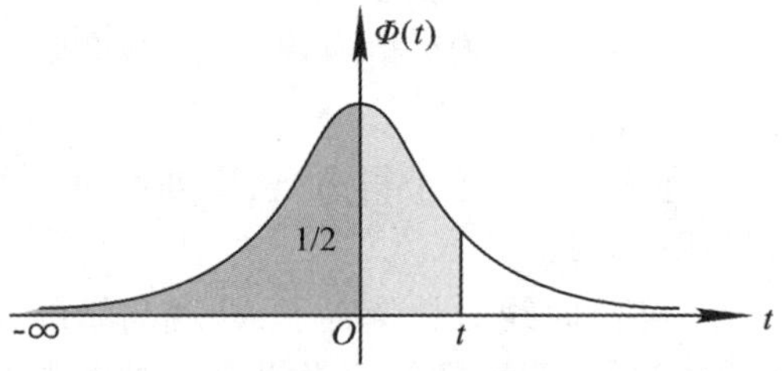

图 3-1-4 标准正态分布函数示意图

在计算机 Excel 的公式中列有标准正态分布函数 $\Phi(t)=\int_{-\infty}^{t}\frac{1}{\sqrt{2\pi}}\mathrm{e}^{-\frac{t^2}{2}}\mathrm{d}t$ 值，表示为 NORMSDIST( )，只要输入标准正态分布函数的区间点 t，即可求得相应区间 $(-\infty,t)$ 的概率。根据式(3-1-16)利用计算机 Excel 中 NORMSDIST( ) 公式求出任意对称置信区间的置信概率，见图 3-1-5。

$t=1$ 时，随机误差落在 $\pm\sigma$ 区间的概率 $P(-\sigma<\Delta<+\sigma)$ 约为 68.3%，即 68.3% 的不确定度为 $\pm\sigma$，观测 3 次中约有 1 次观测随机误差超出置信区间。

$t=2$ 时，随机误差落在 $\pm2\sigma$ 区间的概率 $P(-2\sigma<\Delta<+2\sigma)$ 约为 95.4%，即 95.4% 的不确定度为 $\pm2\sigma$，观测 22 次中约有 1 次观测随机误差超出置信区间。

$t=3$ 时，随机误差落在 $\pm3\sigma$ 区间的概率 $P(-3\sigma<\Delta<+3\sigma)$ 约为 99.7%，即 99.7% 的不确定度为 $\pm3\sigma$，观测 333 次中约有 1 次观测随机误差超出置信区间。

当 $t=3$ 时，随机误差落在 $\pm3\sigma$ 区间之外的概率 $(1-P)=0.3\%$，为小概率事件，由概率论可知小概率事件为不可能事件，所以，误差理论中定义 3σ 为极限误差，即观测误差的绝对值超过 3σ 是不可能的。

当 $t=0.674\,5$ 时，随机误差落在 $\pm0.674\,5\sigma$ 区间内的概率约为50%，即随机误差落在概率误差 $r=\pm0.674\,5\sigma$ 内的概率为50%。

D3　=ROUND((2*NORMSDIST(B3)-1),3)

置信系数（t）	置信区间±（$t\sigma$）	置信概率（P）	超出置信区间的概率（$1-P$）
0.674 5	$\pm 0.674\,5\sigma$	0.5	0.5
1	$\pm\sigma$	0.683	0.317
1.96	$\pm 1.96\sigma$	0.95	0.05
2	$\pm 2\sigma$	0.954	0.046
3	$\pm 3\sigma$	0.997	0.003

图 3-1-5　Excel 编制置信概率表

当 $t=1.96$ 时，随机误差落在 $\pm 1.96\sigma$ 区间内的概率约为 95%，即 95% 的不确定度为 $\pm 1.96\sigma$。航海上习惯取 95% 的不确定度约为 $\pm 2\sigma$，以 2σ 为极限误差，在一组观测中，如果某次观测的残差 $|v_i|>2\sigma$，则认为该次观测含有粗差，应予以剔除。

例 3-1-1：对某一陆标进行 11 次无系统误差观测，已知该组观测的标准差 $\sigma=\pm 0^{\circ}.9$，求该组观测中：

(1)观测误差的绝对值小于 $1^{\circ}.8$ 的观测约有几次？

(2)观测误差的绝对值大于 $0^{\circ}.9$ 的观测约有几次？

(3)观测误差为 $0^{\circ}.9\sim1^{\circ}.8$ 的观测约有几次？

解：(1) $t_1=\dfrac{1.8}{0.9}=2$

对称区间的概率 $P(-2\sigma<\Delta<+2\sigma)=95.4\%$

$0.954\times11\approx10$ 次

观测误差的绝对值小于 $1^{\circ}.8$ 的观测约有 10 次。

(2) $t_2=\dfrac{0.9}{0.9}=1$

对称区间的概率 $P(-\sigma<\Delta<+\sigma)=68.3\%$

$(1-0.683)\times11\approx3$ 次

观测误差的绝对值大于 $0^{\circ}.9$ 的观测约有 3 次。

(3) $\dfrac{0.954-0.683}{2}\times11\approx1$ 次

观测误差为 $0^{\circ}.9\sim1^{\circ}.8$ 的观测约有 1 次。

4. 算术平均值与最小二乘法

在实际工作中被测量的真值往往是不知道的，采用适当的方法可以得到最接近真值的数值称为最概率值 $\overline{L}$（或最优估值），算术平均值和最小二乘法应用的目的均是求最概率值，只不过最小二乘法应用的范围更广，已成为求最概率值的主要方法。

(1)算术平均值

对某一量 L 进行等精度无系统误差的 n 次观测,各观测值为 $l_1,l_2,\cdots,l_n$,则取其算术平均值

$$\bar{l}=\frac{l_1+l_2+\cdots+l_n}{n}=\frac{1}{n}\sum_{i=1}^{n}l_i=\frac{[l]}{n} \tag{3-1-17}$$

作为 L 的观测结果。称 $\bar{l}$ 为 L 的最概率值(最佳估值)。

结论:在等精度无系统误差的 n 次直接观测中,观测值的算术平均值就是观测值的最概率值。

下面证明该结论的正确性。

对某一量 L 进行等精度无系统误差的 n 次观测,每次观测误差 $\Delta_i=l_i-L$,求和得

$$\sum_{i=1}^{n}\Delta_i=\sum_{i=1}^{n}l_i-nL$$

$$L=\frac{1}{n}\sum_{i=1}^{n}l_i-\frac{1}{n}\sum_{i=1}^{n}\Delta_i$$

根据随机误差的抵偿性可知,当 $n\to\infty$ 时, $\sum_{i=1}^{n}\Delta_i\to 0$,所以

$$\bar{l}=\frac{1}{n}\sum_{i=1}^{n}l_i\to L$$

即对某一量 L 进行等精度无系统误差的 n 次观测,观测值的最概率值就是其算术平均值。

算术平均值的应用条件:被测对象具有同一个值,亦即在观测过程中,被测对象的值的变化相对观测误差来说小到可以忽略的程度。

如果不满足该条件,则不能直接应用算术平均值求最概率值。例如,船舶在海上航行时,连续观测同一天体的高度,此时就不能直接应用算术平均值求最概率值,因为在观测过程中天体的高度和测者的船位始终在变化,且变化量已超过天体高度的观测误差。因此,只有将每次观测订正到同一时刻和同一天体后,才可以求其算术平均值。连续观测 3 次同一低高度天体的方位,则可求其算术平均值,因为此时天体方位的变化量小于观测方位的误差。

由上可见,利用算术平均值求最概率值将受到一定的限制,为了在更复杂的观测结果中求最概率值(如 $n>2$ 条船位线求最概率船位),人们引入了最小二乘法。

(2)最小二乘法

由随机误差的特征可知,在一组观测中,绝对值小的误差比绝对值大的误差出现的机会多,即概率大,也就是说概率最大时所对应的误差的绝对值最小,而绝对值最小的误差所对应的那个值最接近真值。该值即最概率值。

在等精度无系统误差的 n 次观测中

$$\text{残差 } v_i=\text{观测值 } l_i-\text{最概率值 } \bar{L}\quad(i=1,2,\cdots,n)$$

残差落在无穷小区间$(v_i,v_i+\mathrm{d}v_i)$内的概率(正态分布)为概率密度乘以无穷小区间

$$p_i=\frac{1}{\sigma\sqrt{2\pi}}\mathrm{e}^{-\frac{v_i^2}{2\sigma^2}}\mathrm{d}v_i\quad(i=1,2,\cdots,n)$$

各残差的出现为相互独立事件,由概率论可知,求由各相互独立事件组成的共同事件出

现的概率用概率乘法，即求所有残差同时出现的概率用概率乘法为

$$p = p_1 \cdot p_2 \cdot \cdots \cdot p_n = \frac{1}{(\sigma\sqrt{2\pi})^n} e^{-\frac{1}{2\sigma^2}(v_1^2+v_2^2+\cdots+v_n^2)} \mathrm{d}v_1 \mathrm{d}v_2 \cdots \mathrm{d}v_n$$

要使上式 p 得到最大值，则必须使

$$v_1^2 + v_2^2 + \cdots + v_n^2 = \sum_{i=1}^{n} v_i^2 = [vv] = \min$$

也就是说，只有 $[vv] = \min$ 时，概率 p 才最大。概率最大时，所对应的残差最小，残差最小所对应的那个值最接近真值。该值即最概率值 $\bar{L}$。

结论：在等精度条件下，最概率值应在残差的平方和为最小的前提下求得，这就是最小二乘法原理。

(3)算术平均值与最小二乘法的统一

算术平均值与最小二乘法均可用来求最概率值。下面用最小二乘法求证，在等精度直接观测中，在残差的平方和最小的前提下，求得的最概率值 $\bar{L}$ 即观测值的算术平均值 $\bar{l}$。

$$残差\ v_i = 观测值\ l_i - 最概率值\ \bar{L} \quad (i = 1,2,\cdots,n)$$

由最小二乘法原理

$$\sum_{i=1}^{n} v_i^2 = \sum_{i=1}^{n} (l_i - \bar{L})^2 = \min$$

要使上式最小，残差的平方和对 $\bar{L}$ 的一阶偏导数应等于零。

$$\frac{\partial \sum_{i=1}^{n} v_i^2}{\partial \bar{L}} = -2\sum_{i=1}^{n}(l_i - \bar{L}) = 0$$

$$\sum_{i=1}^{n} l_i - n\bar{L} = 0$$

$$\bar{L} = \frac{\sum_{i=1}^{n} l_i}{n} = \bar{l}$$

由上可见，在等精度无系统误差的 n 次观测中，观测值的最概率值就是其算术平均值，这说明算术平均值与最小二乘法两者是统一的。然而，基于算术平均值发展起来的最小二乘法原理能够适用于更复杂的情况，从而获得了更广泛的应用，成为数据处理的一项重要方法。

5. 误差传播定律

在实际工作中，有很多量往往不能直接测量，它们是根据一个或多个观测值经一定的函数关系计算得到的。例如，测量长方形的面积，分别测量长和宽，而后长乘宽得到面积。而观测长和宽均有误差，该误差经一定的函数计算后，对所求量的影响有多大？这就是下面将要讨论的误差传播定律，它主要用于间接观测中标量（又称纯量）误差（只有大小而无方向的误差，如长度、温度、重量、角度等的误差）的传播。

已知函数 $y = f(x_1, x_2, \cdots, x_n)$，$x_1, x_2, \cdots, x_n$ 为直接观测值，$\sigma_{x_1}, \sigma_{x_2}, \cdots, \sigma_{x_n}$ 为相应直接观测

值的标准差。根据直接观测值利用函数关系式可求得 y 值。求 y 值的标准差 σ_y 的步骤为

（1）对函数式求全微分

$$\mathrm{d}y=\frac{\partial y}{\partial x_1}\mathrm{d}x_1+\frac{\partial y}{\partial x_2}\mathrm{d}x_2+\cdots+\frac{\partial y}{\partial x_n}\mathrm{d}x_n$$

（2）将函数和各自变量的微分 $\mathrm{d}y,\mathrm{d}x_1,\mathrm{d}x_2,\cdots,\mathrm{d}x_n$ 分别以相应的标准差的平方 $\sigma_y^2,\sigma_{x_1}^2,\sigma_{x_2}^2,\cdots,\sigma_{x_n}^2$ 代之。

（3）将各偏导数 $\frac{\partial y}{\partial x_1},\frac{\partial y}{\partial x_2},\cdots,\frac{\partial y}{\partial x_n}$ 分别以其平方代之，得函数误差传播定律的计算公式为

$$\sigma_y^2=\left(\frac{\partial y}{\partial x_1}\right)^2\sigma_{x_1}^2+\left(\frac{\partial y}{\partial x_2}\right)^2\sigma_{x_2}^2+\cdots+\left(\frac{\partial y}{\partial x_n}\right)^2\sigma_{x_n}^2 \tag{3-1-18}$$

$$\sigma_y=\sqrt{\left(\frac{\partial y}{\partial x_1}\right)^2\sigma_{x_1}^2+\left(\frac{\partial y}{\partial x_2}\right)^2\sigma_{x_2}^2+\cdots+\left(\frac{\partial y}{\partial x_n}\right)^2\sigma_{x_n}^2}$$

上述介绍的是误差传播定律的表示方法，证明略去，感兴趣的读者可以查阅数理统计有关内容。

例 3-1-2：$w=2x-3y$，已知 x 的标准差为 σ_x，y 的标准差为 σ_y，求 w 的标准差 σ_w。

解：（1）全微分：$\mathrm{d}w=2\mathrm{d}x-3\mathrm{d}y$

（2）替换：$\sigma_w^2=(2)^2\sigma_x^2+(-3)^2\sigma_y^2$

（3）传播公式：$\sigma_w=\sqrt{4\sigma_x^2+9\sigma_y^2}$

例 3-1-3：已知真方位 $TB=CB+Var+Dev$，其中罗方位 CB 的标准差为 $\sigma_{\mathrm{CB}}=\pm0^\circ.5$，磁差 Var 的标准差为 $\sigma_{\mathrm{Var}}=\pm0^\circ.1$，自差 Dev 的标准差为 $\sigma_{\mathrm{Dev}}=\pm0^\circ.3$，求真方位 TB 的标准差 σ_{TB}。

解：$\sigma_{\mathrm{TB}}=\sqrt{\sigma_{\mathrm{CB}}^2+\sigma_{\mathrm{Var}}^2+\sigma_{\mathrm{Dev}}^2}$

$=\sqrt{0.5^2+0.1^2+0.3^2}$

$=\pm0^\circ.6$

三、系统误差的基本概念与处理

如前所述，随机误差的处理方法是以观测数据中不含有系统误差为前提的。在实际观测过程中往往存在系统误差，在某些情况下系统误差数值还比较大。由于系统误差和随机误差同时存在于观测数据中，且不易被发现，多次重复观测又不能减小它对观测结果的影响，这种潜伏性使得系统误差比随机误差具有更大的危险性。在分析观测误差时，必须将系统误差排除才能按随机误差理论对观测误差进行处理。因此，研究系统误差的特征与规律，用一定的方法发现和减小或消除系统误差，就显得非常重要，否则，对随机误差的处理将失去意义。

1. 系统误差产生的原因

（1）测量仪器（装置）方面的因素：主要是仪器本身设计、制造固有的缺陷，如航海六分仪的器差等。

（2）环境方面的因素：观测时，风浪、气温、气压和湿度等的影响。

（3）测量方法的因素：采用近似的处理方法等。

（4）测量人员方面的因素：测者感官上的习惯、反应能力等。

2. 系统误差的特征

系统误差的特征是在相同条件下,对同一量进行多次重复观测,所产生误差的绝对值的大小和符号均不变,当观测条件变化时,按一定的规律变化。由此可见,由于系统误差不具有抵偿性,多次重复观测不能减小它对观测结果的影响。

3. 系统误差的减小和消除

系统误差的数值相对随机误差往往比较大,所以必须减小和消除系统误差的影响才能有效地提高观测精度。在观测过程中,如果发现存在系统误差,必须通过分析比较找出原因以及减小和消除的方法。到目前为止,还没有找出有效处理系统误差的统一方法。在不同的情况下,发现和处理系统误差的方法也不尽一样。下面介绍航海人员发现和处理系统误差的基本方法。在后续的章节中将陆续介绍船舶定位中消除系统误差的具体方法。

(1)从产生系统误差的根源上消除系统误差

这是消除系统误差最根本的方法,要求航海人员掌握正确的观测方法,按规定操作。例如,利用航海六分仪观测天体高度,首先要正确校正垂直差和边差,然后正确测定指标差。使用雷达观测陆标的距离应:正确调整各控钮,使回波饱满清晰;选择合适量程;活动距标与物标回波正确重合等。

(2)使用修正方法消除系统误差

由式(3-1-2)可知

$$\text{真值 } L \approx \text{观测值 } l + \text{改正量 } \delta$$

首先正确求出改正量 δ,但是无论怎样处理,改正量本身还会含有一定的误差,因此,观测值经改正量修正后还会残留少量系统误差,一般情况下,该误差可按随机误差处理。如指标差、罗经差、磁差、自差、风流压差等应按正确的方法测定,尽可能减小残留的系统误差。

(3)差值法

已知:误差 Δ=观测值 l-真值 L,则

$$\text{观测值 } l = \text{真值 } L + \text{误差 } \Delta$$

观测条件一定,用同一观测仪器观测两个物标(如利用罗经观测距离近似相等的两个物标的方位),系统误差 Δ 可以认为相等,则

$$l_1 = L_1 + \Delta, l_2 = L_2 + \Delta$$

$$l_1 - l_2 = L_1 - L_2$$

即两物标观测值之差等于两物标真值之差。如航海上将三物标方位定位转变成消除了系统误差的两水平角定位就是利用了上述原理。

(4)抵消法

采用某种方法,使观测值产生的系统误差大小相等,方向相反(或符号相反),取观测值的算术平均值作为观测结果,即可消除系统误差。

例如,船舶在有恒流的船速校验场测定船速,设船速为 v_E,流速为 Δ,则

$$\text{船舶顺流测得的船速 } v_1 = v_E + \Delta$$

$$\text{船舶逆流测得的船速 } v_2 = v_E - \Delta$$

将上两式相加,经整理得

$$v_E = \frac{1}{2}(v_1 + v_2)$$

抵消方法还有其他表述形式,航海上的典型应用是三条等精度船位线定位,在不必求出系统误差的前提下,通过海图作业法(图法平差)抵消船位线系统误差,得到消除了系统误差的观测船位(该内容在本章第五节介绍)。

4. 系统误差和随机误差的表现特征

当系统误差 Δ 和随机误差 σ 同时存在时,误差表现特征如图 3-1-6 所示。图中 L 为被测量的真值,Δ 为系统误差,随机误差分布范围为 $\pm\sigma$,并以系统误差 Δ 为中心而变化。

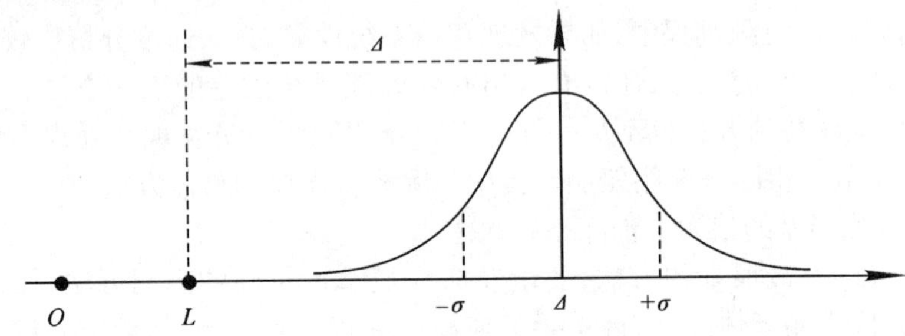

图 3-1-6 误差表现特征示意图

四、粗差的基本概念与处理

粗差的数值相对比较大,它会对观测结果产生明显的歪曲,在对观测数据进行处理之前必须将其剔除。

1. 粗差产生的原因

粗差产生的原因是多方面的,大致可归纳为以下两个方面。

(1)测者的主观原因

测者缺乏经验、观测技术不熟练、过于疲劳等原因造成观测数据的错误。再有就是测者工作责任心不强、粗心大意造成观测数据的错误。这些是产生粗差的主要原因。

(2)客观原因

观测时自然环境改变而使观测结果产生粗差。如风、浪、流等的影响,假水天线对观测天体高度的影响等。

2. 防止与消除粗差的方法

对于粗差除了设法从观测数据中发现和鉴别并加以剔除以外,更重要的是加强测者的工作责任心和在航海实践中不断地总结观测经验。此外,还应避免在自然环境发生剧烈变化时进行观测。

3. 航海上判别粗差的准则

在判别某个观测值是否存在粗差时要特别慎重,除了用其他的观测方法加以比对鉴别外,通常可用判别准则予以确定。航海上以 2σ(95%不确定度)作为判别粗差的准则。对于一组观测值,如果各观测值只含有随机误差,根据其正态分布的规律,其残差落在 $\pm2\sigma$ 以外的概率约为 4.6%(见图 3-1-5),即在 22 次观测中约有 1 次残差 $|v_i|>2\sigma$。在一组观测中如果发现某次观测值的残差的绝对值大于 2σ,即

$$|v_i| > 2\sigma \tag{3-1-19}$$

则可以判定该次观测含有粗差,应予以剔除。这就是航海上在等精度无系统误差的直接观测

中判别粗差的准则。

习　题

一、思考题

1. 试述航海上观测的定义和分类。
2. 何谓最概率值?
3. 试述绝对误差的定义和表示方法。
4. 试述相对误差的定义和表示方法。航海上何种被测量的误差通常用相对误差来描述?
5. 试述精度和误差的关系。
6. 试述产生观测误差的原因。
7. 试述误差的分类和注意事项。
8. 试述误差处理的顺序。
9. 何谓随机误差?试述其基本成因和基本处理方法。
10. 何谓系统误差?试述其基本成因和基本处理方法。
11. 何谓粗差?试述其基本成因和基本处理方法。
12. 试述随机误差的统计特征。
13. 试述利用标准差 σ 作为随机误差衡量标准的优点。
14. 何谓随机不确定度?
15. 何谓概率误差?试述其与标准差的关系。
16. 利用正态分布密度函数说明随机误差的统计特征。
17. 如何利用标准正态分布函数求随机误差落在对称区间内的概率(数学表达式)?
18. 试述算术平均值的应用条件。
19. 何谓最小二乘法?
20. 什么性质误差的传播可以用误差传播定律来表述?举例说明。
21. 设正方形的边长为 x,其测量标准差为 σ_x,用以下两种方法测量正方形周长 L。
    方法一:$L=4x$;方法二:$L=x+x+x+x$。
    哪种方法测量精度高?为什么?

二、单项选择题

1. 航海上绝对误差的表示方法为________。

   A. 真误差　　B. 残差
   C. 改正量　　D. 以上均正确

2. 下述正确的是________。

   A. 真误差=真值-观测值　　B. 改正量=真值-观测值
   C. 残差=最概率值-观测值　　D. 残差=真值-最概率值

3. 下述正确的是________。

A. 真误差=真值-观测值　　B. 残差=最概率值-观测值

C. 残差=观测值-最概率值　　D. 改正量=观测值-真值

4. 在航海实践中被测量的真值可以用________来代替。

A. 高一级精度的测得值　　B. 行业规定的某一具体值

C. 观测值的最概率值　　D. 以上均正确

5. 观测过程中产生的误差包括________。

Ⅰ. 仪器误差;Ⅱ. 环境误差;Ⅲ. 人员误差;Ⅳ. 近似计算的误差;Ⅴ. 方法误差;Ⅵ. 利用参数、常数产生的误差

A. Ⅰ、Ⅱ、Ⅲ、Ⅳ、Ⅴ、Ⅵ　　B. Ⅰ、Ⅱ、Ⅲ、Ⅴ

C. Ⅰ、Ⅱ、Ⅲ、Ⅳ　　D. Ⅲ、Ⅳ、Ⅴ、Ⅵ

6. 处理观测数据时产生的误差包括________。

Ⅰ. 有效数字凑整误差;Ⅱ. 环境误差;Ⅲ. 人员误差;Ⅳ. 近似计算的误差;Ⅴ. 方法误差;Ⅵ. 利用参数、常数产生的误差

A. Ⅰ、Ⅳ、Ⅵ　　B. Ⅰ、Ⅱ、Ⅲ、Ⅴ

C. Ⅰ、Ⅱ、Ⅲ、Ⅳ　　D. Ⅲ、Ⅳ、Ⅵ

7. 按照误差的性质和特点可以把误差分为________三大类。

Ⅰ. 真误差;Ⅱ. 随机误差;Ⅲ. 随机不确定度;Ⅳ. 系统误差;Ⅴ. 粗差;Ⅵ. 改正量

A. Ⅰ、Ⅲ、Ⅵ　　B. Ⅱ、Ⅳ、Ⅴ

C. Ⅰ、Ⅱ、Ⅵ　　D. Ⅲ、Ⅳ、Ⅴ

8. 在相同条件下,对同一量进行多次重复观测,所产生误差的绝对值的大小和符号均不确定,就误差的个体而言不遵从任何规律,就误差的总体而言遵从一定的统计规律,这样的误差称为 ________。

A. 真误差　　B. 系统误差

C. 粗差　　D. 随机误差

9. 在相同条件下,对同一量进行多次重复观测,所产生误差的绝对值的大小和符号均不变,当观测条件变化时,按一定的规律变化(非统计规律),这样的误差称为 ________。

A. 真误差　　B. 系统误差

C. 粗差　　D. 随机误差

10. 主要由人为过失造成的误差称为 ________。

A. 真误差　　B. 系统误差

C. 粗差　　D. 随机误差

11. 下述说法正确的是 ________。

A. 随机误差可以采用抵消法将其消除

B. 系统误差可以通过一定的重复观测,并利用数理统计方法消除其对观测结果的影响

C. 随机误差不能被消除,只能通过一定的重复观测,并利用数理统计的方法来减小其对观测结果的影响

D. 只要观测方法正确就可以消除粗差

12. 下述说法正确的是 ________。

A. 随机误差可以采用抵消法将其消除

B. 可以利用抵消、修正等方法消除系统误差

C. 系统误差可以通过一定的重复观测,并利用数理统计的方法来减小其对观测结果的影响

D. 只要观测方法正确就可以消除粗差

13. 处理误差的步骤是________。

A. 先剔除系统误差,然后处理随机误差,最后消除粗差

B. 先剔除粗差,然后消除系统误差,最后处理随机误差

C. 先处理随机误差,然后消除系统误差,最后剔除粗差

D. 先剔除粗差,然后处理系统误差,最后消除随机误差

14. 随机误差的基本统计特征包括________。

Ⅰ. 随机性;Ⅱ. 对称性;Ⅲ. 单峰性;Ⅳ. 系统性;Ⅴ. 抵偿性;Ⅵ. 有界性

A. Ⅱ、Ⅲ、Ⅴ、Ⅵ　　B. Ⅰ、Ⅱ、Ⅲ、Ⅳ

C. Ⅲ、Ⅳ、Ⅴ、Ⅵ　　D. Ⅱ、Ⅲ、Ⅳ、Ⅴ

15. 对随机误差而言,下列说法正确的是 ________。

A. 对称性是说明误差的绝对值有一定的界限

B. 单峰性是说明绝对值小的误差比绝对值大的误差出现的机会多

C. 有界性是说明在一定的条件下,绝对值相等的正、负误差出现的概率相同

D. 抵偿性是说明当观测次数无限增加时,误差绝对值的代数和将趋于零

16. 对随机误差而言,下列说法正确的是 ________。

A. 对称性是说明绝对值相等的正、负误差出现的概率相同

B. 单峰性是说明误差的代数和将趋于零

C. 有界性是说明在一定的条件下,绝对值相等的正、负误差出现的概率相同

D. 抵偿性是说明当观测次数无限增加时,绝对值小的误差比绝对值大的误差出现的机会多

17. 对随机误差而言,下述说法正确的是 ________。

A. 单峰性是说明随机误差的代数和将趋于零

B. 有界性是说明在一定的条件下,绝对值相等的正、负误差出现的概率相同

C. 抵偿性是说明当观测次数无限增加时,误差的绝对值有一定的界限

D. 抵偿性是说明当观测次数无限增加时,误差的代数和将趋于零

18. 对随机误差而言,下述说法正确的是 ________。

A. 单峰性是说明随机误差的代数和将趋于零

B. 有界性是说明在一定的条件下,绝对值相等的正、负误差出现的概率相同

C. 有界性是说明在一定的条件下,误差的绝对值有一定的界限

D. 抵偿性是说明当观测次数无限增加时,误差绝对值的代数和将趋于零

19. 68.3%的不确定度约等于 ________。

A. $\pm\sigma$　　B. $\pm2\sigma$

C. $\pm 3\sigma$ D. $\pm \frac{2}{3}\sigma$

20. 概率误差约等于 ________。

A. $\pm\sigma$ B. $\pm 2\sigma$

C. $\pm 3\sigma$ D. $\pm \frac{2}{3}\sigma$

21. 95.4%的不确定度约等于 ________。

A. $\pm\sigma$ B. $\pm 2\sigma$

C. $\pm 3\sigma$ D. $\pm \frac{2}{3}\sigma$

22. 99.7%的不确定度约等于 ________。

A. $\pm\sigma$ B. $\pm 2\sigma$

C. $\pm 3\sigma$ D. $\pm \frac{2}{3}\sigma$

23. 航海上通常取95%的不确定度为 ________。

A. $\pm\sigma$ B. $\pm 2\sigma$

C. $\pm 3\sigma$ D. $\pm \frac{2}{3}\sigma$

24. 利用标准正态分布函数 $\Phi(t)$ 求随机误差落在对称区间内的概率为________。

A. $\Phi(t)-1$ B. $2\Phi(t)-1$

C. $\Phi(t)$ D. $2\Phi(t)+1$

25. "________误差的传播可以用误差传播定律表述"的说法是错误的。

A. 角度 B. 定位

C. 距离 D. 温度

26. 已知真方位 $TB=CB+Var+Dev$，其中罗方位 CB 的标准差为 σ_{CB}，磁差 Var 的标准差为 σ_{Var}，自差 Dev 的标准差为 σ_{Dev}，真方位 TB 的标准差 $\sigma_{\mathrm{TB}}=$ ________。

A. $\sqrt{\sigma_{\mathrm{CB}}^2+\sigma_{\mathrm{Var}}^2+\sigma_{\mathrm{Dev}}^2}$ B. $\sigma_{\mathrm{CB}}+\sigma_{\mathrm{Var}}+\sigma_{\mathrm{Dev}}$

C. $\sqrt{\sigma_{\mathrm{CB}}+\sigma_{\mathrm{Var}}+\sigma_{\mathrm{Dev}}}$ D. $\sigma_{\mathrm{CB}}^2+\sigma_{\mathrm{Var}}^2+\sigma_{\mathrm{Dev}}^2$

27. 已知 $w=x\sin30°-y\cos60°+6$，其中 x 的标准差为 σ_x，y 的标准差为 σ_y，w 的标准差 σ_w =________。

A. $\sqrt{0.25\sigma_x^2-0.25\sigma_y^2}$ B. $\sqrt{0.25\sigma_x^2+0.25\sigma_y^2}+6$

C. $\sqrt{0.5\sigma_x^2+0.5\sigma_y^2}$ D. $\sqrt{0.25\sigma_x^2+0.25\sigma_y^2}$

第二节 等精度观测平差

前一节介绍了系统误差、随机误差和粗差的基本概念和简单处理方法。在对观测数据处

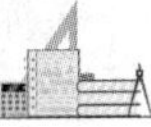

理的过程中，首先要剔除粗差，然后消除系统误差，最后对随机误差进行处理（包括少量的剩余系统误差也一并按随机误差处理）。粗差通过加强责任心、以科学方法观测和保证观测条件则可以避免。系统误差的处理至今还没有找出普遍有效的处理方法，一般视具体情况具体对待。只有随机误差形成了普遍有效的处理方法，这就是本节主要阐述的内容，即对观测过程中产生的随机误差进行处理，专业术语称为平差。

船舶在海上航行，通过观测物标来确定船舶在海上的位置，严格地讲这些观测都是非等精度观测，但在航海实践中，在满足定位精度的前提下，考虑一定的限制条件，大多数观测可以当成等精度观测，这样做的目的是使数据处理的方法简单、可行。对等精度观测数据进行处理称为等精度观测平差。

平差的目的：

（1）求观测值的最概率值。

（2）观测精度的估计：

①单一观测精度估计（求单一观测的标准差）；

②最概率值精度估计（求最概率值的标准差）。

（3）求观测结果。

一、等精度直接观测平差

在等精度条件下，直接观测被测物标，并对观测数据进行处理，称为等精度直接观测平差。

1. 求观测值的最概率值

对同一物标进行重复观测，每次观测都存在随机误差，经过平差，可以求得最接近真值的数值（该值的误差最小），称为最概率值。对某一量进行等精度无系统误差的 n 次观测，在本章第一节中已证明，观测值的算术平均值即为最概率值。

各观测值为 $l_1, l_2, \cdots, l_n$ 其算术平均值

$$\bar{l} = \frac{l_1 + l_2 + \cdots + l_n}{n} = \frac{1}{n}\sum_{i=1}^{n} l_i = \frac{[l]}{n} \tag{3-2-1}$$

2. 观测精度的估计

在等精度直接观测平差中，对同一被测物标进行等精度无系统误差的重复观测，求得的最概率值的精度如何？单次观测的精度如何？这是下面将讨论的问题。

（1）单一观测精度估计（求单一观测标准差 σ，或单次观测标准差 σ）

对同一物标进行一组 n 次重复观测，每次观测都存在随机误差。由随机误差的定义可知，其绝对值的大小和符号均不确定，那么在该观测组中每一次（单次）观测的误差如何衡量呢？人们采用该组的标准差 σ 作为单次观测误差的衡量标准，因此又称 σ 为单一观测标准差，由式（3-1-9）得其估计式为

$$\sigma = \sqrt{\frac{1}{n-1}\sum_{i=1}^{n} v_i^2} = \sqrt{\frac{[vv]}{n-1}} \tag{3-2-2}$$

式中：n 为观测次数；残差 v_i = 观测值 l_i − 最概率值 $\bar{L}$，$\bar{L} = \frac{[l]}{n}$；$vv = v^2$。

(2)最概率值精度估计(求最概率值的标准差 $\sigma_{\bar{l}}$)

最概率值是最接近真值的数值,但它还存在误差,该误差可以用最概率值的标准差来描述。已知在一组等精度 n 次观测中,算术平均值 $\bar{l}=\dfrac{l_1+l_2+\cdots+l_n}{n}$ 即最概率值,因为每次观测值($l_1,l_2,\cdots,l_n$) 的标准差均相等,即 $\sigma_1=\sigma_2=\cdots=\sigma_n=\sigma$,由误差传播定律得最概率值的标准差 $\sigma_{\bar{l}}$ 为

$$\sigma_{\bar{l}}^2=(\frac{1}{n})^2\sigma^2+(\frac{1}{n})^2\sigma^2+\cdots+(\frac{1}{n})^2\sigma^2=\frac{\sigma^2}{n}$$

$$\sigma_{\bar{l}}=\frac{\sigma}{\sqrt{n}}=\sqrt{\frac{[vv]}{n(n-1)}} \tag{3-2-3}$$

由上式可见:

最概率值的标准差 $\sigma_{\bar{l}}$ 是单一观测标准差 σ 的$\dfrac{1}{\sqrt{n}}$倍。

最概率值的精度是单一观测精度的$\sqrt{n}$ 倍。

由式(3-2-3) 可见,似乎观测次数 n 越多,$\sigma_{\bar{l}}$ 的精度越高。由图 3-2-1 可见,当观测次数 n 从 1 增加到 5 时,$\dfrac{1}{\sqrt{n}}$ 减小得非常快,即精度提高得非常快,而后,尽管观测次数大幅度增加,$\dfrac{1}{\sqrt{n}}$ 减小得非常慢,即精度提高得非常慢。

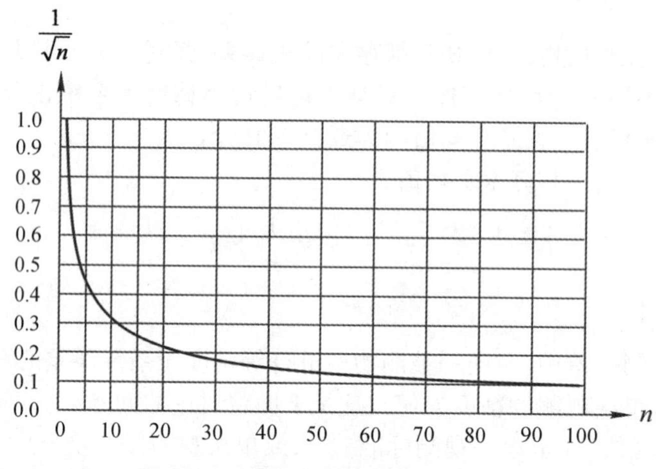

图 3-2-1　最概率值的标准差($\sigma=1$)

设 $\sigma=1$,则 $\sigma_{\bar{l}}=\dfrac{1}{\sqrt{n}}$。

$\sigma_{\bar{l}}$ 要提高 1 倍,即 $0.5=\dfrac{1}{\sqrt{n}}$,$n=4$,需观测 4 次。

$\sigma_{\bar{l}}$ 要提高 1 个数量级,即 $0.1=\dfrac{1}{\sqrt{n}}$,$n=100$,需观测 100 次,显然得不偿失。

考虑到上述原因和测者的疲劳程度,航海实践中观测次数 n 一般取 3 ~ 5 次,常取$n=3$。

3. 观测结果

在等精度直接观测平差中，观测结果是最概率值与 c 倍最概率值的标准差之和，即

$$观测结果 = \bar{l} \pm c\sigma_{\bar{l}} \tag{3-2-4}$$

当 $c=1$ 时，真值落在以 $\bar{l}$ 为中心，$\pm\sigma_{\bar{l}}$ 区间内的概率为 68.3%。

当 $c=2$ 时，真值落在以 $\bar{l}$ 为中心，$\pm2\sigma_{\bar{l}}$ 区间内的概率为 95.4%。

当 $c=3$ 时，真值落在以 $\bar{l}$ 为中心，$\pm3\sigma_{\bar{l}}$ 区间内的概率为 99.7%。

如图 3-2-2 所示。

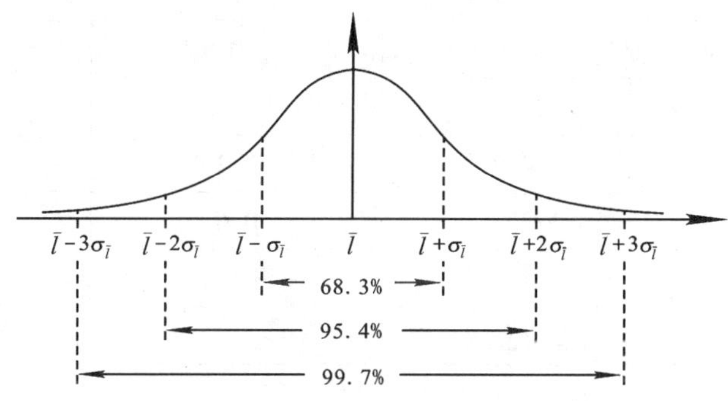

图 3-2-2 真值落在观测结果内的概率

航海上常用95%不确定度描述最概率值的精度，因此，观测结果等于最概率值加上其 95% 不确定度

$$观测结果 = \bar{l} \pm 95\%不确定度 = \bar{l} \pm 1.96\sigma_{\bar{l}} \approx \bar{l} \pm 2\sigma_{\bar{l}}$$

例 3-2-1：已知真方位 $TB = CB + Var + Dev$，其中罗方位 CB 是连续观测 3 次得到的，单一观测标准差为 $\sigma_{\rm CB} = \pm 0°.7$，磁差 Var 的标准差为 $\sigma_{\rm Var} = \pm 0°.1$，自差 Dev 的标准差为 $\sigma_{\rm Dev} = \pm 0°.3$，求真方位 TB 的标准差 $\sigma_{\rm TB}$。

解：(1) $\sigma_{\rm TB} = \sqrt{\sigma_{\rm TB}^2 + \sigma_{\rm Var}^2 + \sigma_{\rm Dev}^2}$

(2) CB 是连续观测 3 次得到的，其最概率值标准差 $\sigma_{\rm CB} = \dfrac{\sigma}{\sqrt{n}} = \dfrac{0.7}{\sqrt{3}}$

(3) $\sigma_{\rm TB} = \sqrt{(\dfrac{0.7}{\sqrt{3}})^2 + 0.1^2 + 0.3^2} \approx \pm 0°.5$

例 3-2-2：已知高度差 $Dh = h_{\rm t} - h_{\rm c}$，真高度 $h_{\rm t}$ 是连续观测 3 次得到的，每次单一观测标准差为 $\sigma = \pm 1'.0$，计算高度 $h_{\rm c}$ 的标准差 $\sigma_{h_{\rm c}} = \pm 0'.2$，求高度差的标准差 $\sigma_{\rm TB}$。

解：(1) 写出求高度差的标准差的计算公式 $\sigma_{\rm Dh} = \sqrt{\sigma_{h_{\rm t}}^2 + \sigma_{h_{\rm c}}^2}$

(2) $h_{\rm t}$ 是连续观测 3 次得到的，其最概率值的标准差为 $\sigma_{h_{\rm t}} = \dfrac{\sigma}{\sqrt{n}} = \dfrac{1}{\sqrt{3}}$

(3) 求高度差的标准差 $\sigma_{\rm Dh} = \sqrt{(\dfrac{1}{\sqrt{3}})^2 + 0.2^2} \approx \pm 0'.6$

例 3-2-3：连续重复观测某一陆标的方位，其观测数据如下：

122°.4，121°.8，122°.2，121°.9，121°.6，123°.3，124°.8，123°.1，121°.4。

求单一观测精度、最概率值及其精度和观测结果。

解：为计算方便、正确，列表（表 3-2-1）计算如下：

表 3-2-1　平差表

观测次数 n	观测值 l_i	残差 $v_i = l_i - \bar{L}$	残差平方 v_iv_i
1	122.4	−0.1	0.01
2	121.8	−0.7	0.49
3	122.2	−0.3	0.09
4	121.9	−0.6	0.36
5	121.6	−0.9	0.81
6	123.3	0.8	0.64
7	124.8	2.3	5.29
8	123.1	0.6	0.36
9	121.4	−1.1	1.21
	$\bar{l} = 122.5$		$\sum = 9.26$

$$\sigma = \sqrt{\frac{[vv]}{n-1}} = \sqrt{\frac{9.26}{8}} \approx \pm 1^\circ.08$$

粗差的剔除：往往不能直观地确定观测值中是否有粗差，这时可用式（3-1-19）准则来确定，即如果第 i 次观测值 l_i 的残差 $v_i = l_i - \bar{L}$ 使

$$|v_i| > 2\sigma \tag{3-2-5}$$

成立，则认为该次观测值 l_i 含有粗差，应剔除，然后重新计算。

本题第 7 次观测值的残差 $|v_7| = 2.3 > 2\sigma \approx 2.16$，则该次观测值应剔除，重新计算（见表 3-2-2）。

表 3-2-2　平差表

观测次数 n	观测值 l_i	残差 $v_i = l_i - \bar{L}$	残差平方 v_iv_i
1	122.4	0.2	0.04
2	121.8	−0.4	0.16
3	122.2	0	0
4	121.9	−0.3	0.09
5	121.6	−0.6	0.36
6	123.3	1.1	1.21
7	123.1	0.9	0.81
8	121.4	−0.8	0.64
	$\bar{l} = 122.2$		$\sum = 3.31$

$$\sigma = \sqrt{\frac{[vv]}{n-1}} = \sqrt{\frac{3.31}{7}} \approx \pm 0°.69$$

无 $|v_i| > 2\sigma$，则

$$\sigma_{\bar{l}} = \frac{\sigma}{\sqrt{n}} = \frac{0°.69}{\sqrt{8}} \approx \pm 0°.24$$

观测结果 $= 122°.2 \pm 2\sigma_{\bar{l}} \approx 122°.2 \pm 0°.5$，真值落在该区间内的概率为95%。

4. 等精度直接观测平差步骤

(1)求最概率值 $\bar{l} = \frac{l_1 + l_2 + \cdots + l_n}{n} = \frac{[l]}{n}$。

(2)求单一观测标准差 $\sigma = \sqrt{\frac{[vv]}{n-1}}$。

(3)判断是否有粗差即 $|v_i| > 2\sigma$，如果成立则应剔除该次观测值，重新计算单一观测标准差。

(4)求最概率值标准差 $\sigma_{\bar{l}} = \frac{\sigma}{\sqrt{n}} = \sqrt{\frac{[vv]}{n(n-1)}}$。

(5)观测结果 $= \bar{l} \pm 95\%$，不确定度 $\approx \bar{l} \pm 2\sigma_{\bar{l}}$。

二、等精度间接观测平差

间接平差首先要建立描述观测量与未知量之间关系的数学函数模型，最优估计函数模型的未知量就是间接观测平差的目的。航海上，描述观测量与未知量（船位：纬度 φ，经度 λ）之间关系的函数模型即船位线方程。在间接观测平差中存在两类情况。

第一类：$y = f(x_1, x_2, \cdots, x_n)$，直接观测 $x_1, x_2, \cdots, x_n$，利用函数求 y，利用误差传播定律求 y 的误差。

第二类：$y = f(x_1, x_2, \cdots, x_n)$，直接观测 y，利用函数反求 $x_1, x_2, \cdots, x_n$ 及其误差。

海上船舶定位遇到的是第二类情况，即

$$y = f(\varphi, \lambda) \tag{3-2-6}$$

式(3-2-6)就是船位线方程，理论上称为观测方程。直接观测 y（如观测两个或两个以上的陆标的距离或方位）求 φ 和 λ（求测者的纬度 φ 和经度 λ），观测一次 y 即可得到一个观测方程。理论上，观测两次 y 即可得到两个方程式，联立两个方程式，即可求得 φ 和 λ。但是从数理统计的角度考虑，为了减小随机误差的影响，往往进行多余观测，使观测方程个数大于未知量的个数，这样用一般的解方程的方法则无法解算了，也无法用算术平均值方法求最概率值，只能用最小二乘法原理最优估计出求最概率值的方程式，然后解该方程式求得最概率值，进而求得最概率船位。这就是航海上等精度间接观测平差要解决的问题之一。最概率船位的误差将在本章第五节中阐述。

1. 等精度线性函数间接观测平差

首先根据观测结果列出观测方程，观测次数即观测方程的个数，且大于未知数的个数，然后根据残差的定义列出残差方程组，再利用最小二乘法原理，在残差的平方和最小的前提下得到求最概率值的法方程组,这时法方程的个数等于未知数的个数,解该方程组则求得最概率值。

(1)列观测方程

以二元一次方程为例

$$a_i x + b_i y = l_i (i = 1,2,\cdots,n,n > 2) \tag{3-2-7}$$

式中:l_i 为观测值;x、y 为未知数。

(2)列误差方程

由残差的定义得

$$-v_i = l_i - (a_i x + b_i y)$$

即

$$a_i x + b_i y - l_i = v_i \tag{3-2-8}$$

(3)列法方程

利用最小二乘法导出求最概率值的方程式即法方程。由最小二乘法原理,x、y 的最概率值应在残差的平方和最小的前提下求出,即

$$[vv] = \sum_{i=1}^{n} (a_i x + b_i y - l_i)^2 = \min$$

则应使

$$\frac{\partial [vv]}{\partial x} = 0, \frac{\partial [vv]}{\partial y} = 0$$

即

$$\frac{\partial [vv]}{\partial x} = 2\sum_{i=1}^{n} a_i (a_i x + b_i y - l_i) = 0$$

$$\sum_{i=1}^{n} (a_i a_i x + a_i b_i y - a_i l_i) = 0$$

利用高斯符号$[\ ] = \sum$ 将上式改写成

$$[aa]x + [ab]y = [al]$$

同理

$$\frac{\partial [vv]}{\partial y} = 2\sum_{i=1}^{n} b_i (a_i x + b_i y - l_i) = 0$$

$$\sum_{i=1}^{n} (a_i b_i x + b_i b_i y - b_i l_i) = 0$$

得

$$[ab]x + [bb]y = [bl]$$

则法方程组

$$\begin{cases} [aa]x + [ab]y = [al] & (3\text{-}2\text{-}9) \\ [ab]x + [bb]y = [bl] & (3\text{-}2\text{-}10) \end{cases}$$

(4)求最概率值

$$\begin{cases} x = \dfrac{[al][bb] - [bl][ab]}{[aa][bb] - [ab]^2} & (3\text{-}2\text{-}11) \\ y = \dfrac{[bl][aa] - [al][ab]}{[aa][bb] - [ab]^2} & (3\text{-}2\text{-}12) \end{cases}$$

例 3-2-4：分别测得灯塔塔高21.2 m，山高25.7 m，山脚到塔顶高度47.5 m，试求塔高和山高的最概率值，见图3-2-3。

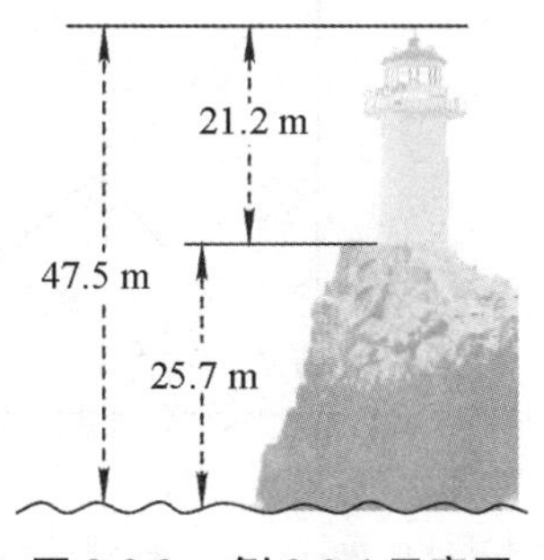

图 3-2-3　例 3-2-4 示意图

解：设灯塔塔高为 x，山高为 y。

(1)列观测方程组

$$\begin{cases} x = 21.2 \\ y = 25.7 \\ x + y = 47.5 \end{cases}$$

(2)列法方程组

$$\begin{cases} [aa]x + [ab]y = [al] \\ [ab]x + [bb]y = [bl] \end{cases}$$

求法方程系数，列平差表如表3-2-3所示：

表 3-2-3　平差表

n	a	b	l	aa	bb	ab	al	bl
1	1	0	21.2	1	0	0	21.2	0
2	0	1	25.7	0	1	0	0	25.7
3	1	1	47.5	1	1	1	47.5	47.5
$\sum$				2	2	1	68.7	73.2

法方程组
$$\begin{cases} 2x + y = 68.7 \\ x + 2y = 73.2 \end{cases}$$

(3)解法方程求最概率值

$$\begin{cases} x = 21.4 \text{ m} \\ y = 25.9 \text{ m} \end{cases}$$

2. 等精度线性函数间接观测平差在航海上的应用

(1)线性船位线方程

在船舶定位中，航海人员利用航海仪器对物标进行观测，观测值为常数的点的轨迹称为位置线(line of position，LOP)，此时测者必定在该线上。目前航海上常用的位置线有方位位置线、距离位置线、方位差位置线等，由于位置线形状复杂，在实际应用中，经常选取推算船位附近的一小段位置线或其切线或替代线去代替位置线，称其为船位线。

航海上，习惯利用平面解析几何中的法线式直线方程来描述线性船位线方程，只不过将其坐标变换了方向，以符合航海计算要求。

平面解析几何中的法线式直线方程式

$$x\cos\alpha + y\sin\alpha = p \tag{3-2-13}$$

其几何图形如图3-2-4所示。

线性船位线方程式

$$x\cos A + y\sin A = \Delta n \tag{3-2-14}$$

其几何图形如图3-2-5所示。

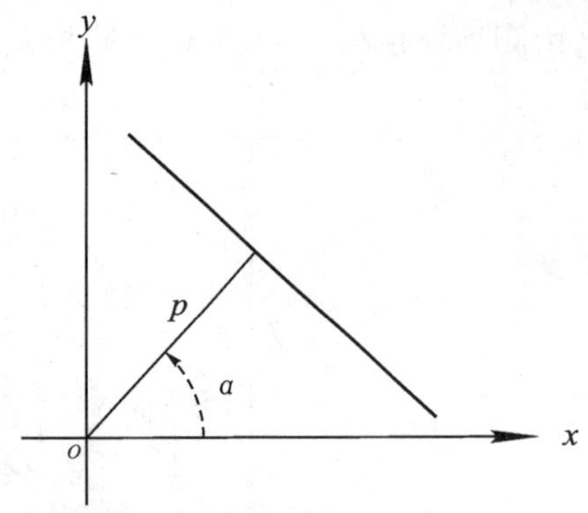

图 3-2-4　法线式直线方程几何图形

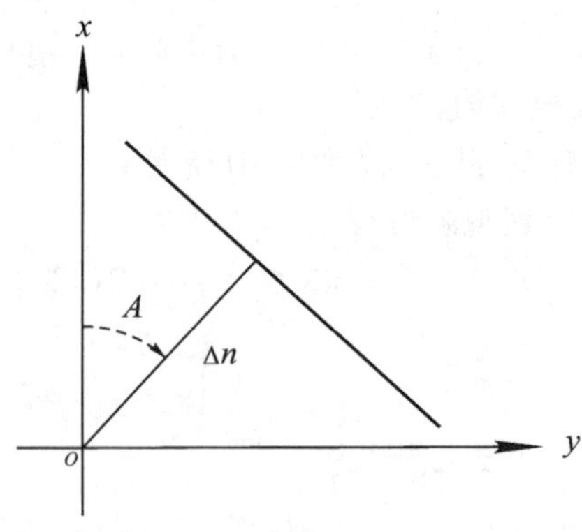

图 3-2-5　线性船位线几何图形

(2)利用解析法求最概率船位

①观测方程组

在航海实践中,通过观测(同时观测)得到 A_i、$\Delta n_i(i=1,2,\cdots n,\ n>2)$ 等精度船位线方程组,即观测方程组为

$$x\cos A_i + y\sin A_i = \Delta n_i(i=1,2,\cdots n,\ n>2) \tag{3-2-15}$$

②法方程

根据前面给出的规则,直接写出法方程

$$[\cos^2 A]x + [\cos A\sin A]y = [\Delta n\cos A] \tag{3-2-16}$$

$$[\cos A\sin A]x + [\sin^2 A]y = [\Delta n\sin A] \tag{3-2-17}$$

③解法方程

$$x = \frac{[\Delta n\cos A][\sin^2 A] - [\Delta n\sin A][\cos A\sin A]}{[\cos^2 A][\sin^2 A] - [\cos A\sin A]^2} \tag{3-2-18}$$

$$y = \frac{[\Delta n\sin A][\cos^2 A] - [\Delta n\cos A][\cos A\sin A]}{[\cos^2 A][\sin^2 A] - [\cos A\sin A]^2} \tag{3-2-19}$$

④最概率船位

$$\begin{cases}\varphi = \varphi_c + x \\ \lambda = \lambda_c + \dfrac{y}{\cos\varphi}\end{cases} \tag{3-2-20}$$

式(3-2-20)中,最概率船位(φ,λ)是以推算船位(φ_c,λ_c)为基准(坐标原点)加上 x 和 y。计算时推算船位(φ_c,λ_c)如果是北纬(N)为"+"值,南纬(S)为"-"值,东经(E)为"+"值,西经(W)为"-"值,求得的 y 值应除以 $\cos\varphi$ 才可以加到经度上。

由平面解析法求得的x,y分别直接加在球面坐标φ_c,λ_c上的依据是:在航海球面近似计算中,在视野范围之内,球面可以近似用平面来代替。观测物标定位满足该条件,因此,x 值近似为纬差,而求得的 y 值近似为等纬圈上一段小圆弧,即东西距,根据球面几何定理(圆心角相等的小圆弧与大圆弧之比等于小圆纬度的余弦)将 y 值换算成经差,如图 3-2-6 所示。

例 3-2-5:已知推算船位 $\varphi=33°30'$N,$\lambda=165°12'.0$W,同时测得三条等精度船位线,其数据如下:

Ⅰ - Ⅰ　$A_1=30°$　$Dh_1=-1'.0$

Ⅱ - Ⅱ　$A_2=150°$　$Dh_2=1'.5$

Ⅲ - Ⅲ　$A_3 = 270°$　$Dh_3 = -2'.3$

求最概率船位。

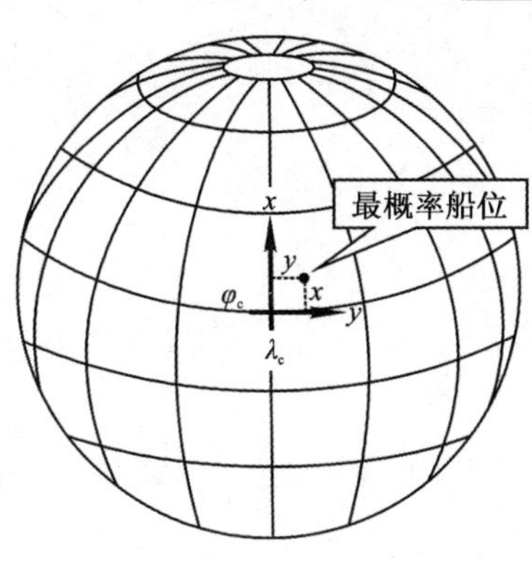

图 3-2-6　球面上最概率船位示意图

解：

(1)观测方程

$$\begin{cases} x\cos 30° + y\sin 30° = -1'.0 \\ x\cos 150° + y\sin 150° = 1'.5 \\ x\cos 270° + y\sin 270° = -2'.3 \end{cases}$$

经整理得

$$\begin{cases} \frac{\sqrt{3}}{2}x + \frac{1}{2}y = -1'.0 \\ -\frac{\sqrt{3}}{2}x + \frac{1}{2}y = 1'.5 \\ -y = -2'.3 \end{cases}$$

(2)列法方程组

$$\begin{cases} [aa]x + [ab]y = [al] \\ [ab]x + [bb]y = [bl] \end{cases}$$

求法方程系数[ ]，列平差表如表 3-2-4 所示：

表 3-2-4　平差表

n	a	b	l	aa	bb	ab	al	bl
1	$\frac{\sqrt{3}}{2}$	$\frac{1}{2}$	$-\frac{2}{2}$	$\frac{3}{4}$	$\frac{1}{4}$	$\frac{\sqrt{3}}{4}$	$-\frac{2\sqrt{3}}{4}$	$-\frac{2}{4}$
2	$-\frac{\sqrt{3}}{2}$	$\frac{1}{2}$	$\frac{3}{2}$	$\frac{3}{4}$	$\frac{1}{4}$	$-\frac{\sqrt{3}}{4}$	$-\frac{3\sqrt{3}}{4}$	$\frac{3}{4}$
3	0	-1	-2.3	0	1	0	0	2.3
$\sum$				1.5	1.5	0	-2.17	2.55

法方程组：

$$\begin{cases} 1.5x = -2.17 \\ 1.5y = 2.55 \end{cases}$$

(3)最概率值

$$\begin{cases} x = -1'.45 \\ y = 1'.7 \end{cases}$$

(4)最概率船位

$$\varphi = 33°30'.0\text{N} - 1'.45 = 33°30'.0 - 1'.45 = 33°28'.6 = 33°28'.6\text{N}$$

$$\lambda = 165°12'.0\text{W} + \frac{1'.7}{\cos 33°28'.6} = -165°12'.0 + 2'.0 = -165°10'.0 = 165°10'.0\text{W}$$

墨卡托海图上最概率船位示意图如图 3-2-7 所示。

如果同时观测 $n(n>2)$ 条等精度非线性船位线求最概率船位，首先应将船位线线性化，而后，用上述解析法求最概率船位。在航海专业课中，用高度差法将天文船位圆转化成天文船位线就是船位线线性化的典型例子。

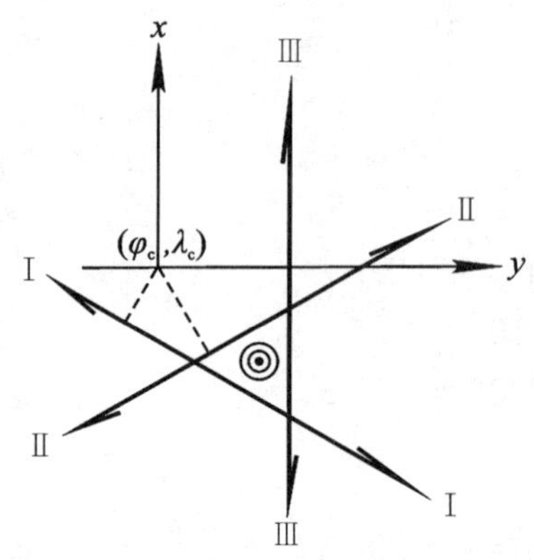

图 3-2-7 墨卡托海图上最概率船位示意图

习 题

一、思考题

1. 何谓平差？试述平差的目的。

2. 在等精度无系统误差的直接观测中，试述单一观测标准差、最概率值的标准差的定义，以及两者之间的关系。

3. 试述在等精度直接观测平差中判断观测值中存在粗差的依据。

4. 在等精度直接观测平差中如何表述观测结果以及真值落在观测结果中的概率？

5. 试述等精度直接观测平差步骤。

6. 试述等精度线性函数间接观测平差的步骤。

7. 试述在航海上观测 n 条($n>2$)等精度线性船位线求最概率船位的步骤。

8. 在利用解析法求最概率船位中，试述利用平面解析法求得的 x,y 可以直接修正推算船位(φ_c,λ_c)的依据。

二、单项选择题

1. 最概率值的标准差________。

A. 与单一观测标准差相等　　B. 比单一观测标准差提高了$\frac{1}{\sqrt{n}}$倍

C. 是单一观测标准差的$\frac{1}{\sqrt{n}}$倍　　D. 是单一观测标准差的$\sqrt{n}$倍

2. 最概率值的精度________。

A. 与单一观测精度相等　　B. 比单一观测精度提高了$\frac{1}{\sqrt{n}}$倍

C. 是单一观测精度的$\frac{1}{\sqrt{n}}$倍　　　　D. 是单一观测精度的$\sqrt{n}$倍

3. 观测某一物标的方位，最概率值为 135°. 5，最概率值的标准差为±0°. 5，真值落在观测结果 135°. 5±0°. 5 内的概率约为________。

A. 68. 3%　　　　B. 95%

C. 50%　　　　D. 99. 7%

4. 连续观测 3 次某一物标的方位，单一观测标准差 $\sigma=\pm1°.0$，最概率值为 223°. 3，真值落在观测结果 223°. 3±0°. 38 内的概率约为 ________。

A. 68. 3%　　　　B. 95%

C. 50%　　　　D. 99. 7%

5. 连续观测 3 次某一物标的方位，单一观测标准差 $\sigma=\pm0°.7$，最概率值为 35°. 6，观测结果为________，真值落在该结果内的概率约为________。

A. 35°. 6±0°. 7;68. 3%　　　　B. 35°. 6±0°. 4;95%

C. 35°. 6±0°. 8;99. 7%　　　　D. 35°. 6±0°. 8;95%

6. 连续观测 3 次某一物标的方位，单一观测标准差 $\sigma=\pm0°.7$，最概率值为 35°. 6，观测结果为________，真值落在该结果内的概率约为________。

A. 35°. 6±0°. 4;68. 3%　　　　B. 35°. 6±0°. 8;95%

C. 35°. 6±1°. 2;99. 7%　　　　D. 以上均正确

7. 对某一物标进行一组（n 次）直接观测，其单一观测标准差为 σ，最概率值标准差为 $\sigma_{\bar{l}}$，某次观测值的残差为 v_i，如果$|v_i|$________，则认为该次观测值 l_i 含有粗差，应剔除。

A. 小于 2σ　　　　B. 大于 2σ

C. 大于 $2\sigma_{\bar{l}}$　　　　D. 小于 $2\sigma_{\bar{l}}$

三、计算题

1. 对某一基线进行丈量结果如下：

53. 20 m，53. 34 m，53. 27 m，53. 18 m，53. 23 m，53. 39 m，53. 29 m，53. 33 m，53. 65 m。

（1）求单一观测标准差 σ 和最概率值的标准差 $\sigma_{\bar{l}}$。

（2）求观测结果。

（3）求真值落在观测结果之内的概率。

2. 对某一物标方位进行两组观测，观测数据如下：

甲组：122°. 0，121°. 5，122°. 0，123°. 0，122°. 5，121°. 0，120°. 5；

乙组：122°. 5，121°. 0，121°. 5。

（1）求两组的最概率值、单一观测标准差、最概率的值标准差和观测结果。

（2）哪组观测的精度高？

（3）哪组观测结果的精度高？

3. 已知推算船位 $\varphi=26°30'\mathrm{N}$，$\lambda=147°00'.0\mathrm{E}$，同时测得三条等精度船位线，其数据如下：

Ⅰ－Ⅰ　$A_1=060°$　$Dh_1=-1'.0$

Ⅱ－Ⅱ　$A_2=180°$　$Dh_2=+1'.5$

Ⅲ－Ⅲ　$A_3=300°$　$Dh_3=-2'.0$

求最概率船位。

4. 已知推算船位 $\varphi=23°30'S$, $\lambda=130°00'.0W$，同时测得三条等精度船位线，其数据如下：

Ⅰ－Ⅰ　$A_1=000°$　$Dh_1=-2'.0$

Ⅱ－Ⅱ　$A_2=120°$　$Dh_2=-0'.5$

Ⅲ－Ⅲ　$A_3=240°$　$Dh_3=+2'.0$

求最概率船位。

5. 已知推算船位 $\varphi=25°30'S$, $\lambda=89°00'.0E$，同时测得三条等精度船位线，其数据如下：

Ⅰ－Ⅰ　$A_1=090°$　$Dh_1=+1'.2$

Ⅱ－Ⅱ　$A_2=210°$　$Dh_2=-1'.5$

Ⅲ－Ⅲ　$A_3=330°$　$Dh_3=-3'.3$

求最概率船位。

6. 已知推算船位 $\varphi=26°20'N$, $\lambda=135°30'.0W$，同时测得三条等精度船位线，其数据如下：

Ⅰ－Ⅰ　$A_1=030°$　$Dh_1=+2'.2$

Ⅱ－Ⅱ　$A_2=150°$　$Dh_2=+2'.5$

Ⅲ－Ⅲ　$A_3=270°$　$Dh_3=-3'.3$

求最概率船位。

7. 航海上观测太阳测定六分仪指标差 i 的计算公式为 $i=-\frac{m_1+m_2}{2}$，观测数据如下：

m_1: $-32'.4, -32'.6, -32'.8, -32'.1, -32'.3$；

m_2: $30'.8, 30'.4, 30.'6, 30'.5, 30'.7$。

(1) 求指标差 i 的最概率值；

(2) 求指标差最概率值的标准差 $\sigma_{\bar{i}}$。

第三节　船位线误差

为保证船舶在海上安全、经济地航行，航海人员时刻要确定船舶的位置，通常的做法是利用相关航海仪器观测物标的距离、方位或高度等观测值。当测者对物标进行观测时，其观测值为常数的点的几何轨迹称为测者的位置线 LOP，此刻测者应在该线上。由于观测必然存在误差，由此得到的位置线也必定存在误差。本节主要阐述由观测误差引起位置线误差的大小和方向的关系。

一、航海上常用的平面位置线

航海上在视野范围内均可将球面视为平面，这里介绍的是在视野范围内观测到的位置线，因此称为平面位置线。至于球面上的位置线，将在相关专业课中介绍。

1. 方位位置线

航海人员利用罗经观测已知坐标的固定物标 M 的罗方位，经罗经差修正得到物标 M 的真

方位 TB,在海图上找到所测物标 M,过 M 按 TB 的反方向($TB\pm180°$) 画一直线,该线称为方位位置线,在该线上任意一点测物标 M 的方位均为 TB,如图 3-3-1 所示。

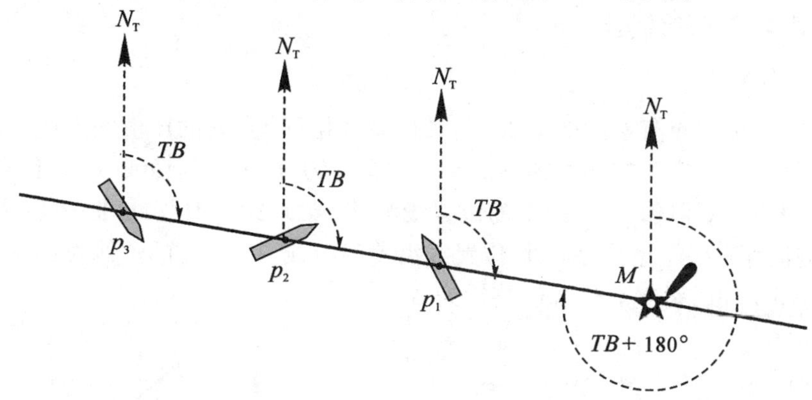

图 3-3-1　平面方位位置线示意图

2. 距离位置线

航海人员利用观测仪器(如雷达) 测得船到已知坐标的固定物标 M 的距离 D,以物标 M 为圆心、距离 D 为半径画一圆,该圆称为距离位置线,在该线上任意一点测物标 M 的距离均为 D,如图 3-3-2 所示。

3. 方位差位置线

方位差位置线又称水平夹角位置线,是航海人员观测两个已知坐标的固定物标(M_1 , M_2) 的方位差角(TB_2-TB_1) 或水平夹角 α 而得到的位置线,该位置线是船与两物标所构成的三角形的外接圆圆弧的一部分,圆弧上任意一点对两物标的张角均等于该圆周角 α。目前,方位差位置线在航海实践中已很少应用,但是在介绍消除三方位定位系统误差时要用到方位差位置线的概念,如图 3-3-3 所示。

综上所述,不同的位置线,表现的形式也不尽相同。航海人员在实际工作中,在误差允许的条件下,考虑到绘画位置线的方便和快捷,通常只画出位于推算船位附近部分位置线,或位置线的切线,或某条替代线,该线称为船位线。

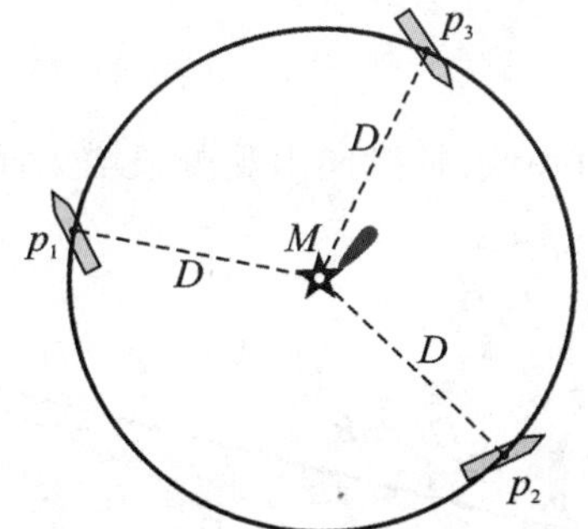

图 3-3-2　平面距离位置线示意图

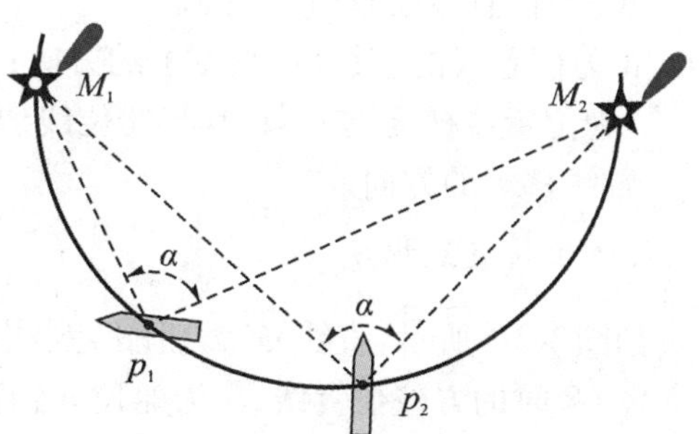

图 3-3-3　平面方位差位置线示意图

二、位置线梯度

航海人员根据观测值将位置线(等值线)画在海图上,在观测时刻,船位必定在该线上。

由于观测中必然存在误差,因此,依据观测值画的位置线也必定存在误差。航海人员通常利用位置线梯度的概念来表征由观测误差引起船位线误差的大小和方向的关系,即借助位置线梯度的概念来描述船位线的误差。

1. 位置线梯度的定义

位置线梯度 $\vec{g}$ 是观测值 u 的增量 Δu 与其位置线位移量 Δn 的比值的矢量。

如图 3-3-4 所示,对应于被测量的真值 u 的位置线为 Ⅰ(u),其切线 Ⅰ－Ⅰ 为船位线。如图 3-3-5 所示,对应于观测值($u+\Delta u$) 的位置线为 Ⅱ($u+\Delta u$),其切线 Ⅱ－Ⅱ 为船位线。也就是说,当观测值存在一个增量 Δu 时,位置线沿着船位线 Ⅰ－Ⅰ 的法线方向平移到 Ⅱ($u+\Delta u$),其切线为 Ⅱ－Ⅱ,引起船位线位移量为 Δn。

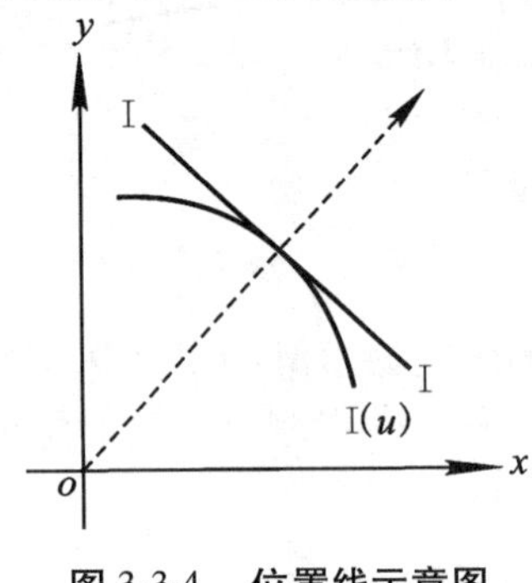

图 3-3-4　位置线示意图

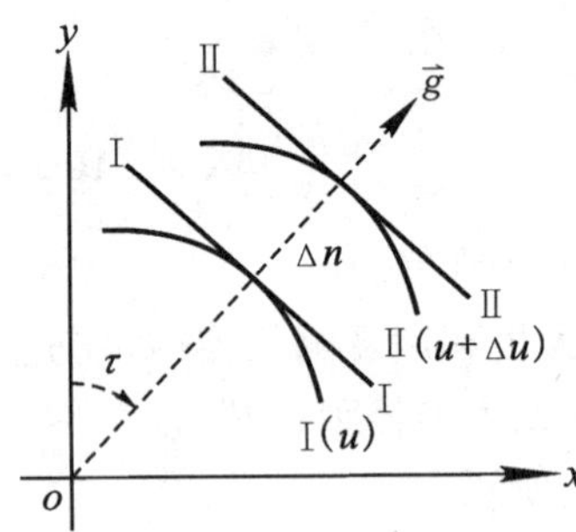

图 3-3-5　位置线梯度示意图

由此定义:位置线梯度 $\vec{g}$ 为一矢量,其方向(τ) 与船位线的法线方向一致,且指向因观测值增大而引起位置线移动的方向,其模 g 等于观测值 u 在位置线法线上的方向导数,即

$$g=\lim_{\Delta n\to 0}\frac{\Delta u}{\Delta n}=\frac{\mathrm{d}u}{\mathrm{d}n},\tau=\alpha\pm 90^\circ \tag{3-3-1}$$

当 Δu 和 Δn 均较小时,航海上通常采用下述近似公式:

$$g=\frac{\Delta u}{\Delta n},\tau=\alpha\pm 90^\circ \tag{3-3-2}$$

式中:Δu 为观测值增量;

Δn 为位置线位移量;

α 为位置线的切线(船位线) 的方向;

τ为位置线梯度的方向,其与船位线切线的法线方向一致,且指向因观测值增大而引起位置线移动的方向。

2. 方位位置线梯度

如图 3-3-6 所示,直线$\overline{pM}$为船舶 p 观测物标 M 的方位为 TB 时的方位位置线,D 为船位 p 到物标 M 的距离。如果观测方位含有增量 ΔB(小角度),则观测方位为 $TB+\Delta B$,过物标 M 画出的方位位置线为线段$\overline{Mp_1}$,因此,船位 p 由于观测方位的增量 ΔB 而产生了方位位置线的位移量$\overline{pp_1}=\Delta n$。

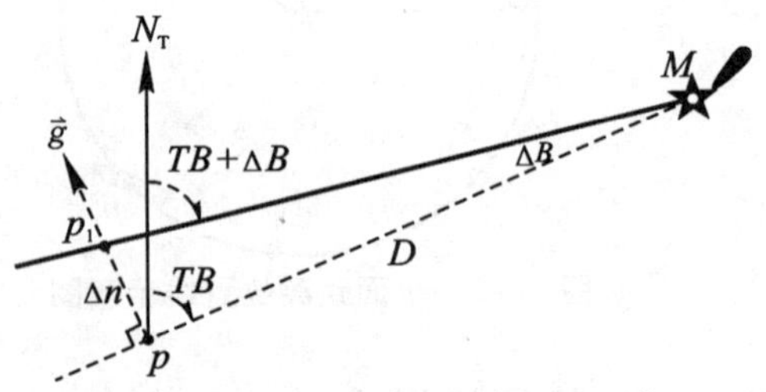

图 3-3-6　方位位置线梯度示意图

观测值增量 $\Delta u=\Delta B^\circ$。

方位位置线位移量 $\Delta n=\overline{pp_1}\approx D'\Delta B=D'\Delta B^\circ \text{arc}1^\circ\approx\dfrac{D'\Delta B^\circ}{57^\circ.3}$。

则方位位置线的梯度模为

$$g_B=\frac{\Delta u}{\Delta n}=\frac{\Delta B^\circ 57^\circ.3}{D'\Delta B^\circ}=\frac{57^\circ.3}{D'}\quad(^\circ/\text{n mile})\tag{3-3-3}$$

方位位置线梯度的方向与位置线的方向垂直，且指向因观测方位增大（由 0° 起沿顺时针方向增大）而引起位置线移动的方向：

$$\tau=TB-90^\circ$$

3. 距离位置线梯度

如图 3-3-7 所示，距离位置线是以物标 M 为圆心，观测距离 $\overline{Mp}=D$ 为半径所画的圆。如果观测距离含有增量 ΔD，则观测距离为 $D+\Delta D$，因此，由于观测距离的增量 ΔD 而产生的距离位置线的位移量 $\overline{pp_1}$ 为 Δn，即

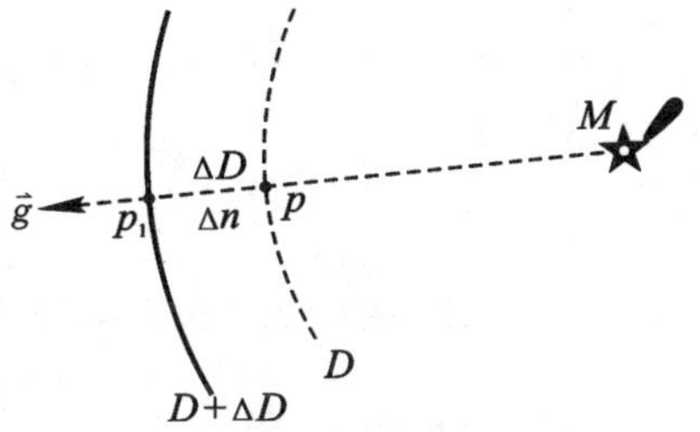

图 3-3-7　距离位置线梯度示意图

观测值增量 $\Delta u=\Delta D$。

距离位置线位移量 $\Delta n=\Delta D$。

距离位置线的梯度模为

$$g_D=\frac{\Delta u}{\Delta n}=\frac{\Delta D}{\Delta D}=1\tag{3-3-4}$$

距离位置线梯度的方向指向因观测距离增大而引起位置线移动的方向，即背离观测物标 M 的方向：

$$\tau=TB\pm180^\circ$$

式中：TB 为物标 M 的真方位。

4. 天文位置线梯度

航海人员利用航海六分仪（专用测角仪器），在某一时刻测得某天体与水天线之间的垂直夹角，得到天体的观测高度，再经高度改正后得到该天体的真高度 h_t。此刻，该天体在地面上的投影点称为该天体的地理位置 P_G。以天体的地理位置 P_G 为圆心、$90^\circ-h_t$ 为半径画一圆，该圆称为天文位置线或天文船位圆。在该时刻，在该圆上任意一点观测该天体的高度均相等，所以该圆又称为等高度圈。如图 3-3-8 所示。由于天文船位圆的半径非常大，其已不是平面位置线了，航海人员是通过“高度差法”得到平面天文位置线的，具体方法留待后续相关专业课论述。

如果天体的真高度 h_t 含有增量Δh，则天文位置线即天文船位圆的半径为 $90^\circ-(h_t+\Delta h)$，如图 3-3-9 所示。由此，天文位置线由 p 平移到 p_1，位移量为Δh，即：

观测值增量$\Delta u=\Delta h$。

天文位置线位移量$\Delta n=\Delta h$。

天文位置线的梯度模为

$$g_h=\frac{\Delta u}{\Delta n}=\frac{\Delta h}{\Delta h}=1\tag{3-3-5}$$

天文位置线梯度的方向指向因观测高度增大而引起位置线移动的方向，即指向天体地理位置 P_G 的方向：

$$\tau = TB$$

式中：TB 为天体地理位置 P_G 的真方位。

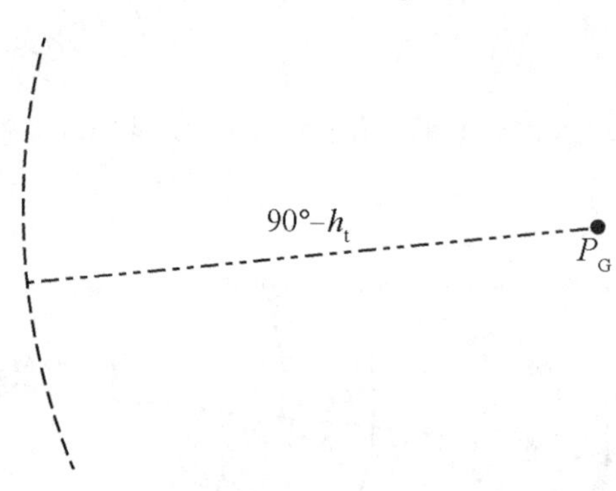

图 3-3-8　天文位置线示意图

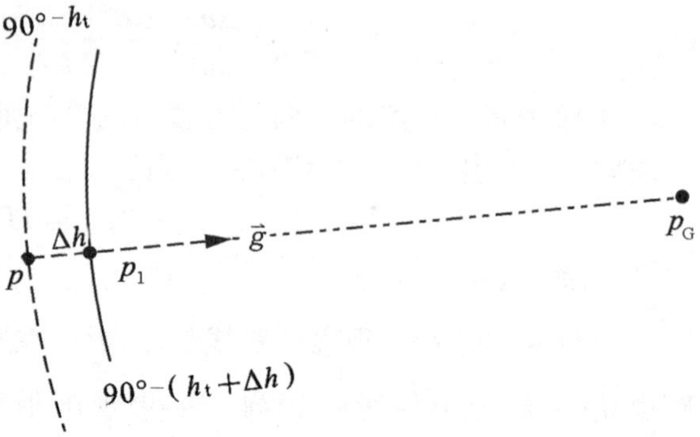

图 3-3-9　天文位置线梯度示意图

三、船位线误差

船位线的误差与观测误差的关系可以用位置线的梯度来描述，由上述已知位置线的梯度模为 $g=\dfrac{\Delta u}{\Delta n}$，则 $\Delta n=\dfrac{\Delta u}{g}$，令观测值增量 Δu 为观测误差（随机误差 σ 或系统误差 ε）；位置线位移量 Δn 为船位线误差 E。则用梯度表述的船位线误差为

$$E=\frac{\sigma(或\ \varepsilon)}{g} \tag{3-3-6}$$

1. 方位船位线的误差

将式(3-3-3) 代入式(3-3-6)，得

$$方位船位线的系统误差\ E_{\varepsilon_B}=\frac{\varepsilon^\circ{}_B}{57^\circ.3}D' \tag{3-3-7}$$

$$方位船位线的随机误差\ E_{\sigma_B}=\frac{\sigma^\circ{}_B}{57^\circ.3}D' \tag{3-3-8}$$

2. 距离船位线的误差

将式(3-3-4) 代入式(3-3-6)，得

$$距离船位线的系统误差\ E_{\varepsilon_D}=\varepsilon_D=\frac{\varepsilon_D{}'}{D'}D'=\varepsilon_{D\%}D' \tag{3-3-9}$$

其中 $\varepsilon_{D\%}$ 是用百分数表示的相对误差，上式简写为 $\varepsilon_D D'$。

$$距离船位线的随机误差\ E_{\sigma_D}=\sigma_D=\frac{\sigma_D{}'}{D'}D'=\sigma_{D\%}D' \tag{3-3-10}$$

其中 $\sigma_{D\%}$ 是用百分数表示的相对误差，上式简写为 $\sigma_D D'$。

上述就是目前航海人员常用来人工定位的船位线及其误差。

3. 天文位置线的误差

将式(3-3-5) 代入式(3-3-6)，得

天文船位线的系统误差：

$$E_{\varepsilon} = \varepsilon_{\mathrm{Dh}} \tag{3-3-11}$$

天文船位线的随机误差：

$$E_{\sigma} = \sigma_{\mathrm{Dh}} \tag{3-3-12}$$

由于影响天文船位线误差的因素较多，且专业性较强，这里不再讨论，留待后续相关专业课论述。

4. 观测注意事项

将前述常用的船位线误差的数学表达式汇总，见表 3-3-1。

表 3-3-1 船位线误差表

船位线	误差	
	船位线系统误差	船位线随机误差
方位船位线	$E_{\varepsilon_{\mathrm{B}}} = \dfrac{\varepsilon^{\circ}_{\mathrm{B}}}{57^{\circ}.3}D'$	$E_{\sigma_{\mathrm{B}}} = \dfrac{\sigma^{\circ}_{\mathrm{B}}}{57^{\circ}.3}D'$
距离船位线	$E_{\varepsilon_{\mathrm{D}}} = \varepsilon_{\mathrm{D}}D'$	$E_{\sigma_{\mathrm{D}}} = \sigma_{\mathrm{D}}D'$

由表 3-3-1 可见，方位和距离船位线误差与观测误差（ε,σ）和船到被测物标的距离 D 有关。为提高船位线精度应注意：

（1）提高观测精度，即减小观测误差（ε 和 σ）。

（2）对于距离和方位船位线，当观测误差一定时，船位线误差大小取决于船到被测物标的距离 D，距离越近，船位线误差 E 越小。因此，尽可能选测近距离的物标。

5. 船位线误差的几何形式

（1）船位线系统误差

由系统误差的定义可知，其符号和绝对值的大小均确定，船位线系统误差为 E_{ε}，由表 3-3-1 可知，船位线系统误差的符号取决于观测误差。

对误差有两种理解，即真误差 Δ 和改正量 δ，两者大小相等，符号相反。如果船位线含有系统误差，可以用真误差 Δ 表示，也可以用改正量 δ 表示。设船位线 Ⅰ′－Ⅰ′ 含有系统误差，Ⅰ－Ⅰ 为消除了系统误差的船位线，又设船位线系统误差为真误差 $-\Delta$，船位线梯度方向一定，船位线系统误差的表现形式如图 3-3-10 所示。

由于在航海实践中都是用改正量对观测值进行修正，将图 3-3-10 中的船位线真误差（$-\Delta$）用改正量（$+\delta$）表示，则得到在实际工作中船位线系统误差的表现形式如图 3-3-11 所示。

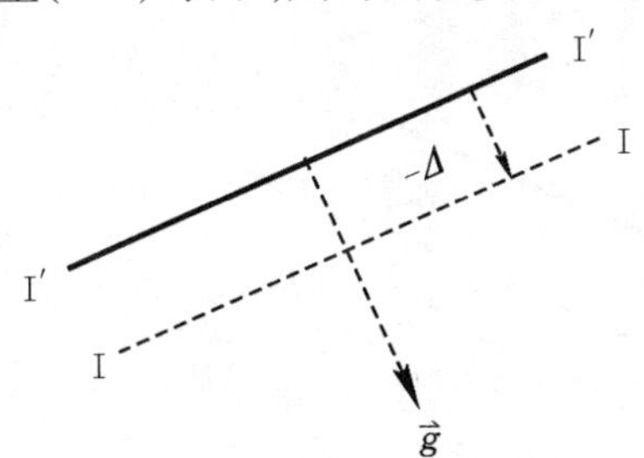

图 3-3-10 船位线系统误差（真误差）示意图

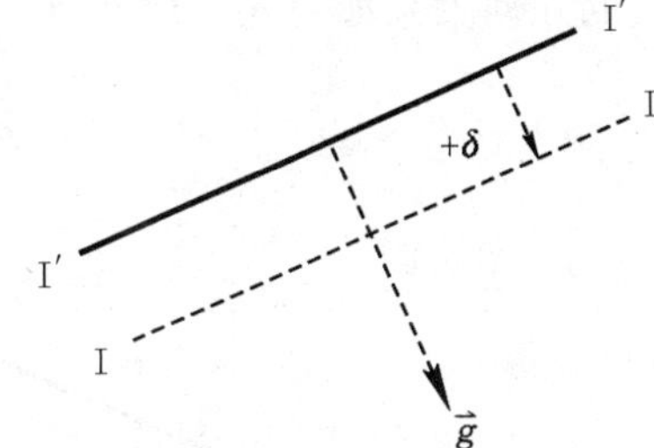

图 3-3-11 船位线系统误差（改正量）示意图

为使符号统一，将图 3-3-11 中船位线的改正量符号 δ 用符号 E_{ε} 表示，如图 3-3-12 所示。本书后续内容均用图 3-3-12 的形式表示由观测系统误差 ε 引起的船位线系统误差 E_{ε}。

因此，当船位线系统误差 E_ε 为"+"时，朝向船位线梯度的方向修正。当船位线系统误差 E_ε 为"-"时，背向船位线梯度的方向（梯度方向的反方向）修正。

（2）船位线随机误差

由随机误差的定义可知，随机误差绝对值的大小和符号均不确定，则采用标准差作为衡量其大小的尺度。船位线的标准差为 E_σ，具体值见表 3-3-1。以消除了系统误差的船位线为中心线，$\pm cE_\sigma$ 的带称为船位误差带，c 为置信系数，如图 3-3-13 所示。

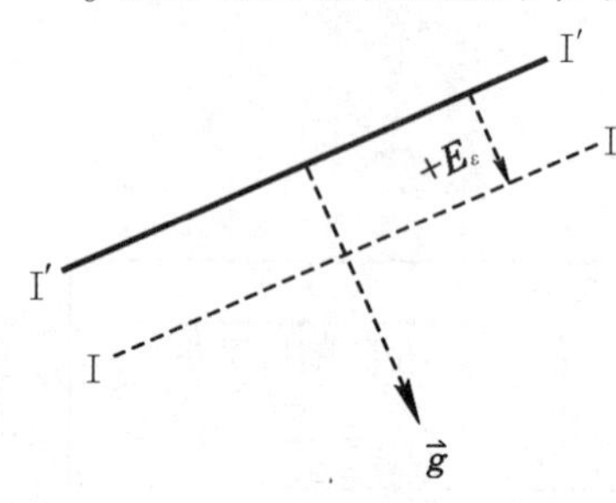

图 3-3-12　船位线系统误差示意图

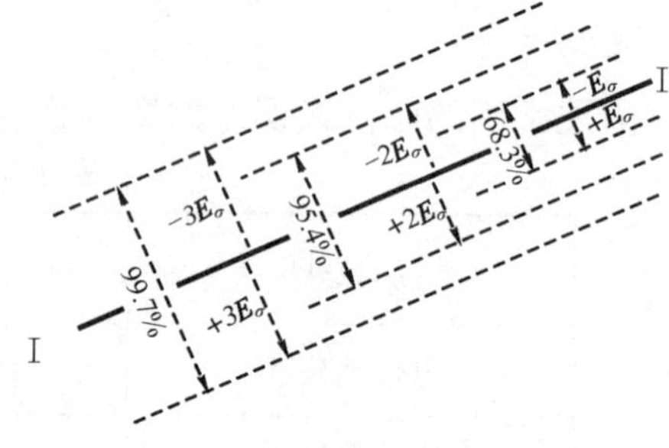

图 3-3-13　船位误差带示意图

当 $c=1$ 时，$\pm E_\sigma$ 称为标准船位误差带，真实船位落在标准船位误差带内的概率为68.3%；

当 $c=2$ 时，$\pm 2E_\sigma$ 称为二倍标准船位误差带，真实船位落在2倍标准船位误差带内的概率为 95.4%；

当 $c=3$ 时，$\pm 3E_\sigma$ 称为三倍标准船位误差带，真实船位落在3倍标准船位误差带内的概率为 99.7%，理论上又称其为极限船位误差带。

航海上通常以 $c=2$ 时，即二倍标准船位误差带为极限船位误差带。

综上所述，航海人员观测了某一物标（物标的距离或方位），就可以画出一条船位线，由于观测存在误差，则船位线也必定存在误差，所以真实船位不一定就落在船位线上，而是落在以所绘船位线为中心的船位误差带内。当真实船位落在船位误差带内的概率一定时，船位误差带越窄，船位线精度越高。

在航海实践中，当画出一条船位线时，要意识到，真实船位落在该线上的概率最大，但不一定就落在该线上，而是落在船位误差带内，因此，真实船位落在船位误差带内的机会只能用概率来描述。

（3）船位线误差的综合表征

设含有误差的船位线为 Ⅰ′－Ⅰ′，消除了系统误差的船位线为 Ⅰ－Ⅰ，船位线系统误差与随机误差的几何关系如图 3-3-14 所示。

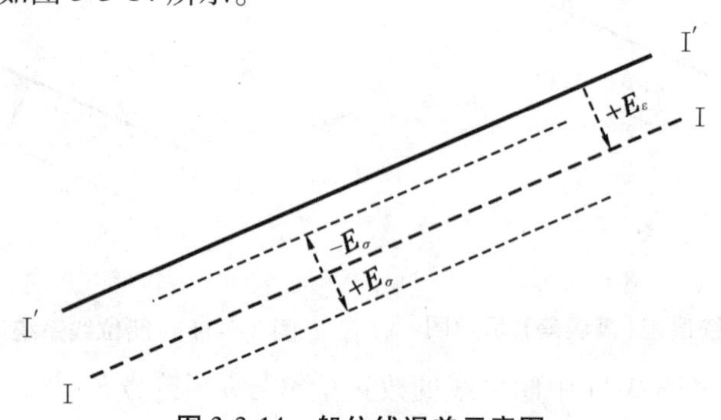

图 3-3-14　船位线误差示意图

习　题

一、思考题

1. 试述位置线梯度的定义。

2. 试述航海上表述位置线梯度的目的。

3. 试述如何利用位置线梯度模表述船位线（方位和距离船位线）误差。

4. 利用图示说明船位线系统误差和随机误差的相互几何关系。

5. 观测条件一定，方位（或距离）船位线的误差与哪些因素有关？如何提高船位线的精度？

二、单项选择题

1. 航海人员通常利用位置线梯度的概念来表征由观测误差引起的________的关系。

A. 船位误差的大小和方向　　B. 船位误差的方向

C. 船位线误差的大小和方向　　D. 船位线误差的大小

2. 方位位置线梯度模为________（其中 D' 为船到被测物标的距离）。

A. $\frac{57°.3}{D'}$　　B. $\frac{D'}{57°.3}$

C. 1　　D. 以上均正确

3. 距离位置线梯度模为________（其中 D' 为船到被测物标的距离）。

A. $\frac{57°.3}{D'}$　　B. $\frac{D'}{57°.3}$

C. 1　　D. 以上均正确

4. 观测某物标的真方位为 TB，其方位位置线梯度的方向为________。

A. TB　　B. $TB-90°$

C. $TB+90°$　　D. $TB\pm180°$

5. 观测某物标的真方位为 TB，其距离位置线梯度的方向为________。

A. TB　　B. $TB-90°$

C. $TB+90°$　　D. $TB\pm180°$

6. 观测方位的系统误差为 $\varepsilon°_B$，观测方位的随机误差为 $\sigma°_B$，船到被测物标的距离为 D'，方位位置线的系统误差和随机误差分别为________。

A. $\frac{57°.3}{\varepsilon°_B}D'$ 和 $\frac{57°.3}{\sigma°_B}D'$　　B. $\frac{\varepsilon°_B}{57°.3}D'$ 和 $\frac{\sigma°_B}{57°.3}D'$

C. $\frac{57°.3}{\varepsilon°_B}$ 和 $\frac{57°.3}{\sigma°_B}$　　D. $\frac{\varepsilon°_B}{57°.3}$ 和 $\frac{\sigma°_B}{57°.3}$

7. 观测距离的相对系统误差为 ε_D，观测距离的相对随机误差为 σ_D，船到被测物标的距离

为 D'，距离位置线的系统误差和随机误差分别为________。

A. $\varepsilon_D D'$ 和 $\sigma_D D'$
B. $\frac{\varepsilon^\circ_D}{57^\circ.3}D'$ 和 $\frac{\sigma^\circ_D}{57^\circ.3}D'$
C. $\frac{57^\circ.3}{\varepsilon^\circ_D}$ 和 $\frac{57^\circ.3}{\sigma^\circ_D}$
D. D_ε 和 D_σ

8. 在观测条件一定的前提下，一条距离或方位船位线的误差与哪些因素有关？

Ⅰ. 观测误差；Ⅱ. 两船位线交角；Ⅲ. 物标的真方位；Ⅳ. 船到被测物标的距离

A. Ⅰ、Ⅱ、Ⅲ
B. Ⅰ、Ⅱ
C. Ⅱ、Ⅲ、Ⅳ
D. Ⅰ、Ⅳ

9. 真实船位落在标准船位误差带内的概率约为________。

A. 99.7%
B. 95%
C. 68.3%
D. 50%

10. 真实船位落在 2 倍标准船位误差带内的概率约为________。

A. 99.7%
B. 95%
C. 68.3%
D. 50%

11. 真实船位落在 $\frac{2}{3}$ 倍标准船位误差带内的概率约为________。

A. 99.7%
B. 95%
C. 68.3%
D. 50%

第四节　两条船位线定位及船位误差

船舶在海上航行时，航海人员观测一个物标的参数，就可以得到一条船位线，此刻，测者应该在这条线上，但不知道在哪一点，应同时观测两个物标（或两个以上的物标），得到两条船位线，两条船位线的交点即观测船位。由于观测存在误差，船位线产生误差，因此，两条船位线交点确定的船位必定存在误差，了解船位误差产生的原因，采取适当的观测手段，在原有精度的基础上得到最佳观测结果，并对该结果有一个正确的认识，这就是本节阐述的目的。

这里要注意，航海上的观测通常是同一测者，使用同一观测仪器，采用同一种观测方法，同时观测一个以上的物标，但是，在航海实践中，要做到“同时”观测是不可能的，这里只从理论上分析同时观测产生的误差，而“异时”观测所产生的误差将在相关的航海专业课中讨论分析。

同时观测两个物标，得到两条船位线来确定船舶位置，简称两条船位线定位。两条船位线的交点 p 即观测船位，其误差既含有系统误差又含有随机误差。本节先分析系统误差的影响，然后分析随机误差的影响，最后分析综合影响，并给出注意事项。

两条船位线定位，两船位线交角 θ 通常指两船位线梯度夹角，数值上等于两物标之间的方位差角 ΔA，取值范围为 0°~180°。图 3-4-1 为两方位船位线定位和两距离船位线定位，两船位线交角 θ 大于和小于 90°的状况。

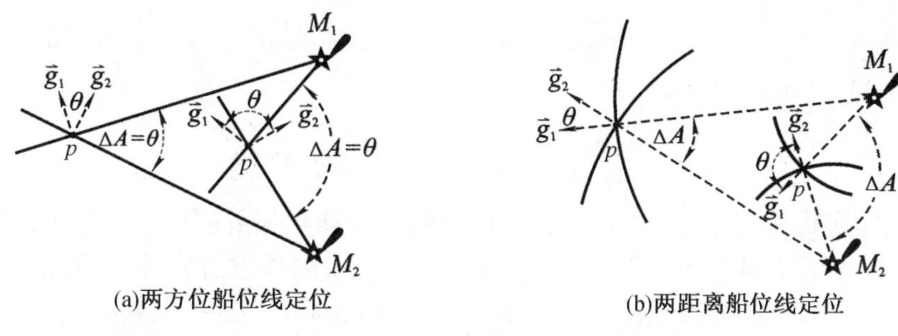

图 3-4-1　两船位线交角 θ 与两物标方位差角 ΔA 的关系

一、两条船位线定位船位系统误差的估计

下面首先分析船位系统误差的大小，然后分析消除了船位系统误差船位的方向，并总结出观测注意事项。

1. 船位系统误差大小的估计

设船位线Ⅰ′-Ⅰ′和Ⅱ′-Ⅱ′分别含有系统误差$+E_{\varepsilon_1}$和$+E_{\varepsilon_2}$，其交点 p 是含有系统误差的船位。如图 3-4-2 所示，两船位线梯度夹角 $\theta=\Delta A$，船位线Ⅰ-Ⅰ和Ⅱ-Ⅱ是消除了系统误差的船位线，其交点 p_1 即消除了同号（两条船位线的系统误差符号相同，本图例符号均为“+”）船位线系统误差的船位，$\overline{pp_1}$ 即船位系统误差，简称同号船位系统误差。

如图 3-4-3 所示，当两条船位线分别含有系统误差$-E_{\varepsilon_1}$和$+E_{\varepsilon_2}$，两条消除了系统误差的船位线Ⅰ-Ⅰ和Ⅱ-Ⅱ的交点 p_2 即消除了异号船位线系统误差的船位，$\overline{pp_2}$ 即船位系统误差，简称异号船位系统误差。

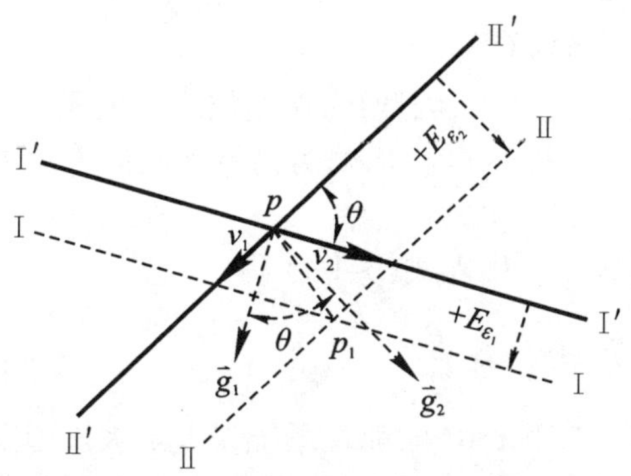

图 3-4-2　同号船位系统误差示意图

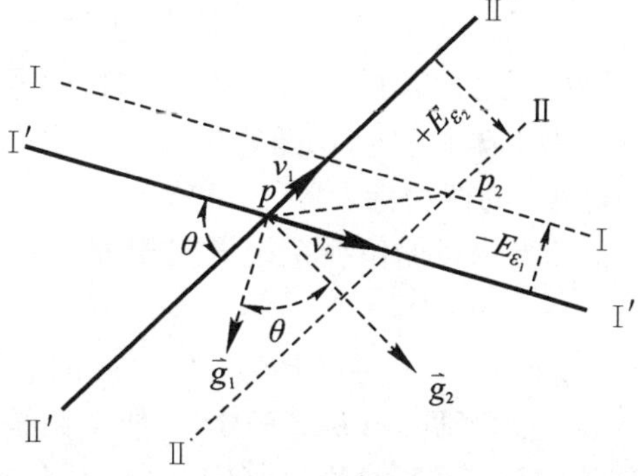

图 3-4-3　异号船位系统误差示意图

图 3-4-2 和图 3-4-3 中 v_1，v_2 称为船位线误差矢量模

$$v_1=\frac{E_{\varepsilon_1}}{\sin\theta},v_2=\frac{E_{\varepsilon_2}}{\sin\theta} \tag{3-4-1}$$

上式是两个重要参数，它们将船位线误差与两船位线交角 $\theta(\Delta A)$ 联系起来了。

由图 3-4-2 可得同号船位系统误差

$$\gamma_1=\overline{pp_1}=\sqrt{v_1^2+v_2^2-2v_1v_2\cos\theta} \tag{3-4-2}$$

由图 3-4-3 可得异号船位系统误差

$$\gamma_2 = \overline{pp_2} = \sqrt{v_1^2 + v_2^2 + 2v_1v_2\cos\theta} \tag{3-4-3}$$

将式(3-4-1)代入式(3-4-2),得

$$\gamma_1 = \frac{1}{\sin\theta}\sqrt{E_{\varepsilon_1}^2 + E_{\varepsilon_2}^2 - 2E_{\varepsilon_1}E_{\varepsilon_2}\cos\theta} \tag{3-4-4}$$

由于在航海实践中通常是由同一测者、使用同一观测仪器、采用同一种方法进行观测的,因此得到的船位线系统误差的符号相同。在后续内容中,如果没有特殊说明,消除了系统误差的船位均指消除了同号船位线系统误差的船位。由式(3-4-4)可见,当两条船位线系统误差一定时:

(1)当 $\theta < 90°$ 时,$\cos\theta$ 为"+",$\gamma_1 = \overline{pp_1}$ 较小,见图 3-4-2。

(2)当 $\theta > 90°$ 时,$\cos\theta$ 为"-",$\gamma_1 = \overline{pp_1}$ 较大,见图 3-4-4。

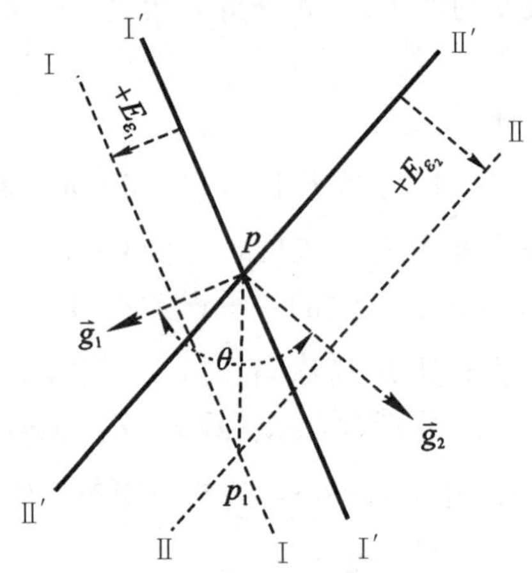

图 3-4-4 $\theta > 90°$ 时船位系统误差示意图

由上述分析可知,当 $\theta < 90°$ 时,同号船位系统误差较小,因此,考虑船位线系统误差的影响,在观测条件一定时,两船位线交角取小于 90° 为好,即尽可能选测两物标之间的方位差角 $\Delta A < 90°$ 的两物标。

(3)当两条船位线系统误差相等即 $E_{\varepsilon_1} = E_{\varepsilon_2} = E_\varepsilon$ 时,代入式(3-4-4)得

$$\gamma_1 = \frac{E_\varepsilon}{\sin\theta}\sqrt{2(1-\cos\theta)} = E_\varepsilon \sec\frac{\theta}{2} \tag{3-4-5}$$

由上式可见,当 θ 趋于 0° 时船位系统误差最小,趋于 180° 时船位系统误差最大。但是两船位线定位,两条船位线必定相交,从处理随机误差的要求出发,两船位线的交角不能小于 30°(见下一节中船位随机误差的处理)。因此,在实际工作中 θ 趋近 0° 或 180° 是不被应用的。

(4)已知距离船位线的系统误差 $E_{\varepsilon_{D_1}} = \varepsilon_{D_1}D_1$ 和 $E_{\varepsilon_{D_2}} = \varepsilon_{D_2}D_2$,在实际工作中,观测误差 $\varepsilon_{D_1} = \varepsilon_{D_2} = \varepsilon_D$,代入式(3-4-4),得两距离定位船位系统误差

$$\gamma_1 = \frac{\varepsilon_D}{\sin\theta}\sqrt{D_1^2 + D_2^2 - 2D_1D_2\cos\theta} \tag{3-4-6}$$

已知方位船位线的系统误差 $E_{\varepsilon_{B_1}} = \dfrac{\varepsilon^\circ_{B_1}}{57°.3}D_1$ 和 $E_{\varepsilon_{B_2}} = \dfrac{\varepsilon^\circ_{B_2}}{57°.3}D_2$,在实际工作中,观测误差

$\varepsilon_{B_1} = \varepsilon_{B_2} = \varepsilon_B$，代入式(3-4-4)，得两方位定位船位系统误差

$$\gamma_1 = \frac{\varepsilon^{\circ}{}_B}{57^{\circ}.3\sin\theta}\sqrt{D_1^2 + D_2^2 - 2D_1D_2\cos\theta} \qquad (3\text{-}4\text{-}7)$$

尽管同一物标的真方位船位线与含有方位误差的船位线不是平行线，但是方位误差是小角度值，因此在一定的范围之内可将两条船位线视为平行船位线，由此产生的误差一般情况下可以忽略。利用式(3-4-4)求两方位定位船位系统误差采用了上述近似的概念。

由式(3-4-6)和式(3-4-7)可见，两条船位线定位，船位系统误差与观测误差(ε_D，ε_B)、两船位线交角 θ 和船到两物标的距离(D_1，D_2)有关。为说明三者相互之间的关系，设 $k = \frac{D_1}{D_2}$，D_1 为船距近物标的距离，代入式(3-4-6)，有

$$\gamma_1 = \frac{\varepsilon_D D_2}{\sin\theta}\sqrt{k^2 + 1 - 2k\cos\theta}$$

设系数 $c = \frac{1}{\sin\theta}\sqrt{k^2 + 1 - 2k\cos\theta}$，则两距离定位船位系统误差为

$$\gamma_1 = c\varepsilon_D D_2 \qquad (a)$$

同理，两方位定位船位系统误差为

$$\gamma_1 = c\frac{\varepsilon^{\circ}{}_B}{57^{\circ}.3}D_2 \qquad (b)$$

由上两式可知，当观测误差和系数 c 一定时，船位系统误差与距离 D_2(船与物标之间的距离)有关，距离越近，船位系统误差越小。根据系数 c 的公式，经计算得图 3-4-5 如下：

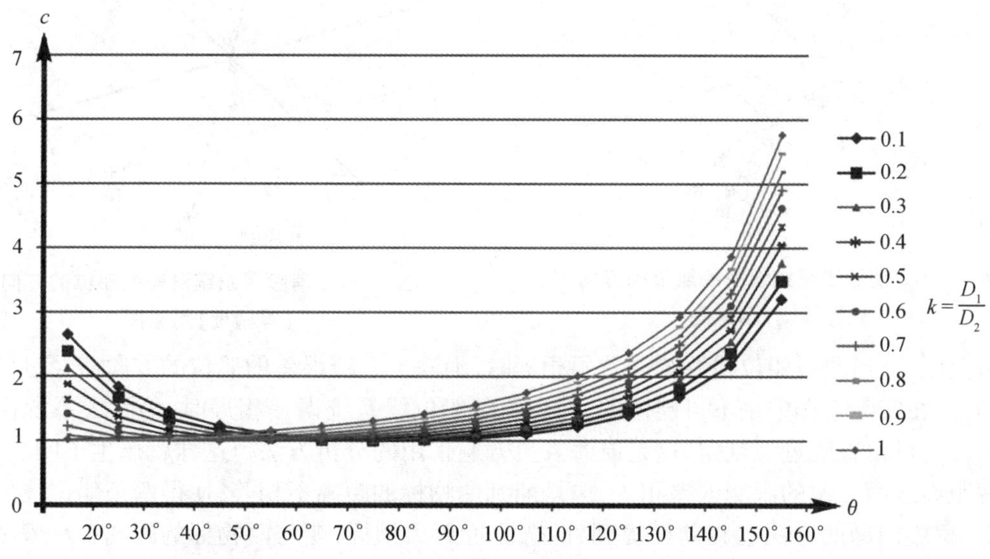

图 3-4-5　系数 c 图表

由图 3-4-5 可见，当 k 一定，$\theta > 90^{\circ}$ 时，随着 θ 值的增大，c 值快速增大，也就是船位系统误差快速增大；当 $\theta < 30^{\circ}$ 时，随着 θ 值的减小，c 值急速增大。

①当 $\theta < 30^{\circ}$ 时，k 越小，系数 c 增大得就越快，应避免选择；

②当 θ 介于 $30^{\circ} \sim 90^{\circ}$ 且 k 介于 0.5 ~ 1 时，系数 c 变化不大，也就是说两条船位线的误差

可以近似按等精度处理；

③当 θ 介于 40° ~ 90° 且 k 介于 0.1 ~ 1 时，系数 c 变化不大，θ 为 60° 时，c 最小，说明选择两物标的距离在同一数量级之内，两条船位线的误差可以近似按等精度处理（这样近似对估计消除了系统误差船位的方向有利）。

综上所述，观测两物标定位，两物标的方位差角介于 30° ~ 150°，为减小船位系统误差，θ 取 30° ~ 90° 且 60° ~ 90° 为好，同时尽量选测距离在同一数量级之内（$k=\dfrac{D_1}{D_2}$ 取0.5 ~ 1 为好）的两个近物标。

2. 消除了系统误差的船位的方向估计

两船位线系统误差不相等，消除了同号船位系统误差的船位 p_1 位于过两船位线的交点 p 所作的直线Ⅲ－Ⅲ上，如图 3-4-6 所示，即消除了系统误差的船位应在该线上。因此，该直线可以认为是一条消除了系统误差的船位线。该线过两船位线的交点 p，且偏向精度高的船位线，确切方向可通过计算得到。

当两条船位线的系统误差相等（$E_{\varepsilon_1}=E_{\varepsilon_2}=E_{\varepsilon}$）时，消除了同号系统误差的船位 p_1 位于过两船位线交点 p 画出的两船位线梯度夹角的角平分线上，该线亦是消除了系统误差的船位线，且指向消除了系统误差的船位的方向（见图 3-4-7 中的直线Ⅲ－Ⅲ，两船位线系统误差均为"+"），如果两船位线系统误差均为"－"，消除了系统误差的船位的方向与上述方向相反。

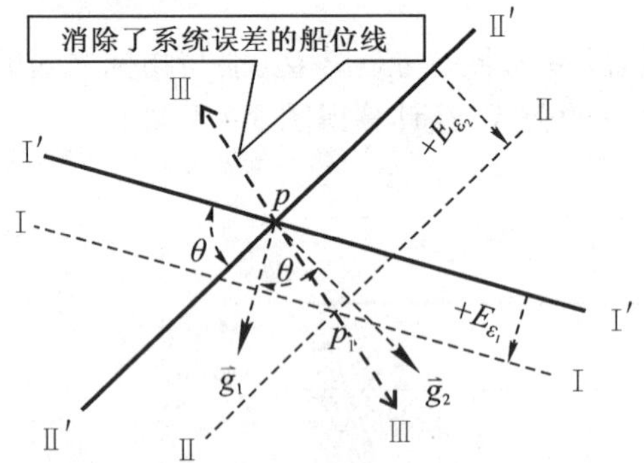

图 3-4-6　消除了系统误差的船位的方向（非等精度）示意图

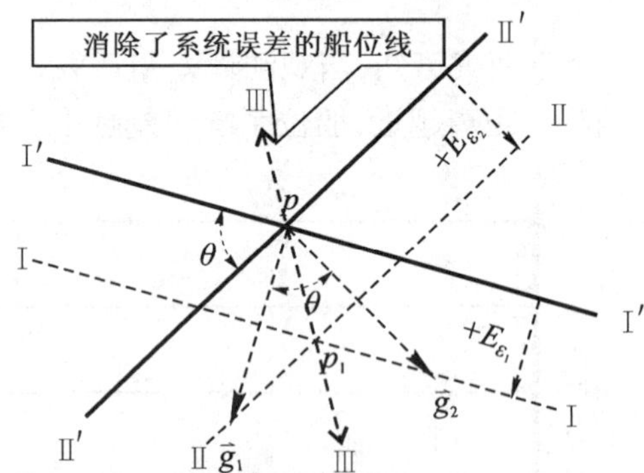

图 3-4-7　消除了系统误差的船位的方向（等精度）示意图

由上可见，当两条船位线系统误差不相等时，消除了系统误差的船位的方向需经过计算才能得到，这在实际工作中是不可能做的，而当两条船位线系统误差相等时，消除了系统误差的船位的方向可以直观近似判定，这是航海人员普遍采用的分析方法。这样就产生了问题，尽管观测两距离或两方位的观测误差相等，但是船到两物标的距离不相等，使得两条船位线的误差不相等，解决问题的办法已在前面提到，即选测近距离物标，船与两物标的距离（D_1，D_2）尽可能在同一数量级之内（$k=\dfrac{D_1}{D_2}$取 0.5～1 为好），这样两条船位线的系统误差可以近似按等精度处理。

在船位线系统误差相等（或接近相等）的前提下得到下述两方位、两距离定位消除了系统误差的船位的方向的快速估计方法。

(1)两方位定位消除了系统误差的船位的方向估计

在满足前述限制的条件下,如图 3-4-8 所示,两方位船位线Ⅰ′-Ⅰ′和Ⅱ′-Ⅱ′含有近似相等的船位线系统误差,其交点 p 是含有系统误差的船位。过 p 点画两船位线梯度 $\vec{g}_1$ 和 $\vec{g}_2$ 夹角的角平分线Ⅲ-Ⅲ,消除了系统误差的船位 p_1 位于该线上,该线可以认为是一条消除了系统误差的船位线,且指向消除了系统误差船位的方向,其与两物标的方位差角的角平分线 $\overline{pa}$ 垂直,$\overline{pa}$ 的方向为 $A_1+\dfrac{A_2-A_1}{2}=\dfrac{A_1+A_2}{2}=A_m$,称为两物标的平均方位。消除了系统误差的船位 p_1 位于两船位线交点 p 的 $A_m\pm90°$方向上,当两船位线系统误差为“+”时,p_1 位于 p 的 $A_m-90°$方向上(测者面向 A_m,左手边);当两船位线系统误差为“-”时,p_1 位于 p 的 $A_m+90°$方向上(测者面向 A_m,右手边)。如果测者已知船位线系统误差的符号,据此可以在海图上直观地估计出消除了系统误差船位 p_1 的方向。

上述结论采用了两个方面的近似。一是两条船位线的系统误差近似相等,在航海实践中严格地讲两条方位船位线的系统误差相等是不存在的,但是满足前述的限制条件可以认为近似相等。二是方位位置线梯度的方向理论上应该是方位位置线真值的法线方向,同样在航海实践中方位位置线的真值是未知的,已知的是含有系统误差的方位位置线。这样,消除了系统误差的船位 p_1(如图 3-4-8 所示)并不位于过两船位线的交点 p 所作的该两船位线梯度夹角的角平分线上,但是,在满足前述的限制条件下,该偏差一般可以忽略。因此称其为两方位定位消除了系统误差船位的方向估计,其目的是方便航海应用,使航海人员对所定船位有一个正确的认识。

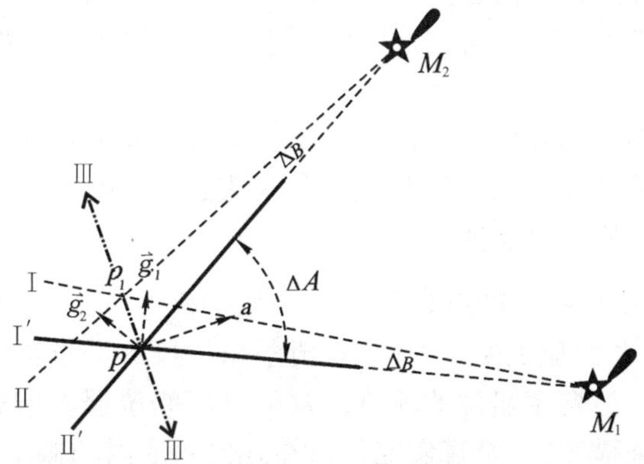

图 3-4-8　两方位定位(等精度)消除了系统误差的船位的方向示意图

(2)两距离定位消除了系统误差的船位的方向估计

在满足前述限制的条件下,如图 3-4-9 所示,两距离船位线Ⅰ′-Ⅰ′和Ⅱ′-Ⅱ′含有近似相等的船位线系统误差,其交点 p 是含有系统误差的船位。过 p 点画两船位线梯度和夹角的角平分线Ⅲ-Ⅲ,消除了系统误差的船位 p_1 位于该线上。该线可以认为是一条消除了系统误差的船位线,亦即方位差角的角平分线,且指向消除了系统误差船位的方向。当船位线系统误差为“+”时,p_1 位于 p 的 $A_m\pm180°$方向上,即平均方位的反方向上;当船位线系统误差为“-”时,p_1 位于 p 的 A_m 方向上,即平均方位的方向上。

综上所述,在两条船位线接近等精度的条件下,两船位线定位消除了系统误差的船位位于过两船位线的交点所画的两船位线梯度夹角的角平分线上,估计方法归纳如下:

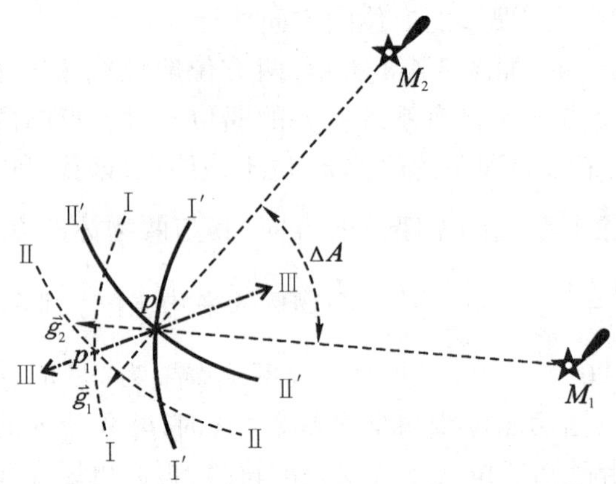

图 3-4-9 两距离定位(等精度)消除了系统误差的船位的方向示意图

(1)两方位定位:过两船位线的交点 p 所作的两物标方位差角的角平分线的垂线可以认为是一条消除了系统误差的船位线,且指向消除了系统误差船位的估计方向,见图 3-4-8;

(2)两距离定位:过两船位线的交点 p 所作的两物标方位差角的角平分线即消除了系统误差的船位线,且指向消除了系统误差船位的估计方向,见图 3-4-9。

二、两条船位线定位船位随机误差的估计

两条船位线定位,两条船位线的交点是观测船位,在消除了船位系统误差之后,如何处理船位随机误差将是下面要阐述的问题。船舶定位属于间接观测,但是船位随机误差属于既有大小又有方向的矢量(又称向量)误差,所以不能用误差传播定律来描述观测误差对船位随机误差的影响。

一条船位线的随机误差用船位误差带来表述。两条含有随机误差的船位线定位,船位随机误差由两条船位误差带构成的几何图形(面积)来表述,即船位随机误差只能用真实船位落在船位误差几何图形内的概率来表述。

1. 最概率船位(most probable position)

两条船位线定位,只考虑随机误差的影响,两条船位线的交点称为最概率船位,即真实船位落在该处的概率最大。最概率船位的随机误差可以用船位误差四边形、船位误差椭圆和船位误差圆三种几何图形来描述,亦是真实船位落在几何图形内的概率。

2. 描述最概率船位误差的几何图形及概率

(1)船位误差四边形(position error parallelogram)

由船位线误差可知,可以用船位误差带表述船位线的随机误差。两条船位线的交点 p 是最概率船位。最概率船位的随机误差可以由两条 c 倍船位误差带构成的四边形来描述,如图 3-4-10 所示,该四边形称为船位误差四边形。由于两条船位线的随机误差是相互独立的,由概率论可知,真实船位落在 c 倍船位误差四边形内的概率用概率乘法求得。

当 $c=1$ 时,真实船位落在船位误差四边形内的概率为 $P=68.3\%\times68.3\%\approx46.6\%$,该四边形称为标准船位误差四边形;

当 $c=2$ 时,真实船位落在船位误差四边形内的概率为 $P=95.4\%\times95.4\%\approx91.0\%$,该四边形称为二倍标准船位误差四边形;

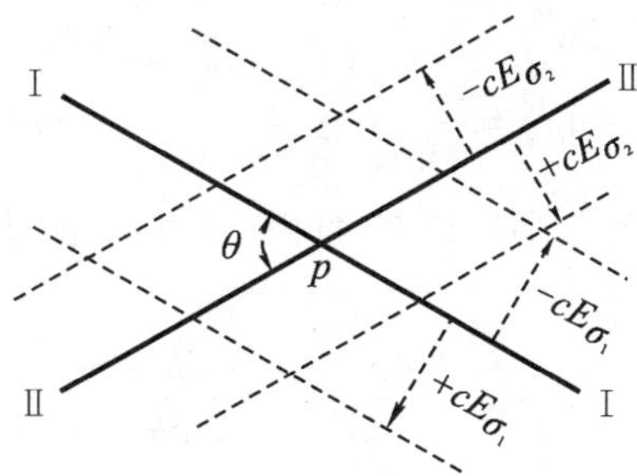

图 3-4-10　船位误差四边形示意图

当 $c=3$ 时，真实船位落在船位误差四边形内的概率为 $P=99.7\%\times99.7\%\approx99.4\%$，该四边形称为三倍标准船位误差四边形。

(2)船位误差椭圆(position error ellipse)

两条船位线定位，船位随机误差也可以用船位误差椭圆来描述。

①船位误差椭圆定义：两条船位线定位，真实船位落在最概率船位附近等概率密度的点的轨迹是一椭圆族。

如图 3-4-11 所示，两船位线 Ⅰ - Ⅰ 和 Ⅱ - Ⅱ 的交点 p 是最概率船位，两条船位线的标准差分别为 E_{σ_1} 和 E_{σ_2}，以船位线 Ⅰ - Ⅰ 为 x 轴，Ⅱ - Ⅱ 为 y 轴建立斜坐标系，假设 $N(x,y)$ 为真实船位，则 Ⅰ - Ⅰ 的误差为 u，Ⅱ - Ⅱ 的误差为 w。N 点的坐标 x,y 为

$$x=\frac{w}{\sin\theta},y=\frac{u}{\sin\theta} \tag{3-4-8}$$

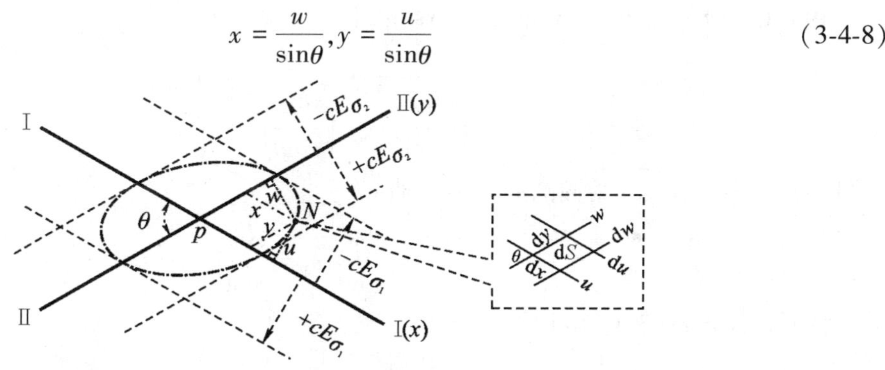

图 3-4-11　船位误差椭圆示意图

下面证明 $N(x,y)$ 在等概率密度条件下移动的轨迹是一椭圆。

误差 u 和 w 服从正态分布，真实船位落在无穷小$(u,u+\mathrm{d}u)$带内的概率为

$$\mathrm{d}p_u=\frac{1}{E_{\sigma_1}\sqrt{2\pi}}\mathrm{e}^{-\frac{u^2}{2E_{\sigma_1}^2}}\mathrm{d}u \tag{3-4-9}$$

真实船位落在无穷小$(w,w+\mathrm{d}w)$带内的概率为

$$\mathrm{d}p_w=\frac{1}{E_{\sigma_2}\sqrt{2\pi}}\mathrm{e}^{-\frac{w^2}{2E_{\sigma_2}^2}}\mathrm{d}w \tag{3-4-10}$$

因为 u 和 w 是相互独立的，真实船位同时落在$(u,u+\mathrm{d}u)$和$(w,w+\mathrm{d}w)$内的概率为

$$\mathrm{d}p_u \cdot \mathrm{d}p_w = \frac{1}{2\pi E_{\sigma_1} E_{\sigma_2}} \mathrm{e}^{-\frac{1}{2}\left(\frac{u^2}{E_{\sigma_1}^2}+\frac{w^2}{E_{\sigma_2}^2}\right)} \mathrm{d}u\mathrm{d}w \tag{3-4-11}$$

如图 3-4-11 所示，在 N 处无穷小区间的面积（无穷小四边形面积）$\mathrm{d}S = \mathrm{d}x\mathrm{d}y\sin\theta$，由式(3-4-8) 得

$$\mathrm{d}x = \frac{\mathrm{d}w}{\sin\theta}, \mathrm{d}y = \frac{\mathrm{d}u}{\sin\theta}$$

则

$$\mathrm{d}S = \mathrm{d}x\mathrm{d}y\sin\theta = \frac{\mathrm{d}w\mathrm{d}u}{\sin\theta} \tag{3-4-12}$$

式(3-4-11) 除以式(3-4-12) 得真实船位落在 N 点（无穷小区间内）的概率密度为

$$f(N) = \frac{\mathrm{d}p_u \mathrm{d}p_w}{\mathrm{d}S} = \frac{\sin\theta}{2\pi E_{\sigma_1} E_{\sigma_2}} \mathrm{e}^{-\frac{1}{2}\left(\frac{u^2}{E_{\sigma_1}^2}+\frac{w^2}{E_{\sigma_2}^2}\right)} \tag{3-4-13}$$

N 点沿着使 $f(N)$ 保持常数的路径变动，其轨迹就是等概率密度曲线。

若令 $f(N)$ = 常数，则必须使其指数为常数 c，即

$$\frac{u^2}{E_{\sigma_1}^2} + \frac{w^2}{E_{\sigma_2}^2} = c^2 \tag{3-4-14}$$

由式(3-4-8) 可知 $u = y\sin\theta, w = x\sin\theta$，代入上式经整理得

$$\frac{x^2}{\left(\frac{cE_{\sigma_1}}{\sin\theta}\right)^2} + \frac{y^2}{\left(\frac{cE_{\sigma_2}}{\sin\theta}\right)^2} = 1 \tag{3-4-15}$$

如图 3-4-12 所示，v_1、v_2 为椭圆的共轭半轴

$$v_1 = \frac{cE_{\sigma_1}}{\sin\theta}, v_2 = \frac{cE_{\sigma_2}}{\sin\theta} \tag{3-4-16}$$

将上式代入式(3-4-15)得

$$\frac{x^2}{v_1^2} + \frac{y^2}{v_2^2} = 1 \tag{3-4-17}$$

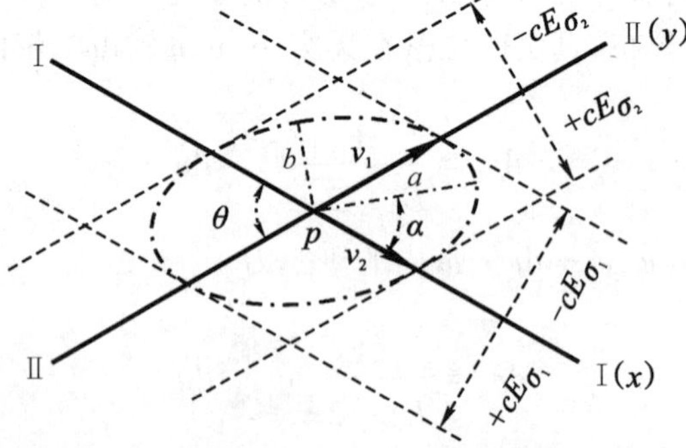

图 3-4-12　用斜坐标表示的船位误差椭圆示意图

式(3-4-17) 是用斜坐标表示的船位误差椭圆方程，v_1 和 v_2 为共轭半轴。a、b 为椭圆长短

半轴，又称椭圆主半轴。由解析几何阿坡隆尼亚定理，共轭半轴与主半轴之间有如下关系

$$a - b = \sqrt{v_1^2 + v_2^2 - 2v_1v_2\sin\theta} \tag{3-4-18}$$

$$a + b = \sqrt{v_1^2 + v_2^2 + 2v_1v_2\sin\theta} \tag{3-4-19}$$

$$\tan(2\alpha) = \frac{v_1^2\sin(2\theta)}{v_2^2 + v_1^2\cos(2\theta)} \tag{3-4-20}$$

如图 3-4-12 所示，在等精度条件下有 $E_{\sigma_1} = E_{\sigma_2} = E_\sigma$，即 $v_1 = v_2 = v$，则

$$a - b = \sqrt{2}v\sqrt{1 - \sin\theta}$$

$$a + b = \sqrt{2}v\sqrt{1 + \sin\theta}$$

$$\tan(2\alpha) = \frac{\sin(2\theta)}{1 + \cos^2\theta}$$

经整理得，在等精度条件下误差椭圆主半轴为

$$a = \frac{cE_\sigma}{\sqrt{2}\sin\dfrac{\theta}{2}} \tag{3-4-21}$$

$$b = \frac{cE_\sigma}{\sqrt{2}\cos\dfrac{\theta}{2}} \tag{3-4-22}$$

$$\alpha = \frac{\theta}{2} \tag{3-4-23}$$

在等精度条件下，当 $\theta < 90°$ 时，a 为长轴，b 为短轴；$\theta > 90°$ 时，相反，即 a、b 互为长短半轴。因此，在表述两条船位线定位船位误差椭圆时，θ 总是取两条船位线交角的锐角，这一点要引起足够的重视。同时 $\alpha = \dfrac{\theta}{2}$，也就是说在等精度条件下，误差椭圆长半轴总是位于两船位线交角的锐角角平分线上。显然，长轴方向船位随机误差大，短轴方向船位随机误差小。

当 $c = 1$ 时，称为标准误差椭圆。

当 $c = 2$ 时，称为二倍标准误差椭圆。

当 $c = 3$ 时，称为三倍标准误差椭圆。

②真实船位落在船位误差椭圆内的概率

由式(3-4-13) 求得等精度条件下($E_{\sigma_1} = E_{\sigma_2} = E_\sigma$)$p_1$ 点的概率密度为

$$f(N) = \frac{\mathrm{d}p_u\mathrm{d}p_w}{\mathrm{d}S} = \frac{\sin\theta}{2\pi E_\sigma^2}\mathrm{e}^{-\frac{1}{2}\left(\frac{u^2}{E_\sigma^2}+\frac{w^2}{E_\sigma^2}\right)} \tag{3-4-24}$$

将式(3-4-14) 代入上式得

$$f(N) = \frac{\sin\theta}{2\pi E_\sigma^2}\mathrm{e}^{-\frac{1}{2}c^2} \tag{3-4-25}$$

椭圆面积 $S = \pi ab = \dfrac{\pi E_\sigma^2 c^2}{\sin\theta}$，以 c 为自变量，则

$$\mathrm{d}S = \frac{2\pi E_\sigma^2 c}{\sin\theta}\mathrm{d}c \tag{3-4-26}$$

由式(3-4-25)和式(3-4-26)经整理得到无穷小区间内的概率(积分元)为

$$dP = f(N)\,dS = ce^{-\frac{1}{2}c^2}dc \tag{3-4-27}$$

真实船位落在船位误差椭圆内的概率为

$$P = \int_0^c ce^{-\frac{1}{2}c^2}dc = -\int_0^c e^{-\frac{1}{2}c^2}d\left(-\frac{1}{2}c^2\right) = 1 - e^{-\frac{1}{2}c^2} \tag{3-4-28}$$

当 $c = 1$ 时,真实船位落在标准船位误差椭圆内的概率为 $P = 39.3\%$。

当 $c = 2$ 时,真实船位落在二倍标准船位误差椭圆内的概率为 $P = 86.5\%$。

当 $c = 3$ 时,真实船位落在三倍标准船位误差椭圆内的概率为 $P = 98.9\%$。

(3)船位误差圆(position error circle)

两条船位线定位,船位随机误差还可以用船位误差圆来描述。

理论证明,由任意多条独立观测的船位线确定的最概率船位其在任意两个垂直方向上的标准差的平方和的均方根为常数 R。即如以最概率船位为原点 O,建立任意直角坐标系 XOY, $X'O'Y'$,… 则有

$$R = \sqrt{\sigma_x^2 + \sigma_y^2} = \sqrt{\sigma_{x'}^2 + \sigma_{y'}^2} = \cdots = \sqrt{a^2 + b^2} \tag{3-4-29}$$

式中:a、b 为标准误差椭圆的主半轴。

航海上,以最概率船位为圆心,R 为半径定义为船位误差圆。

①误差圆半径

根据解析几何中的阿坡隆尼亚定理:椭圆长半轴 a、短半轴 b 的平方和等于该椭圆任意一对共轭半轴的平方和。如图 3-4-12 所示,v_1、v_2 是船位误差椭圆的一对共轭半轴,则船位误差圆的半径为

$$R = \sqrt{a^2 + b^2} = \sqrt{v_1^2 + v_2^2}$$

将式(3-4-16)代入上式得

$$R = \frac{c}{\sin\theta}\sqrt{E_{\sigma_1}^2 + E_{\sigma_2}^2} \tag{3-4-30}$$

以最概率船位 p 为圆心,上式 R 为半径画一圆,即得任意交角 θ 下的船位误差圆,如图 3-4-13 所示。

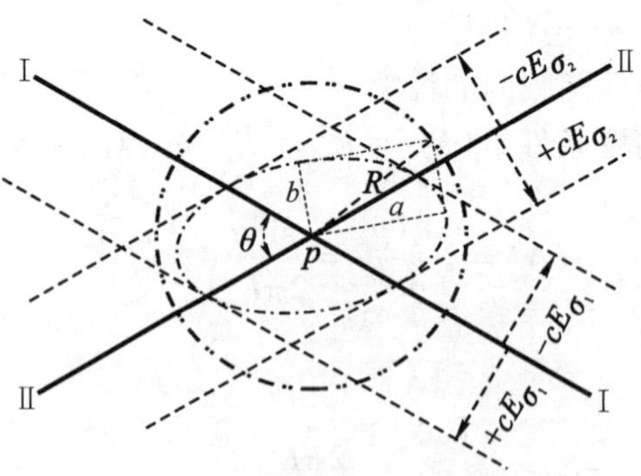

图 3-4-13 船位误差圆示意图

②真实船位落在船位误差圆内的概率

由于船位误差圆的半径与误差椭圆的长、短半轴有关,所以船位落在误差圆内的概率也与误差椭圆的长、短半轴有关,且与椭圆的短半轴与长半轴之比$\left(\frac{b}{a}=k\right)$有关。当观测了两条船位线后,$k$值就确定了($0 \leqslant k \leqslant 1$)。但是,船位落在误差圆内的概率计算比较复杂,航海人员为避免复杂计算,只求出$k=0$的概率$P(k=0)$和$k=1$的概率$P(k=1)$,其他k值对应的概率介于$P(k=0)$和$P(k=1)$之间,不必计算出来。

A. 当$k=\frac{b}{a}=0$时

船位误差圆的半径为

$$R=\sqrt{a^2+b^2}=a\sqrt{1+\frac{b^2}{a^2}}=cE_\sigma \quad (3\text{-}4\text{-}31)$$

两船位线相交,一条船位线无误差,此时误差椭圆成为误差带内的一条线段,误差圆为以两船位线交点p为圆心、式(3-4-31)中R为半径的与误差带相切的圆,如图3-4-14所示。此时,真实船位落在船位误差圆内的概率同误差带。

当$c=1$时,真实船位落在标准船位误差圆内的概率$P=68.3\%$。

当$c=2$时,真实船位落在二倍标准船位误差圆内的概率$P=95.4\%$。

当$c=3$时,真实船位落在三倍标准船位误差圆内的概率$P=99.7\%$。

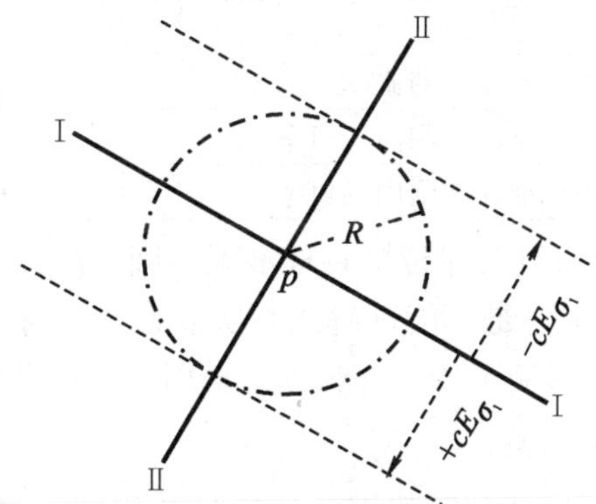

图3-4-14　船位误差圆($k=0$)

B. 当$k=\frac{b}{a}=1$时

误差椭圆长、短半轴相等($a=b$),此时船位误差椭圆呈圆形,相应船位误差圆的半径$R=\sqrt{a^2+b^2}=\sqrt{2}a$,见图3-4-15,其概率可以套用$c$倍误差椭圆的概率来描述,由式(3-4-28),将$c$替换为$\sqrt{2}c$,即得到$\frac{b}{a}=1$时,真实船位落在船位误差圆内的概率

$$P=1-\mathrm{e}^{-\frac{1}{2}(\sqrt{2}c)^2}=1-\mathrm{e}^{-c^2} \quad (3\text{-}4\text{-}32)$$

当$c=1$时,真实船位落在标准船位误差圆内的概率$P=63.2\%$。

当$c=2$时,真实船位落在二倍标准船位误差圆内的概率$P=98.2\%$。

当$c=3$时,真实船位落在三倍标准船位误差圆内的概率$P=99.99\%$。

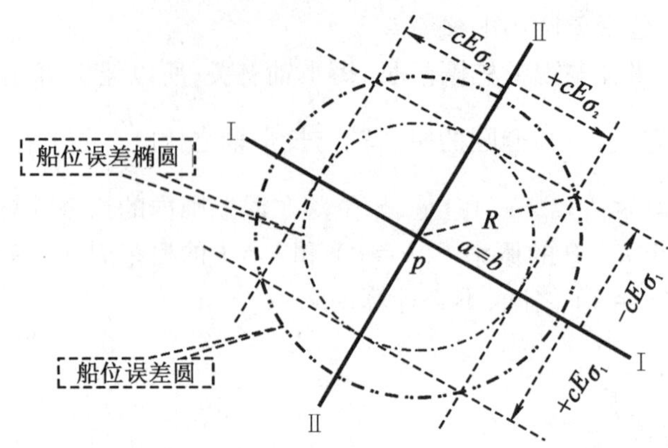

图 3-4-15 船位误差圆($k = 1$)

C. 当 $0 \leqslant \dfrac{b}{a} \leqslant 1$ 时

真实船位落在误差圆内的概率应介于 $P_0(k = 0)$ 和 $P_1(k = 1)$ 之间的某一确定值,由于该值计算较复杂,航海人员只要记住 $P_0(k = 0)$ 和 $P_1(k = 1)$ 即可,航海上表述真实船位落在船位误差圆内的概率如表 3-4-1 所示。

表 3-4-1 真实船位落在船位误差圆内的概率

误差椭圆主半轴之比 k / 置信系数 c	$\dfrac{b}{a} = 0 \sim 1$
$c = 1$,真实船位落在标准误差圆内的概率	63.2% ~ 68.3%
$c = 2$,真实船位落在二倍标准误差圆内的概率	95.4% ~ 98.2%
$c = 3$,真实船位落在三倍标准误差圆内的概率	99.7% ~ 99.99%

由表 3-4-1 可见,当 $c = 1$ 时,真实船位落在标准误差圆内的概率为 63.2% ~ 68.3% 中的某一确定值。这里应注意的是:上述绝不能理解成真实船位落在标准误差圆内的概率是一个变数。当 $c = 2$ 时,误差圆内的概率超过 95%,航海上采用二倍标准误差圆为 95% 的误差圆。

3. 三种几何图形在航海上的应用

前面已较详尽地介绍了描述船位随机误差的三种几何图形,航海人员在实际工作中并不画出几何图形,而是通过分析几何图形得到观测注意事项来指导航海实践,同时对测定的观测船位的随机误差分布有一个正确的认识。航海人员通常:通过分析船位误差椭圆来掌握船位随机误差分布方向的规律;通过分析船位误差圆来掌握船位随机误差大小及其规律。

(1)真实船位落在三种几何图形内的概率

将前述真实船位落在各种误差几何图形内的概率汇总,见表 3-4-2。

表 3-4-2 真实船位落在各种误差几何图形内的概率

置信系数 c	误差带	误差四边形	误差椭圆	误差圆 $\dfrac{b}{a} = 0 \sim \dfrac{b}{a} = 1$
1	68.3%	46.6%	39.3%	63.2% ~ 68.3%
2	95.4%	91.1%	86.5%	95.4% ~ 98.2%
3	99.7%	99.5%	98.9%	99.7% ~ 99.99%

当 $c=1$ 时,真实船位落在标准误差几何图形内的概率如图 3-4-16 所示。

注意:误差椭圆在两条船位线处与误差四边形相切。

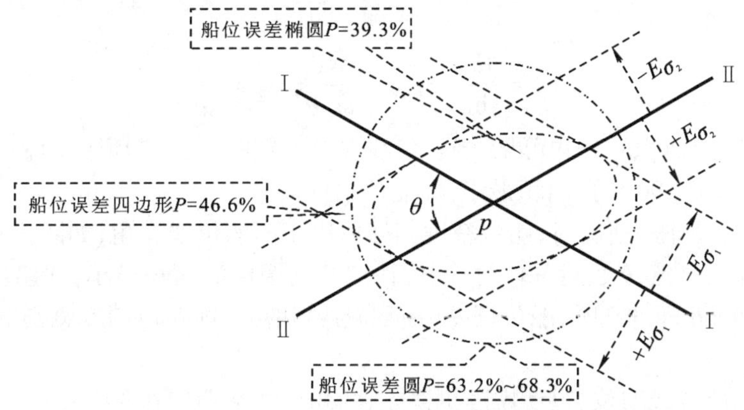

图 3-4-16 真实船位落在船位误差几何图形内的概率

(2)船位随机误差分布的方向

船位误差四边形是非等概率密度曲线,可以大概看出船位误差分布的方向。船位误差椭圆是等概率密度曲线,可以直观、确切地看出船位误差分布的方向。船位误差圆是非等概率密度曲线,不能直观地看出船位误差分布的方向。

由于船位误差椭圆是等概率密度曲线,即椭圆曲线上各点的概率密度均相等,椭圆上长轴处的概率密度与短轴处的概率密度相等,则长轴方向上船位随机误差大,短轴方向上船位随机误差小。

因此,两条船位线定位,只考虑随机误差,在误差椭圆长轴方向上船位随机误差大,长轴位于两船位线夹角的锐角区域内。在非等精度条件下($E_{\sigma_1} \neq E_{\sigma_2}$),误差椭圆长轴偏向精度高的船位线,见图 3-4-17。

在等精度条件下($E_{\sigma_1}=E_{\sigma_2}$),由式(3-4-23)可知,误差椭圆长半轴位于两船位线交角的锐角角平分线上,即在该方向上船位随机误差大,如图 3-4-18 所示。也就是说在等精度条件下,船位随机误差大的方向总是在两船位线交角的锐角角平分线上。

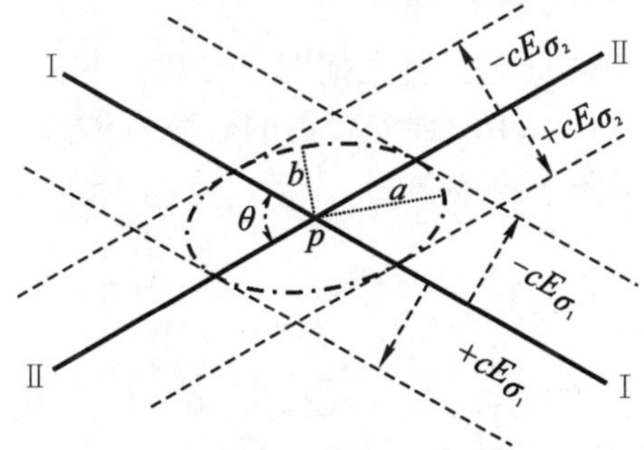

图 3-4-17 非等精度船位误差椭圆示意图

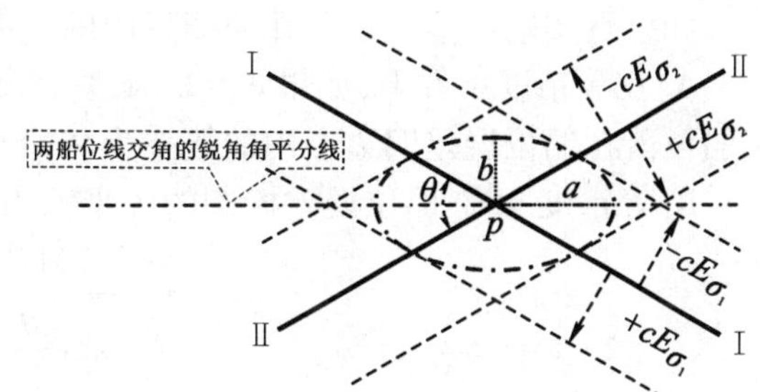

图 3-4-18 等精度船位误差椭圆示意图

(3)船位精度的评定

①根据船位误差几何图形的大小评定船位精度

两条船位线定位,当船位线随机误差一定,三种几何图形也就确定了,船位落在几何图形内的概率也随之确定了(见图 3-4-16),但真实船位落在三种几何图形内的概率不相等。由概率论可知,概率一定,几何图形的面积越小,船位精度越高。在等精度条件下,三种几何图形的面积 S 如下:

$$S_{四边形}=\frac{4E_{\sigma}^{2}}{\sin\theta},S_{椭圆}=\frac{\pi E_{\sigma}^{2}}{\sin\theta},S_{圆}=\frac{2\pi E_{\sigma}^{2}}{\sin^{2}\theta}$$

由三种几何图形面积的公式可见,当船位线误差一定时,几何图形的面积大小取决于两船位线交角 θ。当 θ 趋近 90° 时,面积最小,即船位精度最高。

当两条船位线是非等精度时,船位精度同样取决于两船位线交角,如图 3-4-19 所示。当两船位线误差一定时,显然,θ 趋近 90° 时,船位误差几何图形的面积最小,即船位精度最高。同时还可以看出,当 θ 小于 30° 时,船位误差(面积)急剧增大,即船位精度急剧下降,因此 θ 不能小于 30°。

综上所述,两船位线定位,只考虑随机误差,两船位线交角应在 30° ~ 90°,趋近 90° 最好。

另外,应注意,在上述条件下,无论 θ 取何值,真实船位落在标准误差圆内的概率为 63.2% ~ 68.2%,落在标准误差四边形内的概率为 46.6%,落在标准误差椭圆内的概率为 39.4%,即真实船位落在三种几何图形内的概率不相等。

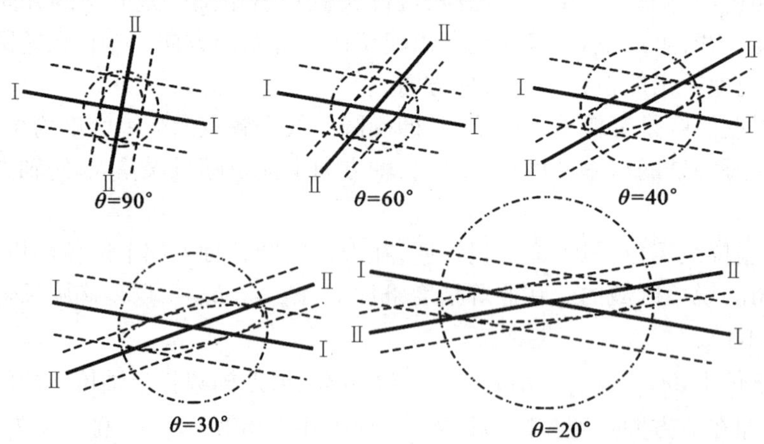

图 3-4-19　不同交角下船位误差几何图形的比较示意图

如果真实船位落在三种几何图形内的概率均为 95%,此时三种几何图形参数如下:

A. 在等精度条件下,如果 $c=2.24$,真实船位落在 $\pm 2.24E_{\sigma}$ 误差带内的概率为 97.5%,真实船位落在船位误差四边形内的概率为 97.5% × 97.5% ≈ 95%。

B. 等精度 95% 船位误差椭圆的主半轴为

$$a_{0.95}\approx\frac{1.731E_{\sigma}}{\sin\frac{\theta}{2}},b_{0.95}\approx\frac{1.731E_{\sigma}}{\cos\frac{\theta}{2}}$$

C. 等精度 95% 船位误差圆的半径约为

$$R_{0.95}=\frac{2.828E_{\sigma}}{\sin\theta}$$

按上述三种 95% 船位误差几何图形的比例绘制出不同交角下三种几何图形相互位置关系,见图 3-4-20。

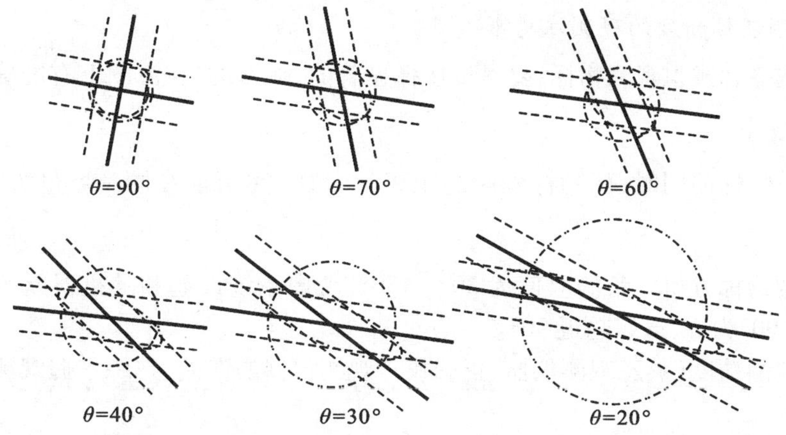

图 3-4-20　不同交角下 95% 船位误差几何图形的比较示意图

由图 3-4-20 可见,当真实船位落在三种几何图形内的概率相等时,误差椭圆的面积最小,用其描述船位随机误差精度最高,或者说当三种几何图形的面积相等时,真实船位落在误差椭圆内的概率最大。

由图 3-4-20 还可见,当 $\theta < 70°$ 时,95% 船位误差圆的半径小于 95% 船位误差椭圆的长半轴,说明此时用误差圆描述船位误差,在误差椭圆长半轴方向上的误差被忽略了,而在短半轴方向上的误差被夸大了,θ 越小,越明显。在航海实践中,如果用 95% 误差圆描述船位误差要注意上述问题,即当 $\theta < 70°$ 时,在 95% 误差椭圆长轴方向上,真实船位可能落在误差圆之外;但是当 $\theta > 70°$ 时,与上述情况相反。由此进一步说明 θ 趋近 90° 最好。

②根据船位误差圆半径的大小评定船位精度

在航海实践中,航海人员通常利用船位误差圆来描述船位随机误差的大小,其原因是简单、方便(三物标定位时更是如此)。在航海实践中,当观测条件一定时,则可以认为观测误差相等,将式(3-3-7)、式(3-3-9) 代入式(3-4-30) 得标准船位误差圆半径($c = 1$)。

两方位船位线定位,标准船位误差圆半径

$$R = \frac{\sigma°_{B}}{57°.3\sin\theta}\sqrt{D_1^2 + D_2^2} \tag{3-4-33}$$

两距离船位线定位,标准船位误差圆半径

$$R = \frac{\sigma_{D}}{\sin\theta}\sqrt{D_1^2 + D_2^2} \tag{3-4-34}$$

从上述两个公式可见,两条船位线定位,船位随机误差的大小与观测精度(σ_B,σ_D)、船到物标的距离 D 以及两船位线交角 θ 有关。为提高观测船位精度,首先要提高观测精度,当观测精度一定时,尽量选测近物标,同时两物标的方位差角趋近 90° 最好,此时 R 最小,船位精度最高。

三、两条船位线定位的观测注意事项及船位误差综合分析

同时观测两条船位线定位,两条船位线的交点即观测船位,如何提高观测船位的精度,以及如何正确分析观测船位的误差是航海人员必须熟练掌握的。综合本节所述,归纳出下述结论,作为指导航海实践的准则。

1. 提高观测船位精度的观测注意事项

(1)正确选择和辨识观测物标,要尽量选择显著的、孤立的、在海图上有准确位置的、便于观测的近物标。

(2)选测近物标的同时,两物标到船的距离(D_1,D_2)尽可能在同一数量级之内($k=\dfrac{D_1}{D_2}$取0.5~1为好)。

(3)选测两物标方位差角的取值为30°~150°,考虑系统误差和随机误差的综合影响,方位差角以30°~90°为好,最好趋近90°。

(4)提高观测精度(熟悉观测仪器、正确校正观测仪器的误差、熟练掌握观测方法、正规观测等)。

2. 正确分析观测船位的误差

(1)当两船位线为等精度或接近等精度时,可以近似判定,消除了系统误差的船位的方向是过两船位线交点所作的两船位线梯度夹角的角平分线方向:

①两方位定位:过两船位线的交点 p 所作的两物标方位差角的角平分线的垂线可以认为是一条消除了系统误差的船位线,且指向消除了系统误差船位的估计方向,见图3-4-21。

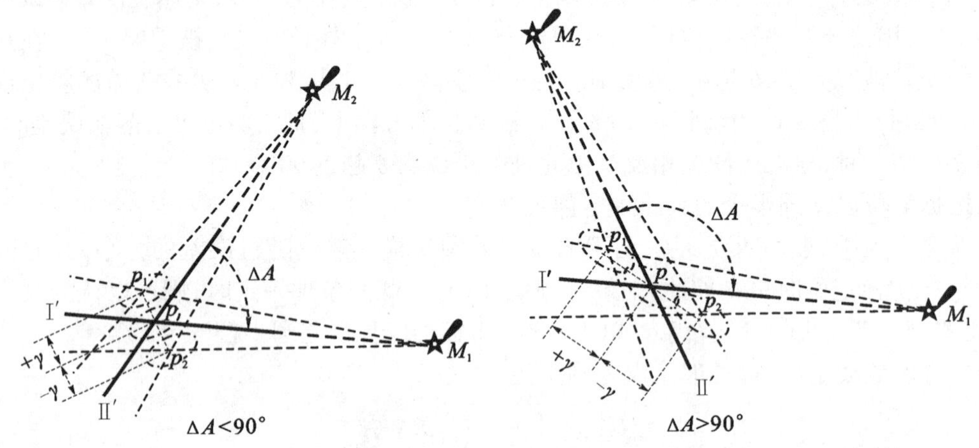

图3-4-21 两方位定位(等精度)船位误差示意图

②两距离定位:过两船位线的交点 p 所作的两物标方位差角的角平分线即消除了系统误差的船位线,且指向消除了系统误差船位的估计方向,见图3-4-22。

(2)当两船位线为等精度或接近等精度时,可以近似判定,在两条船位线交角的锐角角平分线方向上,随机船位误差大,见图3-4-21和图3-4-22。

(3)选测两物标的方位差角小于90°为好,因为当观测条件一定时:

①同号船位系统误差较小。

②当两船位线为等精度或接近等精度时,近似判定,消除了系统误差的船位的方向与船位随机误差大的方向垂直,即与两船位线交角锐角的角平分线垂直,见图3-4-21和图3-4-22。

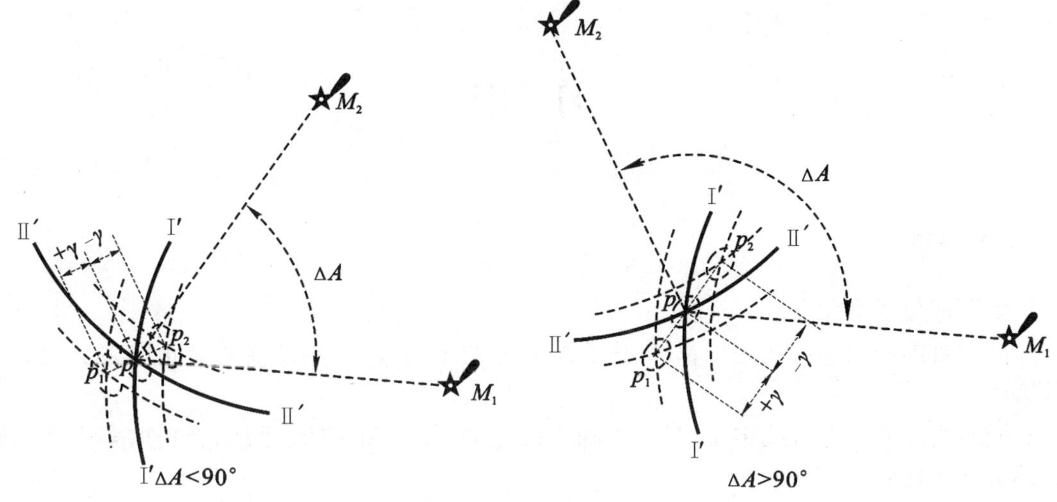

图 3-4-22　两距离定位(等精度)船位误差示意图

(4)如果两物标的方位差角大于 90°,当观测条件一定时:

①同号船位系统误差较大。

②当两船位线为等精度或接近等精度时,近似判定,消除了系统误差的船位的方向与船位随机误差大的方向在同一方向上产生叠加,即在两条船位线交角的锐角角平分线上产生叠加,见图 3-4-21 和图 3-4-22。

两条船位线定位,船位随机误差大的方向随两物标方位差角大于 90°和小于 90°变化,而消除了系统误差的船位方向与该变化无关。

航海人员根据观测注意事项,选测两物标定位之后,当两物标的方位差角小于 90°时,各方向上的碍航物均应引起足够的重视。当两物标的方位差角大于 90°时,要更加关注两条船位线交角的锐角角平分线上的碍航物。

注意:在航海实践中,航海人员在海图上只画出图 3-4-21 和图 3-4-22 中的实线部分,即船位线Ⅰ′-Ⅰ′和Ⅱ′-Ⅱ′,其他内容是航海人员应熟记的。在定位后,根据熟记的内容,对观测船位 p 的误差有一个正确的判断,做到心中有数。如有必要,应根据当时的航行状况,做适当的航行调整,使船舶始终安全、经济地航行。

另外,要说明的是测者的观测系统误差不是“+”,就是“-”,只能取其一,不存在“±”对称的情况。因此,消除了系统误差的船位不是在 p_1 就是在 p_2,图 3-4-21 和图 3-4-22 中同时绘出了 p_1 和 p_2 是为了说明消除了不同符号系统误差的船位的方向。在航海实践中,如果存在系统误差,但不能确认其符号,则两个方向上的碍航物均不能被忽视。

总之,同时观测两物标定位的基本原则是:当有多个物标可供选择时,应选测距离在同一数量级内、方位差角趋近 90°的两个近距离的物标。至于如何选择适于观测的物标和不能同时观测等应用问题,将在航海专业课中讨论。

习　题

一、思考题

1. 何谓船位线交角?

2. 同时观测两条船位线定位,只考虑系统误差的影响,两条船位线的交角取多少度为好?为什么?

3. 同时观测两条船位线定位,只考虑随机误差的影响,两条船位线的交角取多少度为好?最好趋近多少度? 为什么?

4. 同时观测两条船位线定位,综合考虑系统误差和随机误差的影响,两条船位线的交角取多少度为好? 最好趋近多少度?

5. 同时测得两条方位船位线,且船位线为等精度,试述消除了同号系统误差的船位的方向。

6. 同时测得两条距离船位线,且船位线为等精度,试述消除了同号系统误差的船位的方向。

7. 同时测得两条等精度船位线,试述船位随机误差大的方向和船位随机误差小的方向。

8. 观测条件一定,同时观测两条等精度或接近等精度(距离或方位)船位线定位:

(1)试述提高观测船位精度的注意事项。

(2)试述正确分析观测船位误差的注意事项(当两物标的方位差角小于 90°和大于 90°时)。

二、单项选择题

1. 两条船位线定位,只考虑系统误差的影响,两物标的方位差角取________为好。

A. 小于 30°　　B. 小于 90°

C. 大于 90°　　D. 大于 150°

2. 两条船位线定位,只考虑随机误差的影响,两物标的方位差角趋近________最好。

A. 30°　　B. 90°

C. 120°　　D. 150°

3. 船位落在描述船位随机误差几何图形内的概率一定时,几何图形的面积________,当两船位线交角趋近________。

A. 越大,精度越高;0°时,面积最大,船位精度最高

B. 越小,精度越高;0°时,面积最小,船位精度最高

C. 越小,精度越高;90°时,面积最小,船位精度最高

D. 越大,精度越高;90°时,面积最大,船位精度最高

4. 船位落在描述船位随机误差几何图形内的概率一定时,几何图形的面积________。

A. 越小,船位精度越高,当两船位线交角小于 30°时,面积急剧增大,船位精度急剧降

低,因此,两船位线定位交角不能小于 30°

B. 越小,船位精度越高,当两船位线交角大于 150°时,面积急剧增大,船位精度急剧降低,因此,两船位线定位交角不能大于 150°

C. A、B 均正确,且两船位线交角趋近 90°时船位精度最高

D. A、B 均错误,当两船位线交角趋近 0° 时船位精度最高

5. 两条船位线定位,两物标的方位差角取________为好。

A. 30°~90°　　B. 30°~150°

C. 90°~150°　　D. 0°~180°

6. 两条船位线定位,综合考虑系统误差和随机误差的影响,两物标的方位差角取值在________之间,取________为好,趋近________最好。

A. 30°~120°;30°~90°;60°　　B. 30°~90°;30°~150°;90°

C. 30°~150°;30°~90°;90°　　D. 0°~180°;30°~90°;120°

7. 观测条件一定时,同时观测两条船位线定位,船位系统误差与________有关。

A. 观测误差　　B. 两物标的方位差角

C. 船到被测物标的距离　　D. 以上均正确

8. 两条方位船位线定位,如果两条方位船位线的系统误差接近相等,近似判定消除了系统误差的船位位于过两船位线的交点所作的________上。

A. 两物标方位差角角平分线　　B. 两物标方位差角角平分线的垂线

C. A 和 B 均错误　　D. A 和 B 均正确

9. 两条距离船位线定位,如果两条距离船位线的系统误差接近相等,近似判定消除了系统误差的船位位于过两船位线的交点所作的________上。

A. 两物标方位差角角平分线　　B. 两物标方位差角角平分线的垂线

C. A 和 B 均错误　　D. A 和 B 均正确

10. 两条船位线定位,如果两条船位线的随机误差接近相等,近似判定船位随机误差大的方向在过两船位线的交点所作的________方向上。

A. 两船位线交角的钝角角平分线　　B. 两物标方位差角角平分线

C. 两船位线交角的锐角角平分线　　D. B 和 C 均正确

11. 用船位误差椭圆表述船位误差的主要优点是________。

A. 计算船位误差方便　　B. 作图简单

C. 能直观显示船位误差的大小和方向　　D. 非等概率密度曲线

12. 两条船位线相交,船位落在标准船位误差圆内的概率为________。

A. 63. 2%~68. 3%　　B. 63. 2%

C. 39. 4%　　D. 68. 3%

13. 两条船位线相交,船位落在标准船位误差椭圆内的概率为________。

A. 63. 2%~68. 3%　　B. 63. 2%

C. 39. 4%　　D. 68. 3%

14. 两条船位线垂直相交,每条船位线的标准差为 $\sigma=\pm1'$,船位落在半径为 1′的圆内的概率为________。

A. 63. 2%~68. 3%　　B. 63. 2%

C. 39.4%　　D. 68.3%

15. 两条船位线垂直相交,每条船位线的标准差为 $\sigma=\pm1'$,船位落在半径为 1′.414 的圆内的概率约为________。

A. 63.2%~68.3%　　B. 63.2%

C. 39.4%　　D. 68.3%

16. 航海上,通常利用________分析船位随机误差分布的方向,利用________分析船位随机误差的大小。

A. 误差圆;误差椭圆　　B. 误差椭圆;误差四边形

C. 误差圆;误差四边形　　D. 误差椭圆;误差圆

17. 两条船位线定位,如果两条船位线的误差接近相等,下述说法正确的是________。

A. 当两物标方位差角小于 90°时,消除了系统误差的船位的方向与船位随机误差大的方向相互垂直

B. 当两物标方位差角大于 90°时,消除了系统误差的船位的方向与船位随机误差大的方向为同一方向,即两条船位线交角的锐角角平分线方向上

C. 船位随机误差大的方向随两物标方位差角大于 90°和小于 90°变化,而消除了系统误差的船位的方向与该变化无关

D. 以上均正确

18. 两条方位船位线定位,两条方位船位线的误差接近相等,两条船位线的交点为观测船位,如图 3-4-23 所示。

(1) 如果两条船位线的系统误差均为"+",近似判定消除了系统误差的船位位于________。

A. a 区　　B. b 区

C. c 区　　D. d 区

a
b
d
c

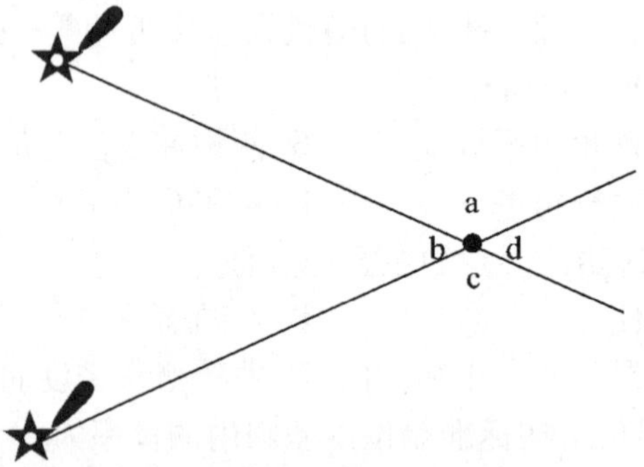

图 3-4-23　两方位定位示意图(1)

(2) 如果两条船位线的系统误差均为"-",近似判定消除了系统误差的船位位于________。

A. a 区　　B. b 区

C. c 区　　D. d 区

(3) 消除了系统误差的船位位于________方向上,在________方向上船位随机误差大。

A. $\overline{bd}$;$\overline{ac}$　　　　B. $\overline{ac}$;$\overline{bd}$

C. $\overline{bd}$;$\overline{bd}$　　　　D. $\overline{ac}$;$\overline{ac}$

19. 两条方位船位线定位,两条方位船位线的误差接近相等,两条船位线的交点为观测船位,如图 3-4-24 所示。近似判定消除了系统误差的船位位于________方向上,在________方向上船位随机误差大。

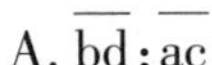

A. $\overline{bd}$;$\overline{ac}$　　　　B. $\overline{ac}$;$\overline{bd}$

C. $\overline{bd}$;$\overline{bd}$　　　　D. $\overline{ac}$;$\overline{ac}$

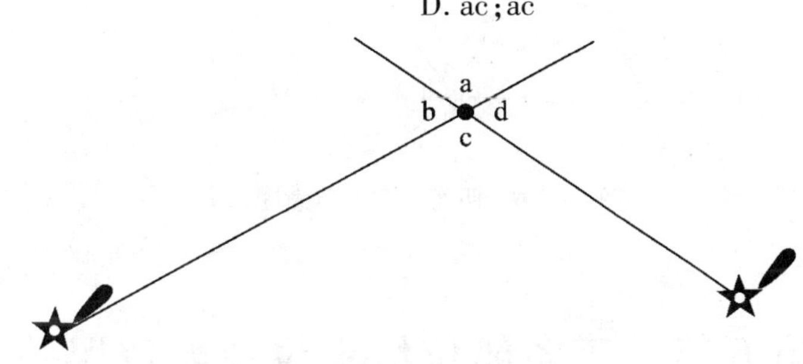

图 3-4-24　两方位定位示意图(2)

20. 两条距离船位线定位,两条距离船位线的误差接近相等,两条船位线的交点为观测船位,如图 3-4-25 所示。

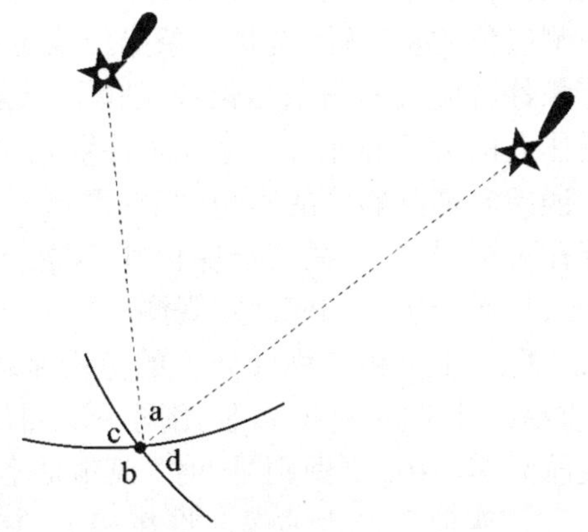

图 3-4-25　两距离定位示意图(1)

(1)近似判定消除了系统误差的船位位于________方向上。

A. $\overline{bd}$　　　　B. $\overline{ac}$

C. $\overline{ab}$　　　　D. $\overline{cd}$

(2)近似判定在________方向上船位随机误差大。

A. $\overline{bd}$　　　　B. $\overline{ac}$

C. $\overline{ab}$　　　　D. $\overline{cd}$

21. 两条距离船位线定位,两条距离船位线的误差接近相等,两条船位线的交点为观测船位,如图 3-4-26 所示,近似判定消除了系统误差的船位位于________方向上,在________方向上船位随机误差大。

A. $\overline{ab}$;$\overline{cd}$　　　　B. $\overline{cd}$;$\overline{ab}$

C. $\overline{cd}$;$\overline{cd}$　　　　D. $\overline{ab}$;$\overline{ab}$

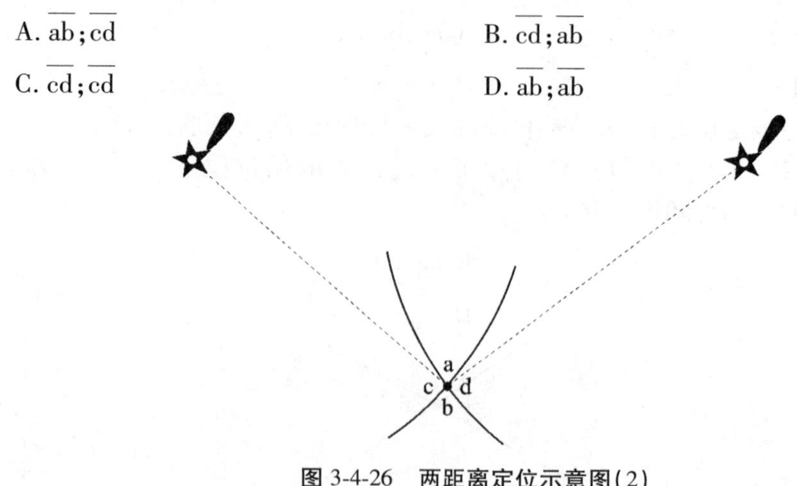

图 3-4-26　两距离定位示意图(2)

第五节　三条船位线定位及船位误差

两条船位线定位,如果观测中存在粗差或较大的未定系统误差,在没有其他数据可供参考的前提下,则不能直观判定观测船位的正确性,这是两条船位线定位最大的缺陷。为避免这种情况的发生,航海人员只要有条件就应观测三条船位线定位。三条船位线定位的优点是可以及时发现粗差,又可以用海图作业的方法抵消系统误差(特别是未定系统误差),同时从数理统计理论来讲,可以减小随机误差对观测船位的影响(相对两条船位线定位而言)。

三条船位线定位,由于存在观测误差,往往三条船位线不能交于一点而形成一个三角形,该三角形称为船位误差三角形,从而产生了如何确定观测船位和分析船位误差的问题。

航海人员需要根据观测误差的性质和三物标分布的范围来确定观测船位和分析船位误差。本节讨论误差三角形的前提条件是同一测者,使用同一观测仪器,采用同一种观测方法,同时观测三个物标。但是,在航海实践中,要做到"同时"观测是不可能的,这里只从理论上分析同时观测产生的误差,而"异时"观测所产生的误差将在相关的航海专业课中讨论分析。本节先介绍船位系统误差三角形的处理,然后介绍船位随机误差三角形的处理,最后介绍船位误差三角形的综合处理。

一、船位系统误差三角形的处理

三条船位线如果只含有系统误差,三条船位线构成的船位误差三角形称为船位系统误差三角形。船位系统误差三角形相对船位随机误差三角形通常要大一些,航海人员常用海图作业的方法消除系统误差(图法平差),其优点是不必求出系统误差的大小就可以直接将其消除。例如,罗经差测得不准,使观测结果含有系统误差,但其大小不知,最适合采用上述方法消除系统误差。

1. 三条方位船位线定位船位系统误差三角形的处理

三条方位船位线定位简称三方位定位。

（1）三方位定位船位系统误差三角形的处理

在航海实践中，通常是同一测者，使用同一观测仪器，采用同一种观测方法，观测三个物标，所以观测系统误差相等，即 $\varepsilon_{B_1}=\varepsilon_{B_2}=\varepsilon_{B_3}=\varepsilon_B$，由方位船位线系统误差式（3-3-6）得

$$E_{\varepsilon_{B_1}}=\frac{\varepsilon^{\circ}{}_{B}}{57^{\circ}.3}D_1 \tag{3-5-1}$$

$$E_{\varepsilon_{B_2}}=\frac{\varepsilon^{\circ}{}_{B}}{57^{\circ}.3}D_2 \tag{3-5-2}$$

$$E_{\varepsilon_{B_3}}=\frac{\varepsilon^{\circ}{}_{B}}{57^{\circ}.3}D_3 \tag{3-5-3}$$

式中：D 是船到物标的距离。$D_1 \neq D_2 \neq D_3$，三条船位线系统误差不相等。

由两条船位线定位可知：消除了同号系统误差的船位，位于过两船位线交点所作的两船位线梯度（$\vec{g}_1$，$\vec{g}_2$）夹角之间的直线上，且偏向精度高的船位线，该线也可以认为是一条消除了系统误差的船位线（见图3-4-6）。过船位误差三角形的三个顶点可以作三条这样的船位线，其交点 p 即消除了系统误差的船位，p 点到三条船位线的距离分别为 $E_{\varepsilon_{B_1}}$、$E_{\varepsilon_{B_2}}$、$E_{\varepsilon_{B_3}}$，见图3-5-1，并应满足

$$E_{\varepsilon_{B_1}}:E_{\varepsilon_{B_2}}:E_{\varepsilon_{B_3}}=D_1:D_2:D_3 \tag{3-5-4}$$

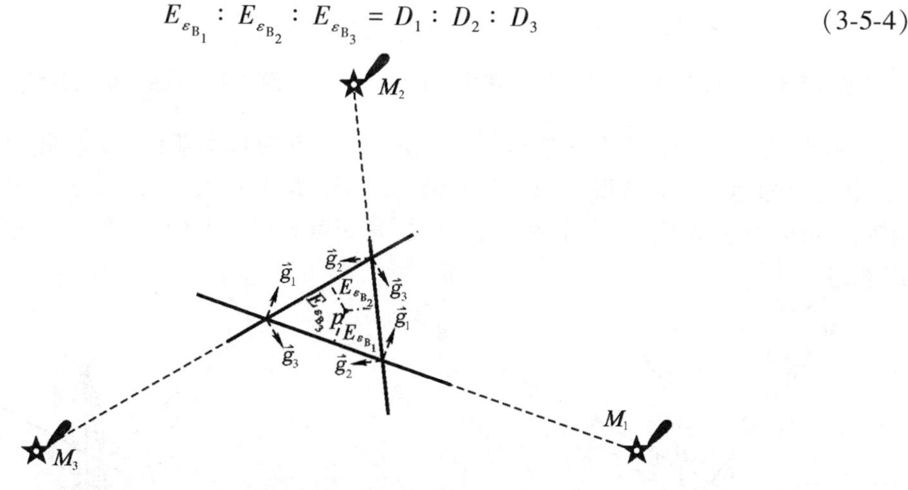

图3-5-1　三方位定位船位系统误差三角形示意图

由于三条船位线的系统误差不相等，分别过两船位线交点所作的消除了系统误差的船位线则无法直接画出来。此时，航海人员通常的做法是：

观测三物标的方位，经作图得一船位系统误差三角形（abc），如图3-5-2所示。将三方位的观测值增加或减少同一数值（1° ~ 3°），经作图得到一个新的三角形（$a'b'c'$）。新三角形与原三角形对应顶点连线的交点即消除了系统误差的船位 p。

如果新三角形与原三角形对应顶点连线没有交在一点而形成了一个小三角形，该三角形可按随机误差三角形处理（见下一节），其原理如下：

设观测三物标的方位无误差，三条方位线的交点 p 为真实船位（忽略作图误差），如图3-5-3所示。根据方位差位置线的定义，过 p 点可以作三条方位差位置线，如图3-5-4所示。

将三物标的方位增加同一角度，经作图得一船位误差三角形（$\triangle abc$），三角形的三个顶点的位置均满足方位差位置线的定义，如图3-5-5所示。同理，将三物标的方位减少同一角度，经

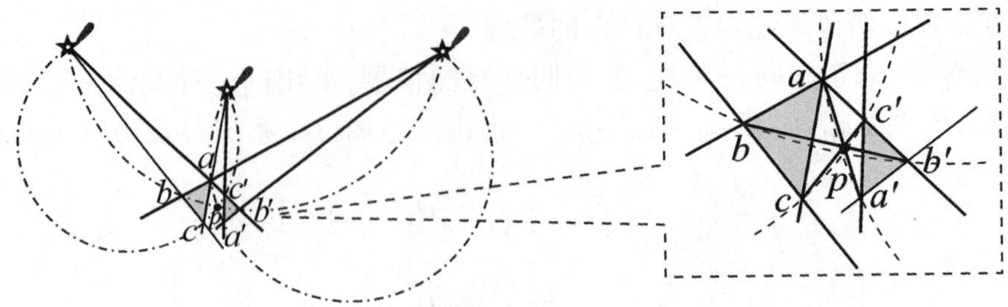

图 3-5-2 船位系统误差三角形的处理示意图

作图得一船位误差三角形（$\triangle a'b'c'$），同样三角形的三个顶点的位置均满足方位差位置线的定义，如图 3-5-6 所示。

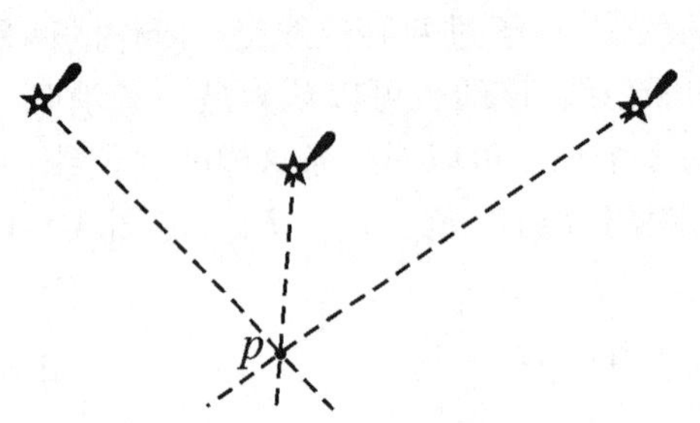

图 3-5-3 船位系统误差三角形处理图（1）

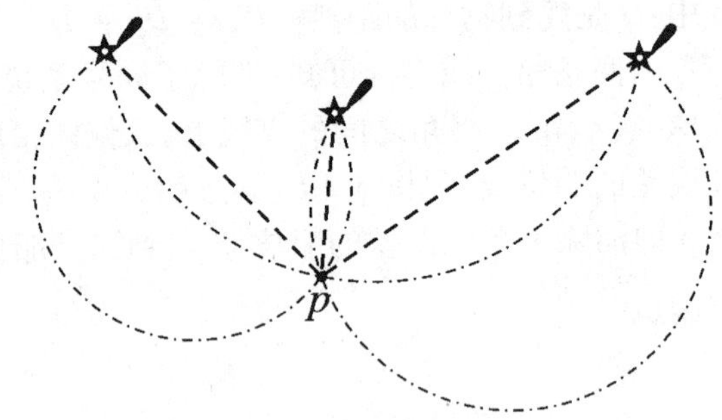

图 3-5-4 船位系统误差三角形处理图（2）

两个三角形对应顶点的连线$\widehat{aa'}$、$\widehat{bb'}$、$\widehat{cc'}$ 的交点为真实船位 p。因此，只要画出这三条曲线，其交点即消除了系统误差的观测船位。由于三角形不大，为作图方便、快捷，航海人员通常用两三角形对应顶点连线的直线代替曲线，其交点为观测船位，所产生的误差在一般情况下可以忽略不计。

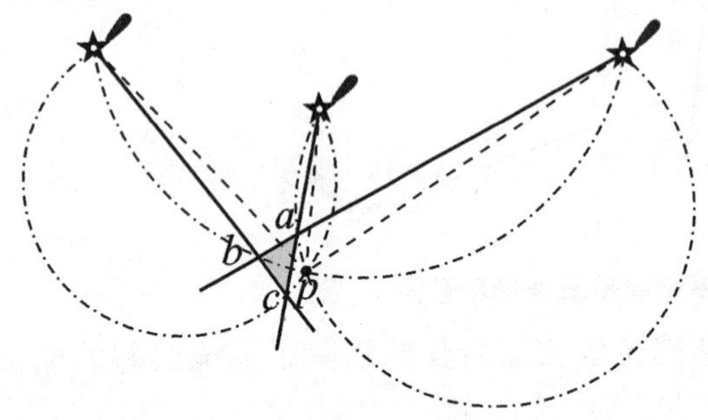

图 3-5-5 船位系统误差三角形处理图（3）

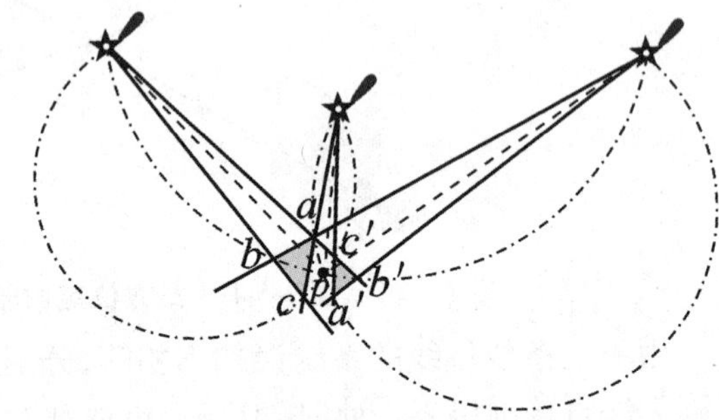

图 3-5-6 船位系统误差三角形处理图（4）

（2）三方位定位船位系统误差三角形（等精度或接近等精度）的处理

如果三物标到船的距离相差较大，尽管三次观测的系统误差相同，但三条方位船位线的系统误差是不同的，此时就不能直观确定观测船位。为使三条船位线的系统误差差距不大，应选测船到物标的距离尽可能接近（在同一数量级之内）的三个物标，以便于航海人员用下述方法迅速、直观地估计船位。

下面分别讨论在三条船位线的系统误差相等或接近相等的前提下，当三物标分布的范围大于 180° 和小于 180° 时，如何估计消除了系统误差的船位 p。

①三物标分布范围大于180°时,船位系统误差三角形的处理方法

如前所述,在航海实践中,可以认为三次观测是等精度的,即$\varepsilon_{B_1}=\varepsilon_{B_2}=\varepsilon_{B_3}=\varepsilon_B$,如果选测三个物标到船的距离相接近,即$D_1\approx D_2\approx D_3\approx D$(在同一数量级之内),由方位船位线系统误差式(3-3-7)得

$$E_{\varepsilon_{B_1}}\approx E_{\varepsilon_{B_2}}\approx E_{\varepsilon_{B_3}}=E_{\varepsilon_B}=\frac{\varepsilon^{\circ}{}_B}{57^{\circ}.3}D \tag{3-5-5}$$

由两方位船位线定位可知:船位线系统误差相等时,过两船位线的交点所作的两物标方位差角角平分线的垂线(两物标平均方位A_m线的垂线)可以认为是一条消除了系统误差的船位线。过船位误差三角形的三个顶点可以作三条这样的船位线,其交点p即消除了系统误差的船位,该点位于船位系统误差三角形内切圆的圆心上,见图3-5-7(a),图中根据消除了系统误差的船位p判定船位线系统误差的符号为"+"。航海人员可以按上述规则估计消除了系统误差的船位。

②三物标分布范围小于180°时,船位系统误差三角形的处理方法

三物标分布范围小于180°,也就是三物标在测者的同一侧。同样,过船位误差三角形的三个顶点可以作三条"两物标方位差角角平分线的垂线",其交点p即消除了系统误差的船位。此时,p点位于船位系统误差三角形之外,中标(中间物标)船位线外侧,旁切圆的圆心上,如图3-5-7(b)所示,图中由消除了系统误差的船位p判定船位线系统误差为"-"。航海人员可以按上述规则估计消除了系统误差的船位。

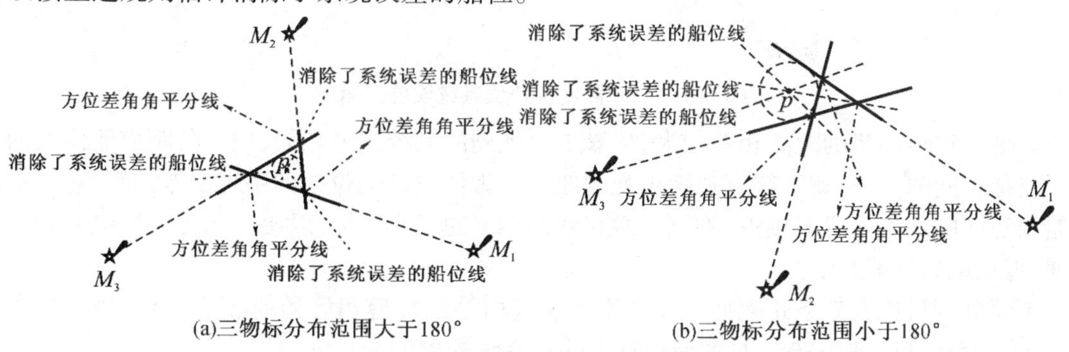

图3-5-7　三方位船位系统误差三角形(等精度)的处理

2. 三条距离位船位线定位船位系统误差三角形的处理

三条距离位船位线定位简称三距离定位。三距离定位船位系统误差三角形的处理与三方位定位的处理方法基本相同。

(1)三距离定位船位系统误差三角形的处理

如前所述,可以认为三次观测是等精度的,即$\varepsilon_{D_1}=\varepsilon_{D_2}=\varepsilon_{D_3}=\varepsilon_D$,由距离船位线系统误差式(3-3-9)得

$$E_{\varepsilon_{D_1}}=\varepsilon_D D_1 \tag{3-5-6}$$

$$E_{\varepsilon_{D_2}}=\varepsilon_D D_2 \tag{3-5-7}$$

$$E_{\varepsilon_{D_3}}=\varepsilon_D D_3 \tag{3-5-8}$$

式中:D是船到物标的距离。$D_1\neq D_2\neq D_3$,三条船位线的系统误差不相等。

由两条船位线定位可知：消除了同号系统误差的船位，位于过两船位线交点所作的两船位线梯度($\vec{g}_1$,$\vec{g}_2$) 夹角之间的直线上，且偏向精度高的船位线，该线也可以认为是一条消除了系统误差的船位线(见图3-4-6)。过船位误差三角形的三个顶点可以作三条这样的船位线，其交点 p 即消除了系统误差的船位，p 点到三条船位线的距离分别为 $E_{\varepsilon_{B_1}}$、$E_{\varepsilon_{B_2}}$、$E_{\varepsilon_{B_3}}$，见图 3-5-8，并应满足

$$E_{\varepsilon_{D_1}} : E_{\varepsilon_{D_2}} : E_{\varepsilon_{D_3}} = D_1 : D_2 : D_3 \tag{3-5-9}$$

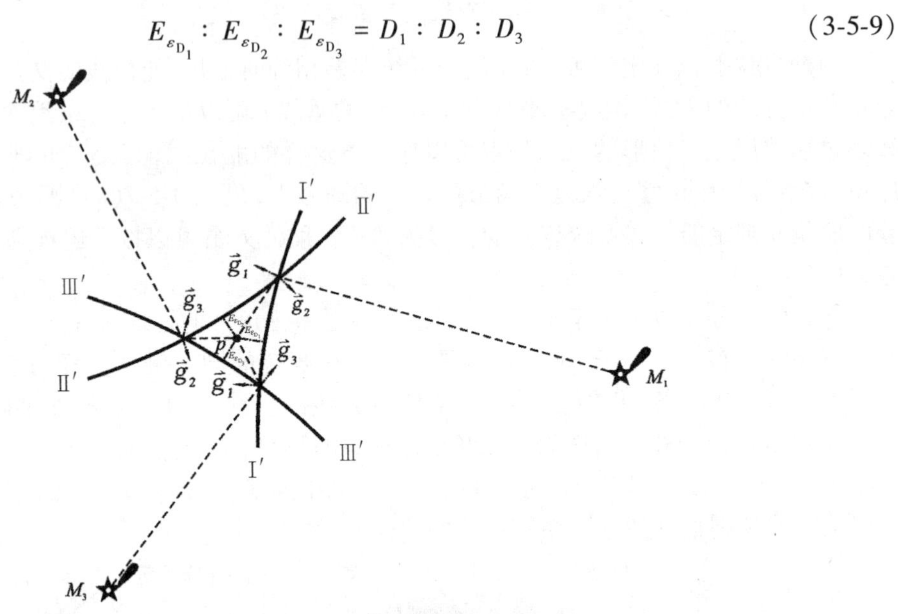

图 3-5-8　三距离定位船位系统误差三角形

如果三物标到船的距离相差较大，尽管三次观测的系统误差相同，但三条距离船位线的系统误差是不同的，此时就不能直观确定观测船位。为使三条船位线的系统误差差距不大，应选测船到物标的距离尽可能接近(在同一数量级之内) 的三个物标，以便于航海人员用下述方法迅速、直观地估计船位。

下面分别讨论在三条距离船位线的系统误差相等或接近相等的前提下，当三物标分布的范围大于 180° 和小于 180° 时，如何估计消除了系统误差的船位 p。

(2) 三距离定位船位系统误差三角形(等精度或接近等精度) 的处理

如前所述，在航海实践中，可以认为三次观测是等精度的，即 $\varepsilon_{D_1} = \varepsilon_{D_2} = \varepsilon_{D_3} = \varepsilon_D$，如果选测三物标到船的距离相接近，即 $D_1 \approx D_2 \approx D_3 \approx D$(在同一数量级之内)，由距离船位线系统误差式(3-3-8) 得

$$E_{\varepsilon_{D_1}} \approx E_{\varepsilon_{D_2}} \approx E_{\varepsilon_{D_3}} = E_{\varepsilon_D} = \varepsilon_D D$$

由两距离定位可知：两船位线系统误差相等时，过两船位线的交点所作的两物标方位差角的角平分线即消除了系统误差的船位线。过船位误差三角形的三个顶点可以作三条这样的船位线，其交点 p 即消除了系统误差的船位。下面分别讨论三物标分布的范围大于 180°和小于 180°两种情况下如何确定消除了系统误差的观测船位。

①三物标分布范围大于 180° 时，船位系统误差三角形的处理方法

当三物标分布范围大于 180° 时，过船位误差三角形的三个顶点可以分别作三条“两物标方位差角角平分线(两物标的平均方位线)”，其交点 p 即消除了系统误差的船位，该点位于船

位系统误差三角形内切圆的圆心上，见图 3-5-9(a)，图中由消除了系统误差的船位 p 判定船位线系统误差为“-”。在航海实践中，可以按上述规则估计消除了系统误差的船位。

②三物标分布范围小于 180°时，船位系统误差三角形的处理方法

当三物标分布范围小于 180°时，过船位误差三角形的三个顶点可以分别作三条“两物标方位差角的角平分线（两物标的平均方位线）”，其交点 p 即消除了系统误差的船位，该点位于船位系统误差三角形之外，中标（中间物标）船位线的外侧，旁切圆的圆心上，见图 3-5-9(b)，图中由消除了系统误差的船位 p 判定船位线系统误差为“+”。在航海实践中，可以按上述规则估计消除了系统误差的船位。

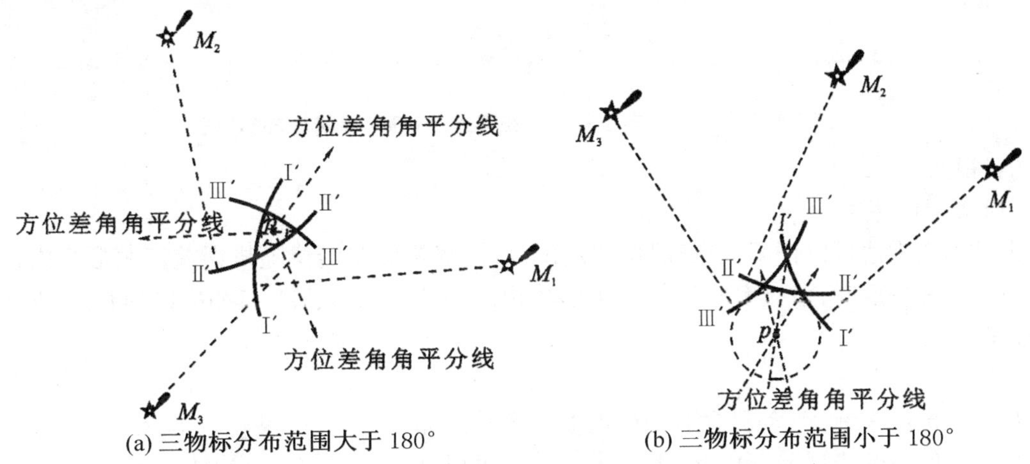

图 3-5-9　三距离船位系统误差三角形（等精度）的处理

③三距离船位系统误差三角形的一般处理方法

在三条距离船位线的系统误差相等或接近相等的前提下，如前所述，要确定消除了系统误差的船位，必须正确画出过船位误差三角形的三个顶点所作的三条“两物标方位差角的角平分线（两物标的平均方位线）”，为避免出现判断错误，船位系统误差三角形通常还可以用下述方法处理：

如图 3-5-10 所示，观测三物标的距离，经作图得一船位系统误差三角形（$\triangle abc$），将三距离值增加或减少同一数值，经作图得到一个新的三角形（$\triangle a'b'c'$），新三角形与原三角形对应顶点连线（两物标方位差角的角平分线）的交点即消除了系统误差的船位。

二、船位随机误差三角形的处理

三条船位线如果只含有随机误差，三条船位线构成的误差三角形称为船位随机误差三角形。对随机误差三角形的处理就是确定最概率船位。通过分析最概率船位的误差得到观测注意事项，以此指导航海实践。

1. 三条船位线定位求最概率船位

在第三章第二节中已介绍了如何利用解析法求最概率船位。该法是利用计算机解算最概率船位的数学模型。在航海实践中通常利用雷达、罗经等观测仪器测得物标的距离、方位，通过海图作业的方法将最概率船位标绘在海图上，这种方法称为图法平差。本节主要介绍图法平差中的边距比例法、反中线法和由该两种方法总结出来的利用目测确定最概率船位的

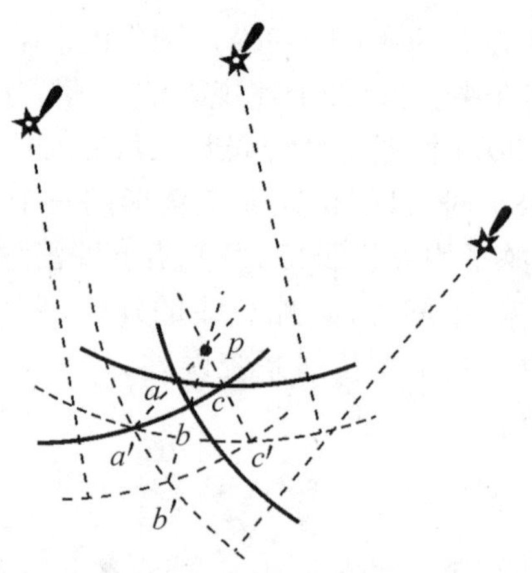

图 3-5-10　三距离定位船位系统误差三角形(等精度)的处理

方法(目视法)。

(1)边距比例法

由最小二乘法可以证明,三条船位线定位,最概率船位在船位随机误差三角形之内,当三条船位线为等精度时,最概率船位至三角形各边的距离(h_1、h_2、h_3)与相应的边长(a、b、c)成比例,即

$$h_1 : h_2 : h_3 = a : b : c \tag{3-5-10}$$

如图 3-5-11 所示,三条只含有随机误差的等精度船位线构成的船位随机误差三角形,由最小二乘法可以证明式(3-5-10)的比例关系是在残差的平方和等于最小的前提下得到的,因此,p 点为最概率船位。

证明:由于 p 点至各边的距离 $h_i = v_i$ 残差,$i = 1,2,3$。由最小二乘法原理应使

$$[vv] = [hh] = h_1^2 + h_2^2 + h_3^2 = \min \tag{3-5-11}$$

同时还应满足 $ah_1 + bh_2 + ch_3 - 2S = 0$(三角形内任意一点至各边的距离与相应边长的乘积之和等于三角形面积 S 的 2 倍)。

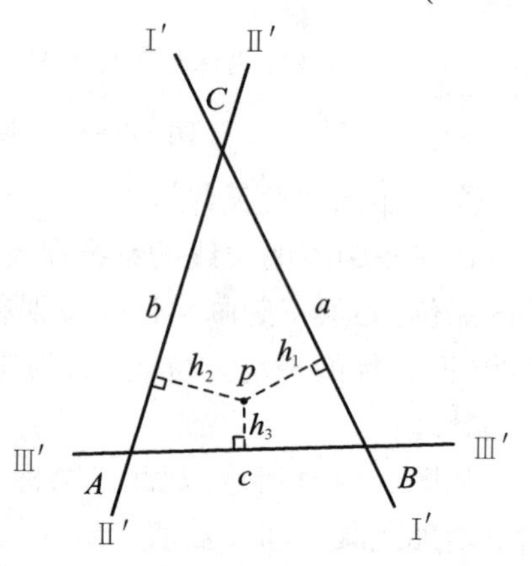

图 3-5-11　边距比例法确定最概率船位

上述问题是求条件极值的问题,由拉格朗日乘数法

$$f(h_1,h_2,h_3) = h_1^2 + h_2^2 + h_3^2 - 2k(ah_1 + bh_2 + ch_3 - 2S) = \min$$

则

$$\frac{\partial f}{\partial h_1} = 2h_1 - 2ka = 0, h_1 = ka$$

$$\frac{\partial f}{\partial h_2} = 2h_2 - 2kb = 0, h_2 = kb$$

$$\frac{\partial f}{\partial h_3} = 2h_3 - 2kc = 0, h_3 = kc$$

所以

$$h_1 : h_2 : h_3 = a : b : c$$

得证。

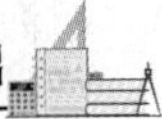

(2)反中线法

在等精度随机误差三角形内,也可利用几何作图的方法确定最概率船位,即三条反中线(以三角形内角角平分线为对称轴与中线对称的线)的交点即最概率船位。

证明:在等精度随机误差三角形内,三条反中线的交点 p 满足边距比例法,该点即最概率船位。如图3-5-12所示,直线$\overline{Am}$、$\overline{Bn}$为中线,直线$\overline{Ap}$、$\overline{Bp}$为反中线,p为反中线的交点。由图可知

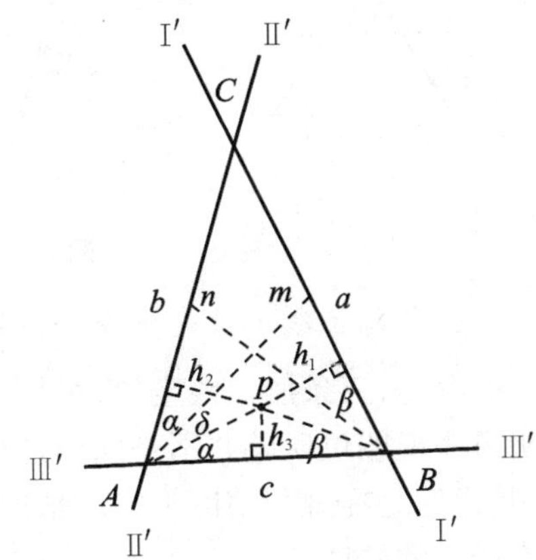

图 3-5-12　反中线法确定最概率船位

$$\overline{Ap}\sin\alpha = h_3 \tag{3-5-12}$$

$$\overline{Ap}\sin(\alpha + \delta) = h_2 \tag{3-5-13}$$

式(3-5-12)除以式(3-5-13),得

$$\frac{\sin\alpha}{\sin(\alpha + \delta)} = \frac{h_3}{h_2} \tag{3-5-14}$$

在 $\triangle AmC$ 中

$$\frac{\sin\alpha}{\frac{a}{2}} = \frac{\sin C}{\overline{Am}} \tag{3-5-15}$$

在 $\triangle AmB$ 中

$$\frac{\sin(\alpha + \delta)}{\frac{a}{2}} = \frac{\sin B}{\overline{Am}} \tag{3-5-16}$$

式(3-5-15)除以式(3-5-16),得

$$\frac{\sin\alpha}{\sin(\alpha + \beta)} = \frac{\sin C}{\sin B} = \frac{c}{b} \tag{3-5-17}$$

由式(3-5-14)与式(3-5-17)可知

$$\frac{h_3}{h_2} = \frac{c}{b}$$

同理可证

$$h_1 : h_2 : h_3 = a : b : c$$

因此,该点满足边距比例法,得证。

(3)目测确定最概率船位的方法(目视法)

在实际工作中,由于随机误差三角形很小,基本无法利用作图的方法标绘出最概率船位,航海人员根据边距比例法的原则总结出用目视法在三角形内直接点出最概率船位的规则是,最概率船位在三角形之内"靠近短边、大角",如图3-5-13所示。

当三条船位线是非等精度时,确定最概率船位的方法更加复杂,其方法在航海实践中不实用。因此,为在实际工作中迅速、快捷地判定最概率船位,应尽量选测船到物标的距离尽可能接近(在同一数量级之内)的三个物标,这样,三条船位线可以近似地视为等精度船位线,应用目视法快速确定最概率船位,而不失其精度。否则,应谨慎对待船位误差三角形,一般情况下,最概率船位应更靠近精度高的船位线。

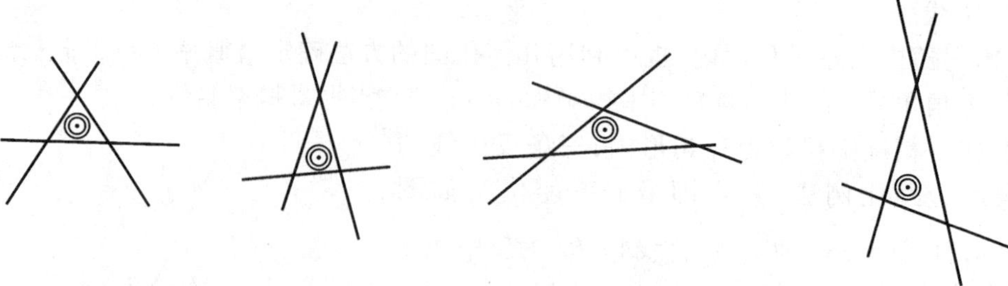

图 3-5-13　目测确定最概率船位示意图

2. 三条船位线定位最概率船位的误差

航海上,三条船位线定位,最概率船位的误差通常用船位误差圆来描述。应该指出的是,分析最概率船位误差并不是期望计算出最概率船位误差的大小,而是从中总结出观测注意事项,其目的是在观测精度一定的情况下,采用正确的观测方法,提高观测结果的精度,即提高最概率船位的精度。

(1)三条船位线定位的船位误差圆

船位误差圆的圆心:最概率船位。

船位误差圆的半径可用下式来描述

$$R = \sqrt{\frac{E_{\sigma_1}^2 E_{\sigma_2}^2 + E_{\sigma_2}^2 E_{\sigma_3}^2 + E_{\sigma_3}^2 E_{\sigma_1}^2}{E_{\sigma_1}^2 \sin^2\theta_{2,3} + E_{\sigma_2}^2 \sin^2\theta_{1,3} + E_{\sigma_3}^2 \sin^2\theta_{1,2}}} \tag{3-5-18}$$

式中:E_{σ_1}、E_{σ_2}、E_{σ_3} 分别是三条船位线的随机误差;

$\theta_{1,2}$、$\theta_{2,3}$、$\theta_{1,3}$ 分别是每两条船位线夹角(方位差角),见图 3-5-14。

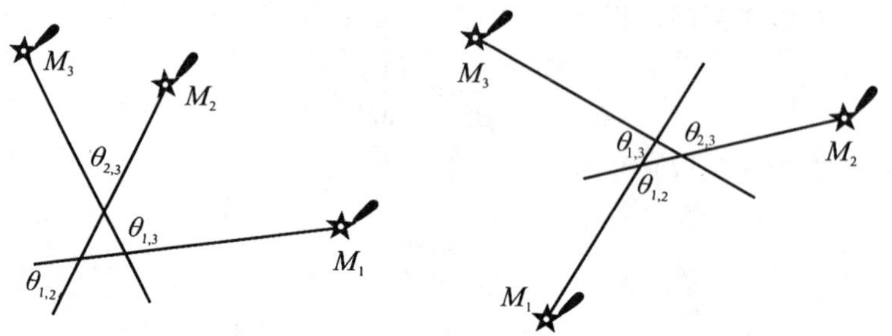

图 3-5-14　三条船位线定位船位线交角示意图

由图3-5-14可见,当三物标分布范围小于180°时,$\theta_{1,3} = \theta_{1,2} + \theta_{2,3}$。由式(3-5-18)可见,当船位线误差一定时,船位误差的大小取决于两船位线交角 θ_i,当相邻两物标的方位差角($\theta_{1,2}$、$\theta_{2,3}$)趋近60°(三物标分布范围小于180°)或120°时(三物标分布范围大于180°),误差三角形为等边三角形。此时,船位误差最小(R 最小)。由此得出如下结论:

① 当三物标分布范围小于 180°(分布在同一侧),相邻两物标的方位差角趋近 60° 时,船位随机误差最小。

② 当三物标分布范围大于 180°,相邻两物标的方位差角趋近 120° 时,船位随机误差最小。

③ 当三条船位线为等精度时，即 $E_{\sigma_1}=E_{\sigma_2}=E_{\sigma_3}=E_{\sigma}$，代入式(3-5-18)，则有

$$R=E_{\sigma}\sqrt{\frac{3}{\sin^2\theta_{2,3}+\sin^2\theta_{1,3}+\sin^2\theta_{1,2}}} \tag{3-5-19}$$

当三物标是均匀分布(相邻两物标的方位差角趋近 120°) 时，代入上式，则有

$$R=\frac{2}{\sqrt{3}}E_{\sigma} \tag{3-5-20}$$

(2)三距离定位和三方位定位的船位误差

航海上常用的定位方法为观测三物标的距离定位和观测三物标的方位定位，分别简称三距离定位和三方位定位。

由第三章第三节可知，距离船位线的随机误差

$$E_{\sigma_D}=\sigma_{D\%}D$$

在航海实践中，可以认为三次观测是等精度的，因此

$$\sigma_{D\%1}=\sigma_{D\%2}=\sigma_{D\%3}=\sigma_{D\%}$$

则三条距离船位线的随机误差为

$$E_{\sigma_1}=\sigma_{D\%}D_1, E_{\sigma_2}=\sigma_{D\%}D_2, E_{\sigma_3}=\sigma_{D\%}D_3$$

将其代入式(3-5-18)，得三距离定位船位误差圆的半径

$$R=\sigma_{D\%}\sqrt{\frac{D_1^2D_2^2+D_2^2D_3^2+D_3^2D_1^2}{D_1^2\sin^2\theta_{2,3}+D_2^2\sin^2\theta_{1,3}+D_3^2\sin^2\theta_{1,2}}} \tag{3-5-21}$$

方位船位线的随机误差

$$E_{\sigma_B}=\frac{\sigma^{\circ}{}_B}{57^{\circ}.3}D$$

同样可以认为三次观测是等精度的，因此

$$\frac{\sigma^{\circ}{}_{B_1}}{57^{\circ}.3}=\frac{\sigma^{\circ}{}_{B_2}}{57^{\circ}.3}=\frac{\sigma^{\circ}{}_{B_3}}{57^{\circ}.3}=\frac{\sigma^{\circ}{}_B}{57^{\circ}.3}$$

则三条方位船位线的随机误差为

$$E_{\sigma_{B_1}}=\frac{\sigma^{\circ}{}_B}{57^{\circ}.3}D_1, E_{\sigma_{B_2}}=\frac{\sigma^{\circ}{}_B}{57^{\circ}.3}D_2, E_{\sigma_{B_3}}=\frac{\sigma^{\circ}{}_B}{57^{\circ}.3}D_3$$

将其代入式(3-5-18)，得三方位定位船位误差圆的半径

$$R=\frac{\sigma^{\circ}{}_B}{57^{\circ}.3}\sqrt{\frac{D_1^2D_2^2+D_2^2D_3^2+D_3^2D_1^2}{D_1^2\sin^2\theta_{2,3}+D_2^2\sin^2\theta_{1,3}+D_3^2\sin^2\theta_{1,2}}} \tag{3-5-22}$$

由式(3-5-21) 和式(3-5-22) 可见，在观测精度($\sigma_{D\%}$，$\sigma^{\circ}{}_B$) 一定时，要提高最概率船位的精度应注意：

①选测近物标，同时考虑到方便、快捷地确定最概率船位，三距离应保持在同一数量级之内。

②当三物标的距离一定时：

三物标分布范围小于 180°(分布在同一侧)，相邻两物标的方位差角趋近 60°最好。

三物标分布范围大于 180°(分布在 360°范围)，相邻两物标的方位差角趋近 120°最好。

三、三条船位线定位注意事项

这里将前述结论做一总结，给出同时观测三条船位线定位，在不同性质误差的影响下，确定观测船位、提高观测船位的精度和正确分析船位误差的注意事项，以此来指导航海实践。

1. 提高观测船位精度的观测注意事项

(1)尽量选择显著的、孤立的、在海图上有准确位置的、便于观测的近物标。

(2)应选测船到物标的距离尽可能接近(在同一数量级之内)的三个物标。

(3)相邻两物标方位差角趋近60°或120°为好。

(4)提高观测精度(包括熟悉观测仪器、正确调整观测仪器和校正其误差、熟练掌握观测方法、正规观测等)。

2. 正确确定观测船位和分析船位误差的注意事项

(1)船位系统误差三角形的处理(三条船位线为等精度或接近等精度)：

①当三物标分布范围小于180°时，消除了系统误差的船位位于船位系统误差三角形之外，中标(中间物标)船位线外侧，旁切圆的圆心上。

②当三物标分布范围大于180°时，消除了系统误差的船位位于船位系统误差三角形之内，内切圆的圆心上。

(2)船位随机误差三角形的处理

当三条船位线为等精度(或接近等精度)时，最概率船位位于船位随机误差三角形之内，且靠近短边、大角(或到各边的距离与相应的边长成比例，或三条反中线的交点)。

(3)船位误差三角形的综合处理(三条船位线为等精度或接近等精度)

当三物标分布范围小于180°时，按系统误差处理，船位在误差三角形之外；按随机误差处理，船位在三角形之内，此时，取两点连线的中点为观测船位为好。

当三物标分布范围大于180°时，且相邻两物标的方位差角趋近120°时，无论按系统还是随机误差处理，观测船位均在船位误差三角形之内，内切圆的圆心。这是三条船位线定位的最佳选择。

如果三条船位线交成较大的船位误差三角形，首先判定三次观测中可能存在粗差，应马上重新观测，如果得到的误差三角形明显变小，说明首次测得的大三角形存在粗差。如果得到的三角形没有明显变化，说明存在较大的系统误差，此时，可按前述方法确定观测船位。

船位误差三角形的大小是一个相对概念，其与航用海图比例尺的大小有关，一般来讲，在大比例尺(1：200 000)海图上船位误差三角形的每边小于5 mm、小比例尺海图上每边小于2′~3′均可认为是由随机误差引起的，可按随机误差处理，否则应按系统误差和随机误差综合处理。

应注意，真实船位落在观测船位的可能性最大，但不是一定落在该点上。如果在船舶航行的前方有碍航物时，应认为本船处于最不利的位置，即实际船位在航向上最接近碍航物的一点，据此采取相应措施确保航行安全。

习　题

一、思考题

1. 试述三条船位线定位与两条船位线定位相比的优点。
2. 试述同时观测三条方位船位线定位消除系统误差的基本方法。
3. 试述同时观测三条船位线定位，当观测条件一定时，船位误差与哪些因素有关。
4. 三方位定位，三条方位船位线的误差接近相等，试述处理船位系统误差三角形的方法。
5. 三距离定位，三条距离船位线的误差接近相等，试述处理船位系统误差三角形的方法。
6. 试述同时观测三条等精度船位线定位求最概率船位的方法。
7. 三条船位线定位，试述提高观测船位精度的观测注意事项和正确确定观测船位和分析船位误差的注意事项。

二、单项选择题

1. 三条方位船位线定位，考虑系统误差的影响，消除了系统误差的船位位于________。
   A. 船位误差三角形之外，中标船位线的外侧，旁切圆的圆心
   B. 将三条方位船位线的观测值增加或减少同一数值，得一新三角形，其与原三角形对应顶点连线的交点
   C. 船位误差三角形之内，内切圆的圆心
   D. 船位误差三角形之外，外切圆的圆心
2. 三条等精度（或接近等精度）船位线定位，考虑系统误差的影响，当三物标分布范围大于 180°时，消除了系统误差的船位位于船位误差三角形________。
   A. 之外，中标船位线的外侧，旁切圆的圆心　　B. 之内，靠近短边、大角
   C. 之内，内切圆的圆心　　D. 之外，外切圆的圆心
3. 三条等精度（或接近等精度）船位线定位，考虑系统误差的影响，当三物标分布范围小于 180°时，消除了系统误差的船位位于船位误差三角形________。
   A. 之外，中标船位线的外侧，旁切圆的圆心　　B. 之内，靠近短边、大角
   C. 之内，内切圆的圆心　　D. 之外，外切圆的圆心
4. 三条等精度（或接近等精度）船位线定位，最概率船位位于船位误差三角形________。
   A. 之内，到三角形各边的距离与相应的边长成比例
   B. 之内，靠近短边、大角
   C. 之内，三条反中线的交点
   D. 以上均正确
5. 三条船位线定位，如果三条船位线的误差接近相等，考虑系统误差和随机误差的综合影响，当三物标分布范围小于 180°时，估计观测船位位于________。
   A. 船位误差三角形之外，中标船位线的外侧，旁切圆的圆心

B. 船位误差三角形之内,靠近短边、大角

C. 船位误差三角形之内,内切圆的圆心

D. 选项 A、B 两点间连线的中点

6. 三条方位船位线定位,如果三条方位船位线的误差接近相等,如图 3-5-15(a)所示。

(1)消除了系统误差的船位位于________。

A. a 区　　B. b 区

C. c 区　　D. d 区

(2)三条船位线系统误差的符号为________。

A. "+"　　B. "-"

C. "±"　　D. 以上均正确

(3)最概率船位位于________。

A. a 区　　B. b 区

C. c 区　　D. d 区

(4)考虑系统误差和随机误差的综合影响,估计观测船位位于________。

A. a 区~b 区　　B. a 区~c 区

C. a 区~d 区　　D. a 区

7. 三条方位船位线定位,如果三条方位船位线的误差接近相等,如图 3-5-15(b)所示。

(1)消除了系统误差的船位位于________。

A. a 区　　B. b 区

C. c 区　　D. d 区

(2)三条船位线系统误差的符号为________。

A. "+"　　B. "-"

C. "±"　　D. 以上均正确

(3)最概率船位位于________。

A. a 区　　B. b 区

C. c 区　　D. d 区

(4)考虑系统误差和随机误差的综合影响,估计观测船位位于________。

A. a 区~b 区　　B. a 区~c 区

C. a 区~d 区　　D. a 区

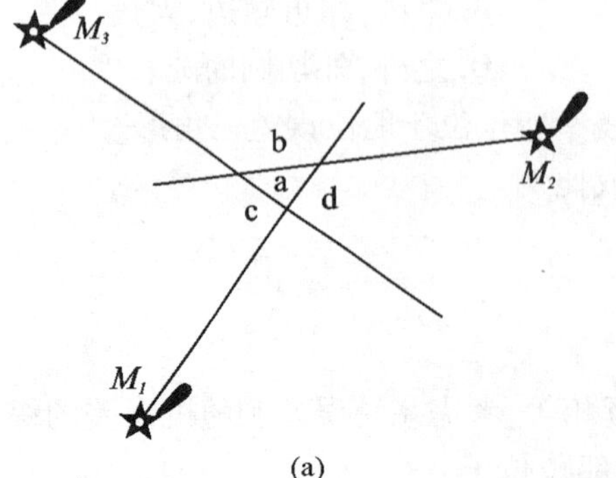

(a)

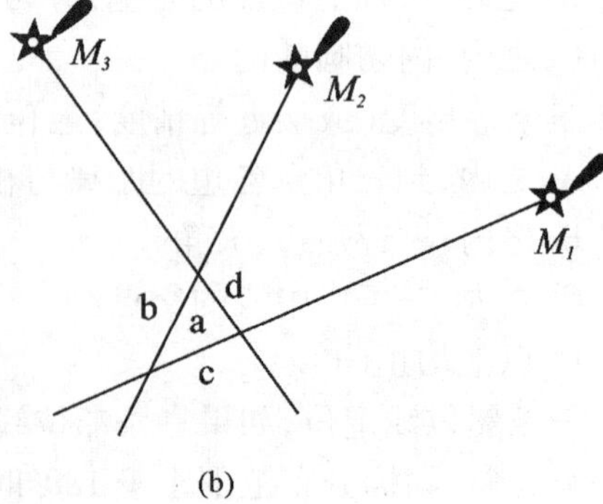

(b)

图 3-5-15　三方位定位船位误差三角形示意图

8. 三条距离船位线定位,如果三条距离船位线的误差接近相等,如图 3-5-16(a)所示。

(1)消除了系统误差的船位位于________。

A. a 区　　B. b 区

C. c 区　　D. d 区

(2)三条船位线系统误差的符号为________。

A. “+”　　B. “-”

C. “±”　　D. 以上均正确

(3)最概率船位位于________。

A. a 区　　B. b 区

C. c 区　　D. d 区

(4)考虑系统误差和随机误差的综合影响,估计观测船位位于________。

A. a 区~b 区　　B. a 区~c 区

C. a 区~d 区　　D. a 区

9. 三条距离船位线定位,如果三条距离船位线的误差接近相等,如图 3-5-16(b)所示。

(1)消除了系统误差的船位位于________。

A. a 区　　B. b 区

C. c 区　　D. d 区

(2)三条船位线系统误差的符号为________。

A. “+”　　B. “-”

C. “±”　　D. 以上均正确

(3)最概率船位位于________。

A. a 区　　B. b 区

C. c 区　　D. d 区

(4)考虑系统误差和随机误差的综合影响,估计观测船位位于________。

A. a 区~b 区　　B. a 区~c 区

C. a 区~d 区　　D. a 区

(a)　　(b)

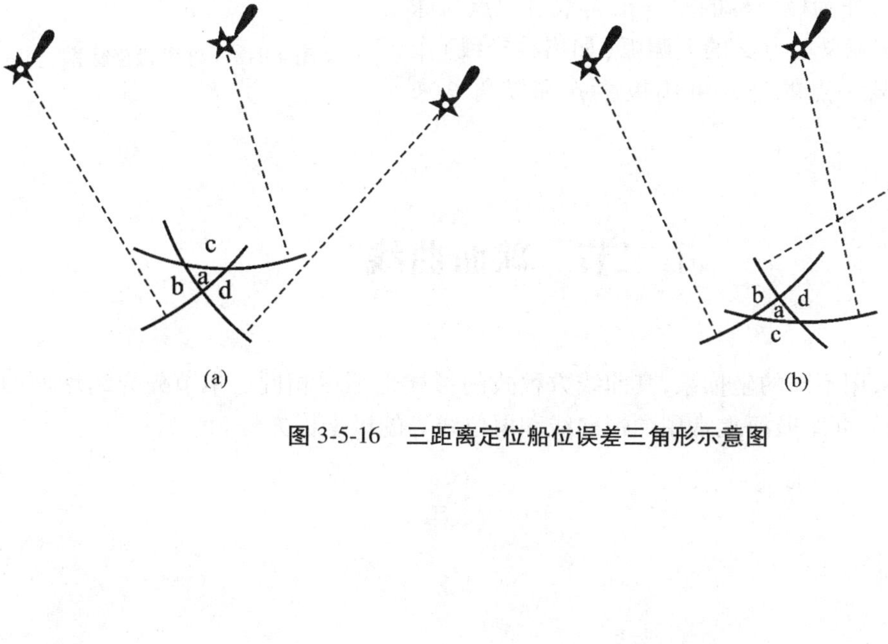

图 3-5-16　三距离定位船位误差三角形示意图

第四章　球面曲线*

在航海导航定位中，不同的定位原理涉及不同的球面曲线，本章将航海上用到的球面曲线作一归纳，以便读者在专业课的学习和航海实践中可以方便地查阅所需球面曲线。

第一节　球面极坐标系

要确定点在球面上的位置或研究球面曲线方程，就必须建立球面坐标系，极坐标系与航海关系最为密切。设地球为圆球体，如图 4-1-1 所示，基准大圆为赤道$\widehat{qq'}$，北极、南极分别为 p_n、p_s，格林经线为$\widehat{p_n g p_s}$。球面上 b 点的位置可以用两种方式表示，即

$$\rho = 90^\circ - \varphi$$
$$\theta = \lambda$$

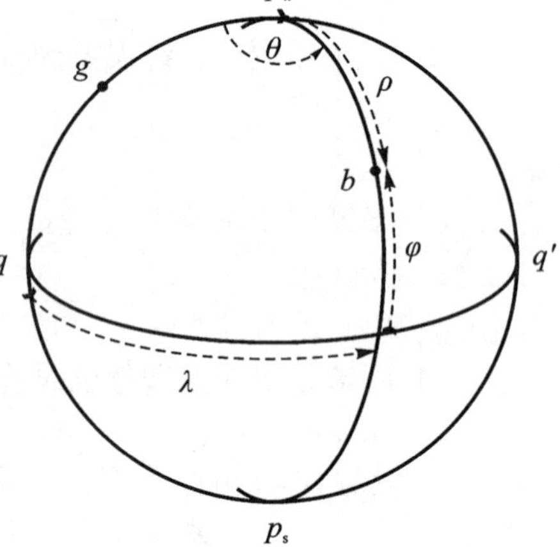

图 4-1-1　球面极坐标系

这就是球面极坐标系，b 点的位置可以用极坐标表示为 $b(\rho,\theta)$，也可以用极坐标的另外一种表示方法地理坐标 $b(\varphi,\lambda)$表示。

建立球面极坐标系首先取具有某一特定意义的大圆的一个极（如地极）作为极坐标的原点 p，再取过原点与球面上另一具有特定意义的点 g 的大圆弧（如格林经线）作为极轴。球面上某一点的坐标可用极距 ρ 和极角 θ 来确定。

第二节　球面曲线

球面曲线因采用不同的坐标系，其曲线方程式的形式也不尽相同。本节先介绍球面曲线的极坐标方程，而后介绍航海上常用的恒向线和恒位线等的极坐标方程。

一、极坐标系球面曲线方程

1. 极坐标系大圆弧方程

在图 4-2-1 中，P 为极坐标系的极，$\overset{\frown}{PX}$ 为极轴，YPY' 为通过 P 点并与极轴垂直的大圆弧。设所求大圆弧 $\overset{\frown}{KmK'}$ 交 $\overset{\frown}{PX}$ 于 A、交 $\overset{\frown}{PY}$ 于 B，并令 $\overset{\frown}{PA}=\alpha$，$\overset{\frown}{PB}=\beta$，$m(\rho,\theta)$ 为大圆弧 KK' 上任一点。

由球面直角三角形 APB（$\angle APB=90°$）得

$$\cot A = \sin\alpha\cot\beta$$

由球面三角形 PmA（四联公式）得

$$\cot\rho\sin\alpha = \cot A\sin\theta + \cos\theta\cos\alpha$$

将 $\cot A = \sin\alpha\cot\beta$ 代入上式，经整理得极坐标系截距式大圆弧方程

$$\cot\rho = \cot\alpha\cos\theta + \cot\beta\sin\theta \tag{4-2-1}$$

极坐标系两点式大圆弧方程 $m_1(\rho_1,\theta_1)$，$m_2(\rho_2,\theta_2)$

$$\cot\rho = \frac{\sin(\theta_2-\theta)}{\sin(\theta_2-\theta_1)}\cot\rho_1 \quad \frac{\sin(\theta_1-\theta)}{\sin(\theta_2-\theta_1)}\cot\rho_2 \tag{4-2-2}$$

2. 极坐标系小圆弧方程

在图 4-2-2 中，P 为极坐标系的极，$\overset{\frown}{PX}$ 为极轴。设所求球面半径为 r 的小圆的极在 P 点。m 为在小圆上任意一点，其坐标值为(ρ,θ)。显然

$$\rho = r \tag{4-2-3}$$

上式是以小圆圆心为极的极坐标系小圆弧方程。

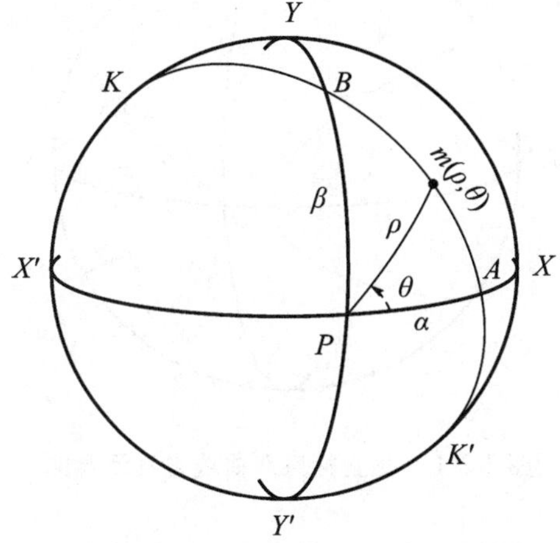

图 4-2-1　极坐标系大圆弧方程示意图

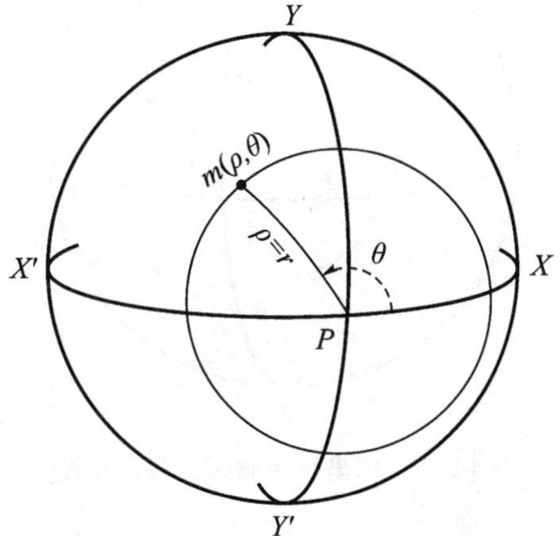

图 4-2-2　极坐标系小圆弧方程示意图

3. 极坐标系椭圆方程

在图 4-2-3 中，F 和 F' 表示球面椭圆的焦点。作过 F、F' 的大圆弧，并在该大圆弧上取中点 P 作为极坐标的极，并把$\overset{\frown}{PF}$ 作为极轴。球面椭圆上任一点 $m(\rho,\theta)$ 离开焦点 F、F' 的距离之和是一常数，并以 2α 表示之，则球面椭圆的长半轴$\overset{\frown}{PA}=\alpha$，短半轴$\overset{\frown}{PB}=\beta$，并以 c 表示从椭圆中心

到其焦点的距离$\widehat{PF}$,则极坐标系椭圆方程为

$$\cot^2\rho = \frac{\cos^2\theta}{\tan^2\alpha} + \frac{\sin^2\theta}{\tan^2\beta} \tag{4-2-4}$$

或

$$\cos^2\theta = \frac{\cot^2\rho - \cot^2\beta}{\cot^2\alpha - \cot^2\beta} \tag{4-2-5}$$

4. 极坐标系双曲线方程

在图 4-2-4 中,F 和 F' 表示球面双曲线的焦点。过 F、F' 作大圆弧,并在该大圆弧上取中点 P 作为极坐标的极,并把$\widehat{PF}$ 作为极轴。球面双曲线上任一点 $m(\rho,\theta)$ 离开焦点 F、F' 的距离差是一常数,并以 2α 表示,又以 c 表示从双曲线中心到其焦点的距离$\widehat{PF}$,并令

$$\tan^2\beta = \frac{\tan^2 c - \tan^2\alpha}{1 + \tan^2 c}$$

则极坐标系双曲线方程为

$$\cot^2\rho = \frac{\cos^2\theta}{\tan^2\alpha} - \frac{\sin^2\theta}{\tan^2\beta} \tag{4-2-6}$$

或

$$\cos^2\theta = \frac{\cot^2\rho + \cot^2\beta}{\cot^2\alpha + \cot^2\beta} \tag{4-2-7}$$

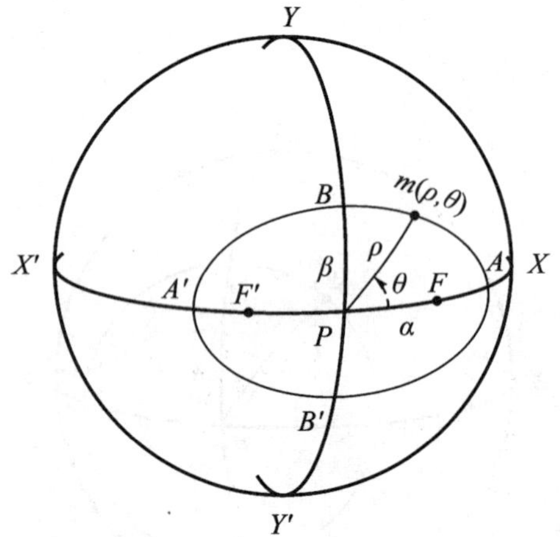

图 4-2-3　极坐标系椭圆方程示意图

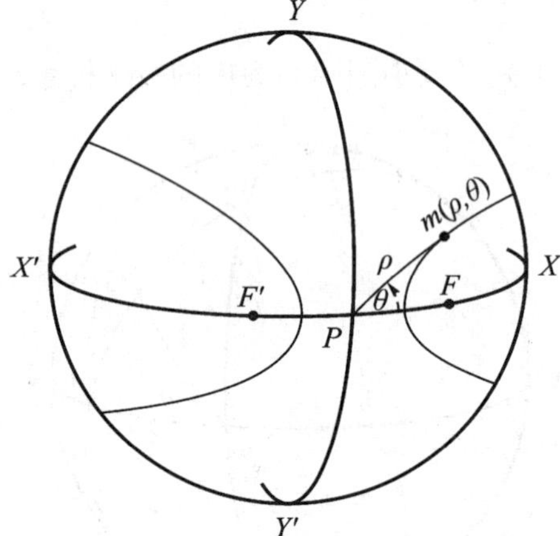

图 4-2-4　极坐标系双曲线方程示意图

二、航海常用的极坐标系球面曲线方程

1. 极坐标系恒向线方程

设地球为圆球体,如图 4-2-5 所示,基准大圆为赤道$\widehat{qq'}$,北极为 p_n,格林经线$\widehat{p_n gq}$。以 p_n 为极、格林经线为极轴建立极坐标系,球面上任意一点的极坐标为 $\rho = 90° - \varphi, \theta = \lambda$。

在球面上,航向为常数(C)的点的轨迹称为恒向线(等角航线)。船舶在球面上沿固定航

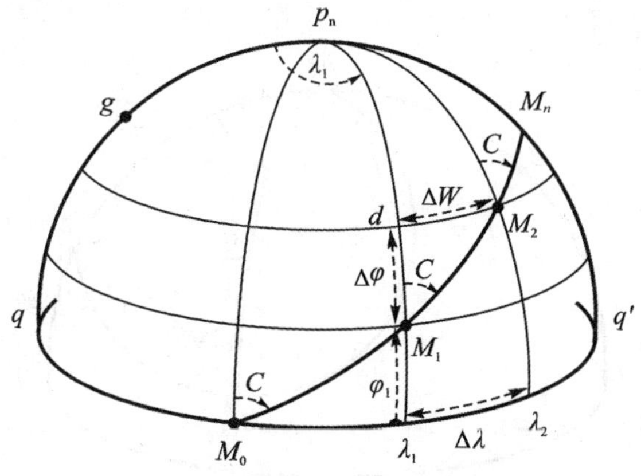

图 4-2-5　极坐标系恒向线示意图

向航行，它的航迹即恒向线。恒向线是双重曲率的球面螺旋线，趋向地极，但不能通过地极。

如图 4-2-5 所示，恒向线 $M_0,\cdots,M_n$ 与所有子午线的交角为航向 C。将恒向线分成 n 个无穷小段 $\widehat{M_0M_1},\widehat{M_1M_2},\cdots,\widehat{M_1M_n}$，可以得到球面上 n 个无穷小三角形，并将它们视为平面直角三角形，由其中之一无穷小平面直角三角形 M_1dM_2（$\angle M_1dM_2=90°$）得到

$$\Delta W=\Delta\varphi\tan C \tag{4-2-8}$$

根据球面几何中圆心角相等的小圆弧与大圆弧的关系有

$$\Delta W=\Delta\lambda\cos\varphi \tag{4-2-9}$$

式(4-2-8)等于式(4-2-9)，经整理得到

$$\Delta\lambda=\tan C\,\frac{\Delta\varphi}{\cos\varphi} \tag{4-2-10}$$

将上式改写成恒向线方程积分元为

$$\mathrm{d}\lambda=\tan C\,\frac{\mathrm{d}\varphi}{\cos\varphi} \tag{4-2-11}$$

上式的积分区间取 $M_1(\varphi_1,\lambda_1)$ 到 $M_2(\varphi_2,\lambda_2)$ 得到

$$\int_{\lambda_1}^{\lambda_2}\mathrm{d}\lambda=\tan C\int_{\varphi_1}^{\varphi_2}\frac{\mathrm{d}\varphi}{\cos\varphi}=\tan C\left[\tan\left(\frac{\pi}{4}+\frac{\varphi}{2}\right)\right]_{\varphi_1}^{\varphi_2}$$

经整理得到极坐标系恒向线方程为

$$\lambda_2-\lambda_1=\tan C\left[\ln\tan\left(\frac{\pi}{4}+\frac{\varphi_2}{2}\right)-\ln\tan\left(\frac{\pi}{4}+\frac{\varphi_1}{2}\right)\right] \tag{4-2-12}$$

如果取赤道与恒向线的交点 $M_0(0,\lambda_0)$ 作为恒向线的起点，终点 $M(\varphi,\lambda)$，则恒向线方程(4-2-12)可改写为

$$\lambda=\lambda_0+\tan C\,\ln\left(\frac{\pi}{4}+\frac{\varphi}{2}\right) \tag{4-2-13}$$

2. 极坐标系恒位线方程（船测岸方位位置线方程）

设地球为圆球体，如图 4-2-6 所示，基准大圆为赤道 $\widehat{qq'}$，北极为 p_n，格林经线为 $\widehat{p_ngq}$。以 p_n 为极、格林经线为极轴建立极坐标系，球面上任意一点的极坐标为 $\rho=90°-\varphi,\theta=\lambda$，$M$ 为已知坐标的物标。在球面上，观测物标 M 的大圆方位为常数(α)的点的轨迹称为恒位线，其通过测

者、近极和所测物标。

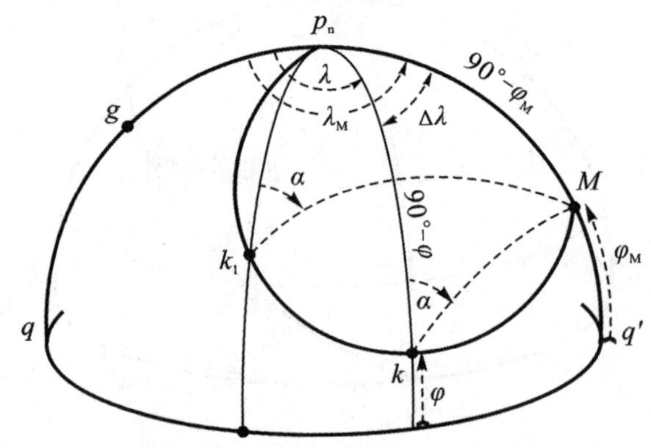

图 4-2-6 极坐标系恒位线(船测岸方位位置线)方程示意图

如图 4-2-6 所示,在球面三角形 p_nkM 中,由余切公式(四联公式)得到

$$\tan\varphi_M\cos\varphi = \cot\alpha\sin\Delta\lambda + \sin\varphi\cos\Delta\lambda$$

经整理得到

$$\cot\alpha = \tan\varphi_M\cos\varphi\csc\Delta\lambda - \sin\varphi\cot\Delta\lambda \tag{4-2-14}$$

式中:α 为测者观测已知坐标物标的大圆方位;

$\Delta\lambda$ 为被测物标 M 的经度与测者 k 的经度之差;

φ_M 为被测物标 M 的纬度;

φ 为测者 k 的纬度。

上式即为极坐标系恒位线方程。

3. 极坐标系大圆弧方程(岸测船方位位置线方程)

设地球为圆球体,如图 4-2-7 所示,基准大圆为赤道$\widehat{qq'}$,北极为 p_n,格林经线为$\widehat{p_ngq}$。以 p_n 为极、格林经线为极轴建立极坐标系。

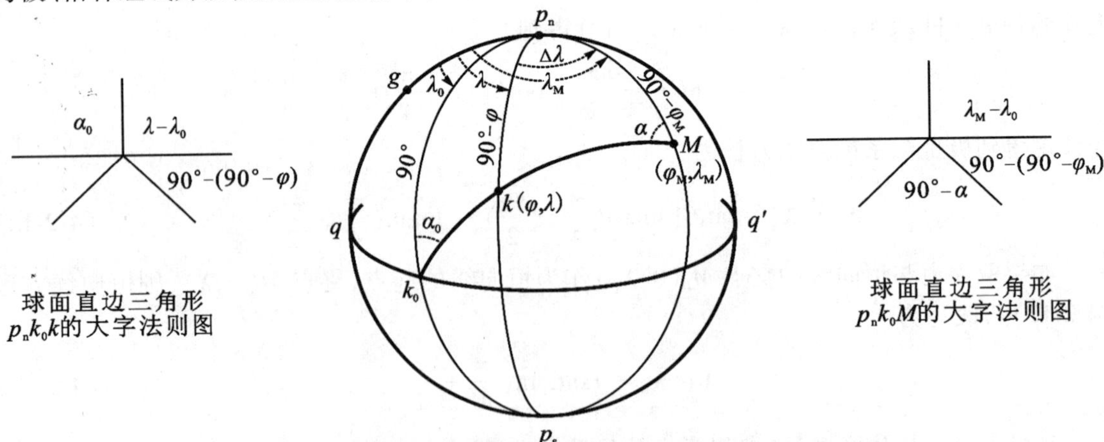

图 4-2-7 极坐标系大圆弧(岸测船方位位置线)方程示意图

从已知岸上坐标的 $M(\varphi_M,\lambda_M)$点观测海上未知坐标的 $k(\varphi,\lambda)$点,所测大圆方位为 α 的等值线是过两点间的大圆弧$\widehat{Mkk_0}$。如图 4-2-7 所示,由球面直边三角形 p_nk_0k,根据大字法则经整

理得极坐标系大圆弧方程(岸测船方位位置线方程)为

$$\tan\varphi = \sin(\lambda - \lambda_0)\cot\alpha_0$$

上式中,α_0 和 λ_0 称为大圆弧参数,可由图4-2-7中的球面直边三角形 p_nk_0M 求得,由大字法则经整理得

$$\sin\alpha_0 = \sin\alpha\cos\varphi_M$$

$$\tan(\lambda_0 - \lambda_M) = \sin\varphi_M\tan\alpha$$

4. 以坐标(φ,λ)表示的极坐标系小圆弧方程

设地球为圆球体,如图4-2-8所示,基准大圆为赤道$\overset{\frown}{qq'}$,北极为 p_n,格林经线为$\overset{\frown}{p_ngqp_s}$。以 p_n 为极、格林经线为极轴建立极坐标系,小圆圆心为 $d(\varphi_0,\lambda_0)$,$m(\varphi,\lambda)$为小圆弧上任一点,求图中球面半径为 r 的小圆。在球面三角形 p_ndm 中,根据球面三角形边的余弦公式,可直接写出极坐标系小圆弧方程

$$\cos r = \sin\varphi\sin\varphi_0 + \cos\varphi\cos\varphi_0\cos(\lambda - \lambda_0) \tag{4-2-15}$$

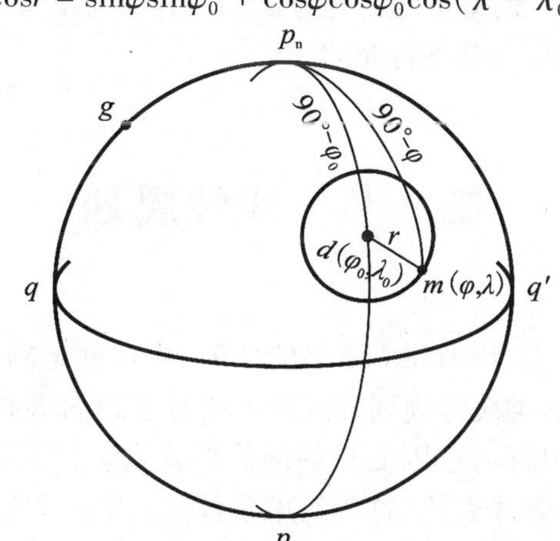

图4-2-8　极坐标系小圆弧示意图

第五章　运筹优化基本理论与方法

海上货物运输涉及航线设计、船舶避碰、船舶调度等不同类别的航海技术功能模块。随着科学计算工具的研发与进步,这些功能的自动实现已经成为可能,并在航海领域得到了一定的应用。航海技术功能的自动实现是一项复杂的难题。在数学方面,需要根据难题的目标与约束,建立描述问题的数学模型;并采用优化方法,求解数学模型的数值结果。这都需要运筹优化的相关知识。运筹优化领域的基本理论与方法的内容较为丰富,本章仅就其中线性规划、非线性规划和层次分析法的部分内容进行介绍。

第一节　线性规划

如何有效地利用现有人力、物力完成更多的任务,或在预定的任务目标下,如何耗用最少的人力、物力去实现目标?这类统筹规划的问题可用数学语言表达。先根据问题要达到的目标选取适当的变量,问题的目标通过因变量的函数形式表示(称为目标函数),对问题的限制条件用有关变量的等式或不等式表达(称为约束条件)。当变量连续取值,且目标函数和约束条件均为线性时,称这类模型为线性规划模型。线性规划模型求解相对简单,有通用算法和计算机软件辅助,是运筹学中应用最为广泛的一个分支。其根本用途为研究有限资源的最佳分配问题,即如何对有限的资源做出最佳方式的调配和最有利的使用,以便最充分地发挥资源的效能去获取最大的经济效益。

一、常见线性规划问题及数学模型

1. 线性规划典型案例

无论是工业生产还是农业种植,与人类生活息息相关的众多领域中,涉及线性规划的案例种类繁多,究其本质可总结为两大类:一类是在有限资源条件下,如何实现预期目标达到最优;另一类是为了达到预期目标,如何实现资源消耗最少。线性规划问题由目标函数、约束条件以及变量的非负约束三部分组成。针对上述两大类情况,以下几个案例可以更好地说明问题。

例 5-1-1:生产计划问题。某工厂生产制造甲、乙两种产品。每件产品在生产中需要占用设备机时数、调试工序时间及每天可用于这两种产品的时间、每件产品可以获得的利润等情况如表 5-1-1 所示。

试用线性规划制订使总利润最大的生产计划。

表 5-1-1　例 5-1-1 生产计划问题

项目	甲	乙	每日可用时间
设备 A(h)	2	5	18
设备 B(h)	6	2	24
调试工序(h)	1	1	5
利润[(元/件)]	3	2	

设变量 x_1 和 x_2 分别为甲、乙两种产品的生产数量,则目标函数 z 为相应的生产计划可以获得的总利润,即 $z = 3x_1 + 2x_2$ 元。在生产时间、调试工时以及利润与产品数量呈线性关系的假设下,可以建立包含目标函数和约束条件的线性规划模型,如式(5-1-1a)~式(5-1-1d)所示:

$$
\begin{cases}
\max z = 3x_1 + 2x_2 & \\
\text{s. t. } 2x_1 + 5x_2 \leqslant 18 & (5\text{-}1\text{-}1a) \\
6x_1 + 2x_2 \leqslant 24 & (5\text{-}1\text{-}1b) \\
x_1 + x_2 \leqslant 5 & (5\text{-}1\text{-}1c) \\
x_1, x_2 \geqslant 0 & (5\text{-}1\text{-}1d)
\end{cases}
$$

这是一个典型的利润最大化的生产计划问题。约束条件中,式(5-1-1a)和式(5-1-1b)表示产品生产数量受设备能力的限制;式(5-1-1c)表示受调试工序能力的限制;式(5-1-1d)表示变量的非负约束,即生产数量不能为负数。其中 max(maximize 的缩写)表示"极大化",s. t.(subject to 的缩写)表示"约束于"。

求解这个线性规划,可以得到最优解为 $x_1 = 3.5, x_2 = 1.5, z = 13.5$, 即甲、乙两种产品生产数量分别为 3.5、1.5 时,利润最大。

例 5-1-2:最小费用流问题。国内有 M_1 和 M_2 两个特种货物生产基地码头(始发港),要将特种货物通过船舶运输到国外的 D_1 和 D_2 两个目的港码头,运输过程中,C 为中途港的物流中心。国内生产基地的产品经由图 5-1-1 所示的船舶运输网络运往目的港码头。每一条路线运输的单位成本在线段上给出,其中,M_1—M_2 与 C—D_2 路线由于受到路线中的货舱配货的要求,有最大运输量限制。其他路线有足够的运输能力来运输两个基地生产的货物。

为满足总体运输成本最小的目标,需要制定的决策是每条路线应该运输货物的数量。

由于从始发港到目的港共有 7 条运输路线,所以需要 7 个决策变量以代表通过各路线的运输量。设 x_1、x_2、x_3、x_4、x_5、x_6、x_7 分别表示各条路线运输数量,如图 5-1-1 所示。

约束条件主要包括运输能力限制和网络流约束。建立本问题的线性规划模型如下:

$$
\begin{cases}
\min z = 200x_1 + 400x_2 + 900x_3 + 300x_4 + 100x_5 + 300x_6 + 200x_7 \\
\text{s. t. } x_1 + x_2 + x_3 = 50 \\
-x_1 + x_4 = 40 \\
-x_2 - x_4 + x_5 = 0 \\
-x_3 + x_6 - x_7 = -30 \\
-x_5 - x_6 + x_7 = -60 \\
x_1 \leqslant 10, x_5 \leqslant 80 \\
x_1, x_2, x_3, x_4, x_5, x_6, x_7 \geqslant 0
\end{cases}
$$

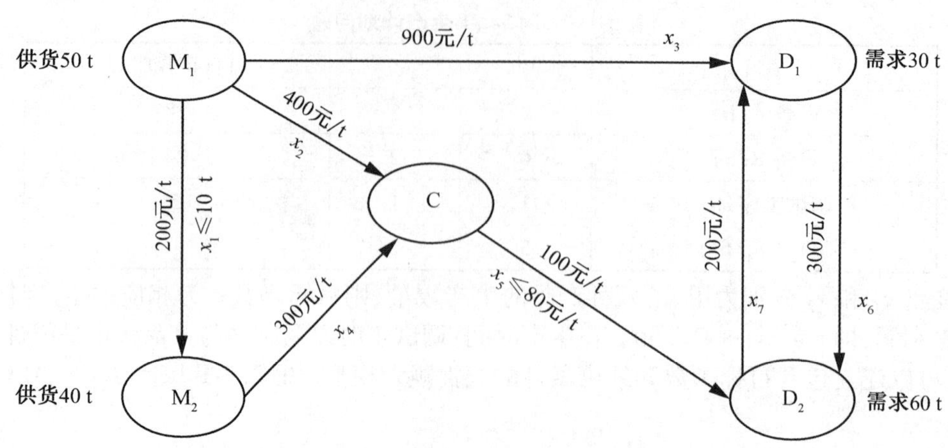

图 5-1-1　某船舶的运输网络示意图

对该问题求解,其最优解为

$$(x_1,x_2,x_3,x_4,x_5,x_6,x_7)=(0,40,10,40,80,0,20)$$

总的运输成本是 49 000 元。

2. 建立线性规划的数学模型

通过以上例子,我们可以归纳出线性规划问题的一般形式:

$$\begin{cases}\max(\min)_z = c_1x_1 + c_2x_2 + \cdots + c_nx_n \\ \text{s.t. } a_{11}x_1 + a_{12}x_2 + \cdots + a_{1n}x_n \leqslant (=, \geqslant)\ b_1 \\ \quad a_{21}x_1 + a_{22}x_2 + \cdots + a_{2n}x_n \leqslant (=, \geqslant)\ b_2 \\ \quad \vdots \qquad \vdots \qquad \vdots \qquad \vdots \\ \quad a_{m1}x_1 + a_{m2}x_2 + \cdots + a_{mn}x_n \leqslant (=, \geqslant)\ b_m \end{cases}$$

称为约束条件。

$x_1,x_2,\cdots,x_n \geqslant 0$ 称为变量的非负约束。如果对变量要求取整,则称为整数规划问题。

在线性规划问题中,目标函数是变量的线性函数,约束条件是变量的线性不等式,如果不满足这两个条件就不是线性规划问题。

二、线性规划问题的标准形式

由于目标函数和约束条件在内容和形式上的差别,根据实际问题建立的线性规划模型存在多种多样的形式,为了今后讨论的方便和制定统一的算法,规定线性规划问题的标准形式如下:

$$\begin{cases}\max z = \boldsymbol{Cx} \\ \text{s.t. } \boldsymbol{Ax} = b \\ \quad \boldsymbol{x} \geqslant 0\end{cases}$$

其中,$b\geqslant0$。对于不符合标准形式(或称为非标准形式)的线性规划问题,可通过一系列变换,将其转化为标准形式。

1. 极小化目标函数的问题(求极小值)

$$\min z = c_1x_2 + c_2x_2 + \cdots + c_nx_n$$

因为求 min$z$ 等价于求 max$(-z)$，令$z'=-z$，即化为

$$\max z'=-c_1x_1-c_2x_2-\cdots-c_nx_n$$

2. 约束条件的右端常量小于零的问题

当约束条件的右端项 $b_i<0$ 时，将该等式或不等式两端同时乘上一个-1，可将右端常数变为正数。

3. 约束条件为不等式的问题

当约束条件"≤"时，如 $5x_1+7x_2\leq 16$，可令$x_3=16-(5x_1+7x_2)$，得 $5x_1+7x_2+x_3=16$，显然$x_3\geq 0$。

当约束条件"≥"时，如 $3x_1+8x_2\geq 15$，可令$x_4=(3x_1+8x_2)-15$，得 $3x_1+8x_2-x_4=15$，显然$x_4\geq 0$。

x_3 和x_4 是新加到原约束条件中去的变量，取值均为非负，其目的是使不等式转化为等式。其中，x_3 称为松弛变量；x_4 称为剩余变量，但也有称松弛变量的。松弛变量或剩余变量在实际问题中分别表示未被充分利用的资源和超出的资源数，均未转化为价值和利润，所以引进模型后它们在目标函数中的系数均为零。

4. 变量无符号限制问题

如果变量 x 代表某港口今年计划吞吐量与上一年计划吞吐量之差，则 x 的取值可能为正，也可能为负，这时可令 $x=x'-x''$，其中$x'\geq 0,x''\geq 0$，将其代入线性规划模型即可。

5. 变量小于等于零的问题

在一些实际问题中，变量要求为非正，此时可引入新的变量 x'，令$x'=-x$，则可以将该问题转化为标准问题。

利用上述方式，就能够将所有非标准形式的线性规划问题转化为等价的标准形式的线性规划问题。

例 5-1-3：将下面的线性规划问题转化为标准形式的线性规划问题：

$$\begin{cases}\min z=3x_1-2x_2+5x_3\\ \text{s. t. } 2x_1-x_2+3x_3\geq 2\\ \quad 4x_1-2x_2-x_3\leq 6\\ \quad x_1+x_2+2x_3=4\end{cases}$$

x_1 无约束，$x_2\leq 0,x_3\geq 0$。

解：令 $z'=-z,x_1=x_1'-x_1'',x_2'=-x_2$，按照上述转化规则，该问题的标准形式为

$$\begin{cases}\max z'=-3x_1'+3x_1''-2x_2'-5x_3+0x_4+0x_5\\ \text{s. t. } 2x_1'-2x_1''+x_2'+3x_3-x_4=2\\ \quad 4x_1'-4x_1''+2x_2'-x_3+x_5=6\\ \quad x_1'-x_1''-x_2'+2x_3=4\\ \quad x_1',x_1'',x_2',x_3,x_4,x_5\geq 0\end{cases}$$

三、图解法

只有 2 个变量的线性规划问题,可以在二维直角坐标系平面上用几何方法描述并求解,称为线性规划问题的图解法。

1. 图解法的步骤

图解法的步骤可概况为:在平面上建立直角坐标系;图示约束条件,找出可行域或判别是否存在可行域;图示目标函数和寻找最优解。通过下述例子说明具体情况。

用图解法求解线性规划问题的最优解,如例 5-1-4 所示。

例 5-1-4:

$$\begin{cases} \max z = x_1 + 3x_2 \\ \text{s.t. } x_1 + x_2 \leqslant 6 & (5\text{-}1\text{-}2a) \\ -x_1 + 2x_2 \leqslant 8 & (5\text{-}1\text{-}2b) \\ x_1, x_2 \geqslant 0 & (5\text{-}1\text{-}2c) \end{cases}$$

(1)以变量 x_1 为横坐标轴,x_2 为纵坐标轴画出直角平面坐标系,并适当选取单位坐标系长度。由变量的非负约束条件可知,满足该约束条件的解(对应坐标系中的一个点)均在第一象限。

(2)图示约束条件,找出可行域。满足约束条件式(5-1-2a)的点位于坐标平面上直线 $x_1 + x_2 = 6$ 靠近原点的一侧;同样,满足约束条件式(5-1-2b)的点位于坐标平面上直线 $-x_1 + 2x_2 = 8$ 的靠近原点一侧。同时满足约束条件式(5-1-2a)~式(5-1-2c)的点如图 5-1-2 所示,图中凸多边形所包含的区域(用阴影区域表示)即为此线性规划问题的可行域。

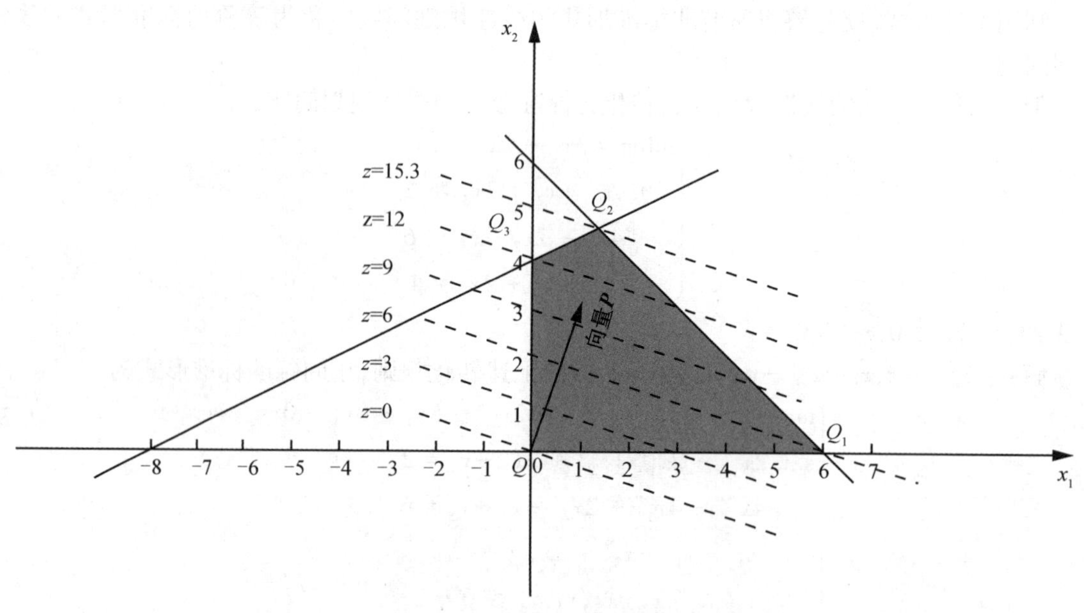

图 5-1-2 图解法解算示意图

(3)图示目标函数。由于 z 是一个要优化的目标函数值,随 z(图中 z 取值 0,3,6,9,12,

15.3)的变化，$z=x_1+3x_2$ 是斜率为(-1/3)的一族平行的直线，图中向量 **P** 代表目标函数值 z 的增大方向。

(4)最优解的确定。因最优解是可行域中使目标函数值达到最优的点，当代表目标函数的等值线由原点开始向右上方移动时，z 的值逐渐增大，一直移动到目标函数的直线与约束条件包围成的凸多边形相切时为止，即与可行域的最后一个交点就是线性规划问题的最优解。

本例中最优解的坐标可由求解直线方程 $x_1+x_2=6$ 和 $-x_1+2x_2=8$ 得到，为 $(x_1,x_2)=(4/3,14/3)$。将其代入目标函数得 $z=46/3$。

2. 线性规划问题求解的几种情况

本例题用图解法得到的最优解是唯一的，但对线性规划问题的求解还可能出现以下几种情况：

(1)无穷多最优解：如果将上述例 5-1-4 中的目标函数改变为 $\max z=2x_1+2x_2$，则表示目标函数的直线族恰好与约束条件(5-1-3a)平行。当目标函数向优化方向移动时，与可行域不是在一个点上，而是在线段上 Q_1Q_2 相切，如图 5-1-3 所示。这时，点 Q_1、Q_2 以及 Q_1 与 Q_2 之间的所有点都使目标函数 z 达到最大值，即有无穷多最优解，或多重最优解。

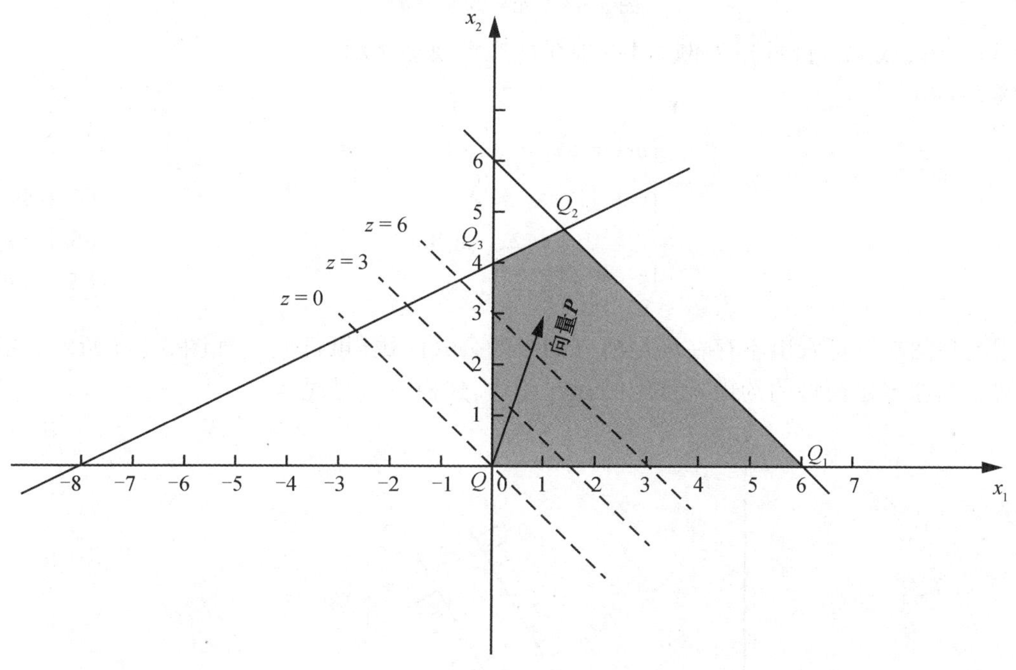

图 5-1-3　无穷多最优解示意图

(2)无界解：如例 5-1-5 所示。

例 5-1-5：

$$\begin{cases}\max z=2x_1+x_2 & \\ \text{s. t. } 5x_2\leqslant 15 & (5\text{-}1\text{-}3a)\\ x_1,x_2\leqslant 0 & (5\text{-}1\text{-}3b)\end{cases}$$

这时可行域可伸展到无穷，即变量 x_1 的取值可也无限增大，不受限制，由此目标函数值也可增大至无穷(如图 5-1-4 所示)。这种情况下问题的最优解无界。产生无界解的原因是在建立实际问题的数学模型时遗漏了某些必要的资源约束条件。

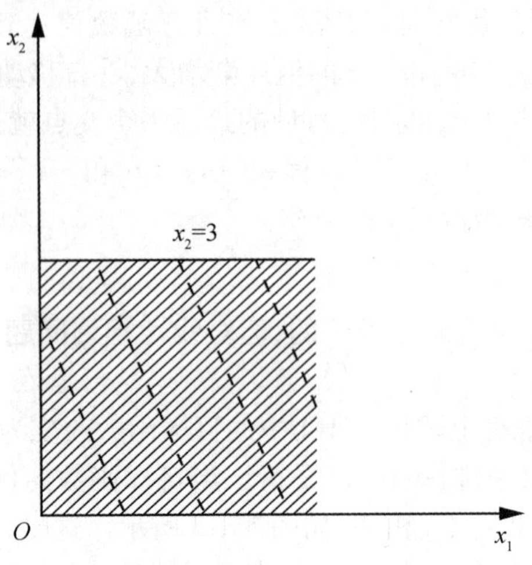

图 5-1-4　无界解示意图

(3)无解(或无可行解):如例 5-1-6 中线性规划模型所示。

例 5-1-6:

$$\begin{cases} \max z = x_1 + 3x_2 \\ \text{s.t. } x_1 - x_2 \leqslant 3 & (5\text{-}1\text{-}4a) \\ \quad 2x_1 - 2x_2 \geqslant 8 & (5\text{-}1\text{-}4b) \\ \quad x_1, x_2 \geqslant 0 & (5\text{-}1\text{-}4c) \end{cases}$$

用图解法求解可看出不存在满足所有约束的公共区域(可行域),如图 5-1-5 所示,说明问题无解。其原因是模型的约束条件之间存在矛盾,建模时有错误。

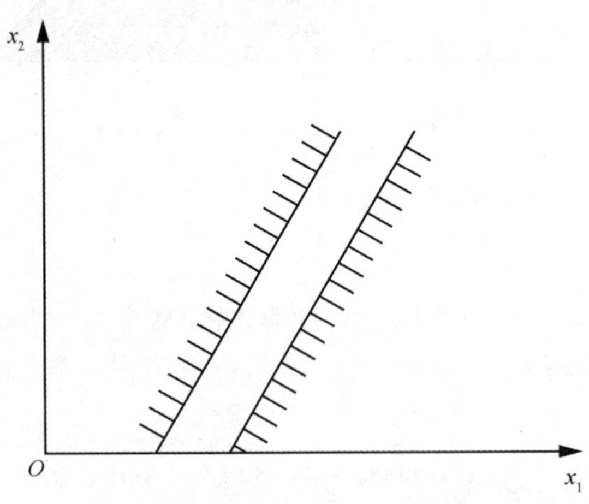

图 5-1-5　无解(或无可行解)示意图

3. 小结

图解法虽然只能用来求解只具有两个变量的线性规划问题,但它的解题思路和在几何上直观上得到的一些概念判断,对以后学习的求解一般线性规划问题的单纯形法有很大启示:

(1)求解线性规划问题时,解的情况有:唯一最优解、无穷多最优解、无界解、无可行解。

(2)若线性规划问题的可行域存在,则可行域是一个凸集。

(3)若线性规划问题的最优解存在,则最优解或最优解之一(如果有无穷多的话)一定是可行域的凸集的某个顶点。

(4)解题思路是先找出凸集的任意顶点,计算在顶点处的目标函数值。比较周围相邻顶点的目标函数值是否比这个值大。如果为否,则该顶点就是最优解的点或最优解的点之一;否则,转到比这个点的目标函数值更大的另一顶点。重复上述过程,一直到找出使目标函数值达到最大的顶点为止。

后续在单纯形法原理学习中,可对(2)和(3)进行证明,建立起凸集顶点的代数概念特征,然后通过代数计算实现(4)的解题思路。

习　题

一、思考题

1. 试论述运筹学中目标函数和约束条件的定义。
2. 何谓线性规划模型?
3. 试述图解法的基本步骤。
4. 尝试写出线性规划问题的标准形式。
5. 试述存在哪几种变换,能将非标准形式的线性规划问题转化为标准形式的线性规划问题。
6. 何谓图解法?
7. 试述图解法的步骤。
8. 线性问题的求解结果可能存在哪几种情况?
9. 简要说明线性规划问题的解题思路。

二、计算题

1. 将下列问题转化为标准形式:

$$\begin{cases} \min f(\boldsymbol{x}) = 3x_1 - 5x_2 + x_3 \\ \text{s.t. } 2x_1 + 5x_2 - 6x_3 \leqslant 15 \\ \quad 4x_1 + 3x_3 \geqslant 8 \\ \quad x_1 + x_2 + x_3 = 38 \\ \quad x_1, x_2, x_3 \geqslant 0 \end{cases}$$

2. 使用图解法求解：

$$\begin{cases} \max z = x_1 + 2x_2 \\ \text{s. t. } x_1 + x_2 \leqslant 4 \\ \quad -x_1 + 2x_2 \leqslant 6 \\ \quad x_1, x_2 \geqslant 0 \end{cases}$$

第二节 非线性规划

由前面的章节知道，在航海科学与技术领域，很多实际问题可以归结为线性规划问题，其目标函数和约束条件都是自变量的一次函数。但是，还有另外一些问题，其目标函数和约束条件中含有非线性函数，这类问题就称为非线性规划问题。解这类问题的方法称为非线性规划。随着科学计算的语言与工具发展，航海领域非线性规划求解在近些年取得了长足进展。目前，它已成为航海领域的重要方向之一，并在港口资源调配、航线规划与设计、海上交通组织等许多领域得到越来越广泛的应用。

一、航海中的非线性规划问题

1. 堆场选址问题

例 5-2-1：设有 n 个码头，第 j 个码头位置为 (p_j, q_j)，它的某种货物的运输量为 $b_j(j=1,2,\cdots,n)$。现计划建立 m 个堆场，第 i 个堆场的存储容量为 $a_i(i=1,2,\cdots,m)$。试确定堆场的位置，使各堆场对码头的运输量与路程乘积之和为最小。

设第 i 个堆场的位置为 $(x_i, y_i)(i=1,2,\cdots,m)$，第 i 个堆场到第 j 个码头的货物供应址为 $z_{ij}(i=1,2,\cdots,m;j=1,\cdots,n)$，则第 i 个堆场到第 j 个码头的距离为 $\sqrt{(x_i-p_j)^2+(y_i-q_j)^2}$。

目标函数为

$$\min Z = \sum_{i=1}^{m}\sum_{j=1}^{n} z_{ij}\sqrt{(x_i-p_j)^2+(y_i-q_j)^2} \tag{5-2-1}$$

约束条件：

(1) 每个仓库向各市场提供的货物量之和不能超过它的存储容量。

(2) 每个市场从各个仓库得到的货物量之和应等于它的需求量。

(3) 运输量不能为负数。

因此，堆场选址问题的数学模型为

$$\begin{cases} \min Z = \sum_{i=1}^{m}\sum_{j=1}^{n} z_{ij}\sqrt{(x_i-p_j)^2+(y_i-q_j)^2} \\ \text{s. t. } \sum_{j=1}^{n} z_{ij} \leqslant a_i(i=1,2,\cdots,m) \\ \quad \sum_{i=1}^{m} z_{ij} = b_j(j=1,2,\cdots,n) \\ \quad z_{ij} \geqslant 0(i=1,2,\cdots,m;j=1,\cdots,n) \end{cases} \tag{5-2-2}$$

2. 拖船配置问题

例 5-2-2:某港口拖船公司经营两种型号拖船。第一种拖船服务费用为 3 万元/次;第二种拖船服务费用为 5 万元/次。根据统计,第一种拖船服务每次所需要的工作时间平均是 0.5 h,第二种拖船服务每次所需要的平均时间是$(2+0.7x_2)$h,其中 x_2 是第二种拖船数量。已知该公司在每周时间内的总服务时间为 800 h,试决定使其营业额最大的拖船工作艘次分配(可以为小数)。

设该拖船公司计划经营第一种拖船工作 x_1 艘次,第二种拖船工作x_2 艘次。根据题意,其营业额(万元)为

$$f(x) = 3x_1 + 5x_2 \tag{5-2-3}$$

约束条件是:

(1)两种拖船服务时间不能超过总的服务时间的限制。

(2)各拖船数量不能为负值。

如此,得到这个问题的数学模型如下:

$$\begin{cases} \max f(\boldsymbol{x}) = 3x_1 + 5x_2 \\ \text{s.t.}\ \ 0.5x_1 + (2 + 0.7x_2)\,x_2 \leqslant 800 \\ \qquad x_1 \geqslant 0, x_2 \geqslant 0 \end{cases} \tag{5-2-4}$$

例 5-2-1 的目标函数是自变量的非线性函数,因而它是非线性规划问题。例 5-2-2 的目标函数虽然是自变量的线性函数,但其第一个约束条件是自变量的二次函数,所以它也是非线性规划问题。

3. 非线性规划问题模型

非线性规划的数学模型常用以下数学形式:

$$\begin{cases} \min f(\boldsymbol{x}) \\ \text{s.t.}\ \ h_i(\boldsymbol{x}) = 0, i = 1,2,\cdots,m \\ \qquad g_j(\boldsymbol{x}) \geqslant 0, j = 1,2,\cdots,l \end{cases} \tag{5-2-5}$$

其中,自变量 $\boldsymbol{x} = (x_1, x_2, \cdots, x_n)$ 是 n 维欧式空间 E^n 中的向量; $f(\boldsymbol{x})$ 为目标函数,$h_i(\boldsymbol{x}) = 0$,$g_j(\boldsymbol{x}) = 0$ 为约束条件。

由于 $\max f(\boldsymbol{x}) = -\min[-f(\boldsymbol{x})]$,当需使目标函数极大化时,只需使其负值极小化即可,因而仅考虑目标函数极小化,这无损于一般性。

若某约束条件是“ $\leqslant$ ”不等式时,仅需用“-1”乘该约束的两端,即可将这个约束变为“$\geqslant$”的形式。由于等式约束 $h_i(\boldsymbol{x}) = 0$ 等价于下述两个不等式约束 $h_i(\boldsymbol{x}) \geqslant 0$ 和 $-h_i(\boldsymbol{x}) \leqslant 0$,因而,也可将非线性规划的数学模型写成以下形式

$$\begin{cases} \min f(\boldsymbol{x}) \\ \text{s.t.}\ g_j(\boldsymbol{x}) \geqslant 0, j = 1,2,\cdots,l \end{cases} \tag{5-2-6}$$

非线性规划引入不等式约束这一点,从数学上讲是一个进步,因为在微积分中也讨论过极值问题,主要是无约束极值问题,即使有约束,也是等式条件约束。对于等式条件约束极值问题,利用拉格朗日乘子法,将等式条件约束极值问题化为无约束极值问题来求解。这种极值问题统称为经典极值问题。而在极值问题中引入不等式约束,标志现代数学规划理论的开始,不等式约束的引入使极值问题的处理更复杂;但也使部分经典极值问题处理不了的问题得到解

决,从而扩大了极值问题的应用范围。

二、无约束优化问题

当一个非线性规划问题的自变量没有任何约束,或说可行域是整个 n 维向量空间,则称这样的非线性规划问题为无约束问题。

1. 无约束极值问题的最优性条件

在高等数学课程中,已学过一元函数和多元函数的极值问题,先说明如下:由于线性规划的目标函数为线性函数,可行域为凸集,因而求出的最优解就是在整个可行域上的全局最优解。非线性规划却不然,有时求出的某个解虽是一部分可行域上的极值点,但并不一定是整个可行域上的全局最优解。

在解释无约束极值问题时需要使用梯度和海森矩阵两个概念。高等数学已经学过梯度,函数 $f(\boldsymbol{x})$ 的梯度 $\nabla f(\boldsymbol{x})$ 表达式为

$$\nabla f(\boldsymbol{x}) = \left[\frac{\partial f(\boldsymbol{x})}{\partial x_1}, \frac{\partial f(\boldsymbol{x})}{\partial x_2}, \cdots, \frac{\partial f(\boldsymbol{x})}{\partial x_n}\right]^{\mathrm{T}} \tag{5-2-7}$$

其中,T 表示 $\nabla f(\boldsymbol{x})$ 为列向量。

函数 $f(\boldsymbol{x})$ 的海森矩阵 $\nabla^2 f(\boldsymbol{x})$ 表达式为

$$\nabla^2 f(\boldsymbol{x}) = \begin{bmatrix} \frac{\partial^2 f}{\partial x_1^2} & \frac{\partial f}{\partial x_1 \partial x_2} & \cdots & \frac{\partial f}{\partial x_1 \partial x_n} \\ \frac{\partial^2 f}{\partial x_2 \partial x_1} & \frac{\partial f}{\partial x_2^2} & \cdots & \frac{\partial f}{\partial x_2 \partial x_n} \\ \vdots & \vdots & \ddots & \cdots \\ \frac{\partial^2 f}{\partial x_n \partial x_1} & \frac{\partial f}{\partial x_n \partial x_2} & \cdots & \frac{\partial f}{\partial x_n^2} \end{bmatrix} \tag{5-2-8}$$

在梯度和海森矩阵的基础上,无约束问题的局部极值与全局最优解的关系如下:

无约束极值问题局部极小点的一阶必要条件:设 $f(\boldsymbol{x})$ 具有一阶偏导数,若 $\boldsymbol{x}^*$ 是无约束问题的局部极小点,则 $\nabla f(\boldsymbol{x}^*) = 0$。

无约束极值问题局部极小点的二阶必要条件:设 $f(\boldsymbol{x})$ 具有连续的二阶偏导数,若 $\boldsymbol{x}^*$ 是无约束问题的局部极小点,则 $\nabla f(\boldsymbol{x}^*) = 0$ 且 $\nabla^2 f(\boldsymbol{x}^*)$ 半正定。

无约束问题的局部极小点的充分条件:设 $f(\boldsymbol{x})$ 具有连续的二阶偏导数,若在 $\boldsymbol{x}^*$ 处满足 $\nabla f(\boldsymbol{x}^*) = 0$ 且 $\nabla^2 f(\boldsymbol{x}^*)$ 正定,则 $\boldsymbol{x}^*$ 是无约束问题的严格局部极小点。

设目标函数 $f(\boldsymbol{x})$ 是连续可微的凸函数,则 $\boldsymbol{x}^*$ 是无约束问题的全局解的充分必要条件是:$\nabla f(\boldsymbol{x}^*) = 0$。

在求解目标函数 $f(\boldsymbol{x})$ 时,常使用迭代法。迭代法大体可分为两大类:一类要用到函数的一阶导数和(或)二阶导数,由于用到了函数的解析性质,故称为解析法,另一类在迭代过程中仅用到函数值,而不要求函数具有解析性质,这类方法称为直接法。一般说来,直接法的收敛速度较慢,只是在变量较少时才适用。但直接法的迭代步骤简单,特别是当目标函数的解析表达式十分复杂,甚至写不出具体表达式时,它们的导数很难求得,或根本不存在,这时,就只能用直接法了。下面介绍解析法。

2. 无约束优化的解析求解法

解析法是基本的无约束最优化方法，主要利用目标函数的解析性质来构造搜索方向，例如：最速下降法、牛顿法、共轭梯度法等。下面仅介绍最速下降法。

如果 $\boldsymbol{x}$ 是一维变量，那么 $\min f(\boldsymbol{x})$ 就是单变量函数的最优化。如果 $\boldsymbol{x}$ 是多维变量，那么 $\min f(\boldsymbol{x})$ 是多变量函数的最优化。单变量函数的最优化是多变量函数的最优化的基础。在多变量函数最优化中，迭代格式为 $\boldsymbol{x}_{k+1}=\boldsymbol{x}_k+\boldsymbol{\lambda}_k\boldsymbol{d}_k$，其关键就是构造搜索方向 $\boldsymbol{d}_k$ 和步长因子 $\boldsymbol{\lambda}_k$。设 $\boldsymbol{\varphi}(\boldsymbol{\lambda})=f(\boldsymbol{x}_k+\boldsymbol{\lambda}_k\boldsymbol{d}_k)$，这样，从 $\boldsymbol{x}_k$ 出发，沿搜索方向 $\boldsymbol{d}_k$，确定步长因子 λ_k，使 $\boldsymbol{\varphi}(\boldsymbol{\lambda}_k)<\boldsymbol{\varphi}(0)$，这样的 $\boldsymbol{\lambda}_k$ 是一维的，那么确定 $\boldsymbol{\lambda}_k$ 就是一维搜索。

考虑无约束最优化问题 $\min f(\boldsymbol{x})$，其中 $f(\boldsymbol{x})$ 具有一阶连续偏导数。人们在处理这类问题时，总希望从某一点出发，选择一个使目标函数值下降最快的方向，以便尽快到达极小点。由高等数学可知，这个方向就是该点处的负梯度方向，即最速下降方向。

对于 $\min f(\boldsymbol{x})$ 问题，假设已迭代了 k 次，第 k 次迭代点为 $\boldsymbol{x}_k$，且 $\nabla f(\boldsymbol{x}_k)\neq 0$，取搜索方向 $\boldsymbol{d}_k=-\nabla f(\boldsymbol{x}_k)$。为使目标函数值在点 $\boldsymbol{x}_k$ 处获得最快的下降，可沿 $\boldsymbol{d}_k$ 进行搜索。取步长 λ_k 为最优步长，使得 $f(\boldsymbol{x}_k+\lambda_k\boldsymbol{d}_k)=\min\limits_{\lambda\geqslant 0} f(\boldsymbol{x}_k+\lambda_k d_k)$，得到第 $k+1$ 次迭代点 $\boldsymbol{x}_{k+1}=\boldsymbol{x}_k+\lambda_k\boldsymbol{d}_k$。于是得到 $\boldsymbol{x}_0,\boldsymbol{x}_1,\boldsymbol{x}_2,\cdots$，其中 $\boldsymbol{x}_0$ 为初始点。如果 $\nabla f(\boldsymbol{x}_k)-0$，则 $\boldsymbol{x}_k$ 是 f 的平稳点，这时候可以终止迭代。由于这种方法的每一次迭代都是沿着最速下降方向进行搜索，因此称作最速下降法。

其具体算法步骤如下：

Step 1　选取初始数据。选取初始点 $\boldsymbol{x}_0$，给定允许误差 $\varepsilon>0$，令 $k=0$。

Step 2　检查是否满足终止准则。计算 $\nabla f(\boldsymbol{x}_k)$，若 $\|\nabla f(\boldsymbol{x}_k)\|<\varepsilon$，迭代终止，$\boldsymbol{x}_k$ 为问题 $\min f(\boldsymbol{x})$ 的近似最优解；否则，转 Step 3。

Step 3　进行搜索。取 $\boldsymbol{d}_k=-\nabla f(\boldsymbol{x}_k)$，求 λ_k 和 $\boldsymbol{x}_{k+1}$，使得 $f(\boldsymbol{x}_k+\lambda_k\boldsymbol{d}_k)=\min\limits_{\lambda\geqslant 0} f(x_k+\lambda_k d_k)$，$\boldsymbol{x}_{k+1}=\boldsymbol{x}_k+\lambda_k\boldsymbol{d}_k$。令 $k=k+1$，返回 Step 2。

步骤中最优步长 $\lambda_k=\dfrac{\nabla f(\boldsymbol{x}_k)^{\mathrm{T}}\nabla f(\boldsymbol{x}_k)}{\nabla f(\boldsymbol{x}_k)^{\mathrm{T}}\nabla^2 f(\boldsymbol{x}_k)\nabla f(\boldsymbol{x}_k)}$。

例 5-2-3：用最速下降法求解问题

$$\min f(\boldsymbol{x})=x_1^2+5x_2^2 \tag{5-2-9}$$

其中：$\boldsymbol{x}=(x_1,x_2)^{\mathrm{T}}$。取初始点 $\boldsymbol{x}_0=(2,1)^{\mathrm{T}}$，允许误差 $\varepsilon=0.7$。

问题中 $f(\boldsymbol{x})$ 在 $\boldsymbol{x}=(x_1,x_2)^{\mathrm{T}}$ 处的梯度 $\nabla f(\boldsymbol{x})=(2x_1,10x_2)^{\mathrm{T}}$，海森矩阵 $\nabla^2 f(\boldsymbol{x}_k)=\begin{pmatrix}2&0\\0&10\end{pmatrix}$，$\nabla^2 f(\boldsymbol{x}_k)$ 是正定二次型函数。

第一次迭代：

$$\lambda_0=\frac{\nabla f(\boldsymbol{x}_0)^{\mathrm{T}}\nabla f(\boldsymbol{x}_0)}{\nabla f(\boldsymbol{x}_0)^{\mathrm{T}}\nabla^2 f(\boldsymbol{x}_0)\nabla f(\boldsymbol{x}_0)}=\frac{(4,10)^{\mathrm{T}}\begin{pmatrix}4\\10\end{pmatrix}}{(4,10)^{\mathrm{T}}\begin{pmatrix}2&0\\0&10\end{pmatrix}\begin{pmatrix}4\\10\end{pmatrix}}=0.112\,4$$

$$\boldsymbol{x}_1=(2,1)^{\mathrm{T}}-0.112\,4(4,10)^{\mathrm{T}}=(1.550\,4,\ -0.124\,0)^{\mathrm{T}}$$

$$\nabla f(\boldsymbol{x}_1)=(3.100\,8,\ -1.240\,0)^{\mathrm{T}},\ \|\nabla f(x_1)\|^2=11.152\,6>\varepsilon$$

第二次迭代：

$$\lambda_1=\frac{(3.100\,8,-1.240\,0)^{\mathrm T}\begin{pmatrix}3.100\,8\\-1.240\,0\end{pmatrix}}{(3.100\,8,-1.240\,0)^{\mathrm T}\begin{pmatrix}2&0\\0&10\end{pmatrix}\begin{pmatrix}3.100\,8\\-1.240\,0\end{pmatrix}^{\mathrm T}}=0.322\,3$$

$$\boldsymbol{x}_2=(1.550\,4,-0.124\,0)^{\mathrm T}-0.322\,3(1.550\,4,-0.124\,0)^{\mathrm T}=(0.551\,0,0.275\,7)^{\mathrm T}$$

$$\nabla f(\boldsymbol{x}_2)=(1.102,2.757)^{\mathrm T},\|\nabla f(\boldsymbol{x}_2)\|^2=8.815>\varepsilon$$

第三次迭代：

$$\lambda_2=\frac{(1.102,2.757)^{\mathrm T}\begin{pmatrix}1.102\\2.757\end{pmatrix}}{(1.102,2.757)^{\mathrm T}\begin{pmatrix}2&0\\0&10\end{pmatrix}\begin{pmatrix}1.102\\2.757\end{pmatrix}}=0.112\,4$$

$$\boldsymbol{x}_3=(0.551\,0,0.275\,7)^{\mathrm T}-0.112\,4(0.551\,0,0.275\,7)^{\mathrm T}=(0.427\,1,-0.034\,19)^{\mathrm T}$$

$$\nabla f(\boldsymbol{x}_3)=(0.854\,2,-0.341\,9)^{\mathrm T},\|\nabla f(\boldsymbol{x}_3)\|^2=0.846\,6>\varepsilon$$

第四次迭代：

$$\lambda_3=\frac{(0.854\,2,-0.341\,9)^{\mathrm T}\begin{pmatrix}0.854\,2\\-0.341\,9\end{pmatrix}}{(0.854\,2,-0.341\,9)^{\mathrm T}\begin{pmatrix}2&0\\0&10\end{pmatrix}\begin{pmatrix}0.854\,2\\-0.341\,9\end{pmatrix}}=0.322\,1$$

$$\boldsymbol{x}_4=(0.427\,1,-0.034\,19)^{\mathrm T}-0.322\,1(0.427\,1,-0.034\,19)^{\mathrm T}=(0.152,0.075\,9)^{\mathrm T}$$

$$\nabla f(\boldsymbol{x}_4)=(0.304,0.759)^{\mathrm T},\|\nabla f(\boldsymbol{x}_4)\|^2=0.668\,5<\varepsilon$$

满足允许误差 $\varepsilon=0.7$ 条件，因此 $\boldsymbol{x}_4=(0.152,0.075\,9)^{\mathrm T}$ 为近似极小点，此时函数值为 $f(\boldsymbol{x}_4)=0.051\,9$。而 $\min f(\boldsymbol{x})=x_1^2+5x_2^2$ 的精确解是 $\boldsymbol{x}^*=(0,0)^{\mathrm T}$，$f(\boldsymbol{x}^*)=0$。可知，要得到真正的精确解，需要无限迭代下去。

由于沿负梯度方向目标函数的最速下降性，人们很容易误认为负梯度方向是最理想的搜索方向，最速下降法是一种理想的极小化方法。必须指出的是，某点的负梯度方向通常只是在该点附近才具有这种最速下降的性质。在一般情况下，当用最速下降法寻找极小点时，其搜索路径呈直角锯齿状，在开头几步，目标函数值下降较快，但在接近极小点时，收敛速度就不理想了。特别是当目标函数的等值线为比较扁平的椭圆时，收敛速度就更慢了。因此，在实用中可将梯度法和其他方法联合应用，在前期使用梯度法，而在接近极小点时，可改用收敛较快的其他方法。

例 5-2-4：应用最速下降法求解

$$\min f(\boldsymbol{x})=x_1^2+25x_2^2 \tag{5-2-10}$$

其中：$\boldsymbol{x}=(x_1,x_2)^{\mathrm T}$。取初始点 $\boldsymbol{x}_0=(2,2)^{\mathrm T}$，允许误差 $\varepsilon=0.000\,001$。

精确解是 $\boldsymbol{x}^*=(0,0)^{\mathrm T}$，$f(\boldsymbol{x}^*)=0$，求解迭代过程如图 5-2-1 所示。

例 5-2-5：应用最速下降法求解

$$\min f(\boldsymbol{x})=100x_1^2+x_2^2 \tag{5-2-11}$$

其中：$\boldsymbol{x}=(x_1,x_2)^{\mathrm T}$。取初始点 $\boldsymbol{x}_0=(1,100)^{\mathrm T}$，允许误差 $\varepsilon=0.000\,001$。

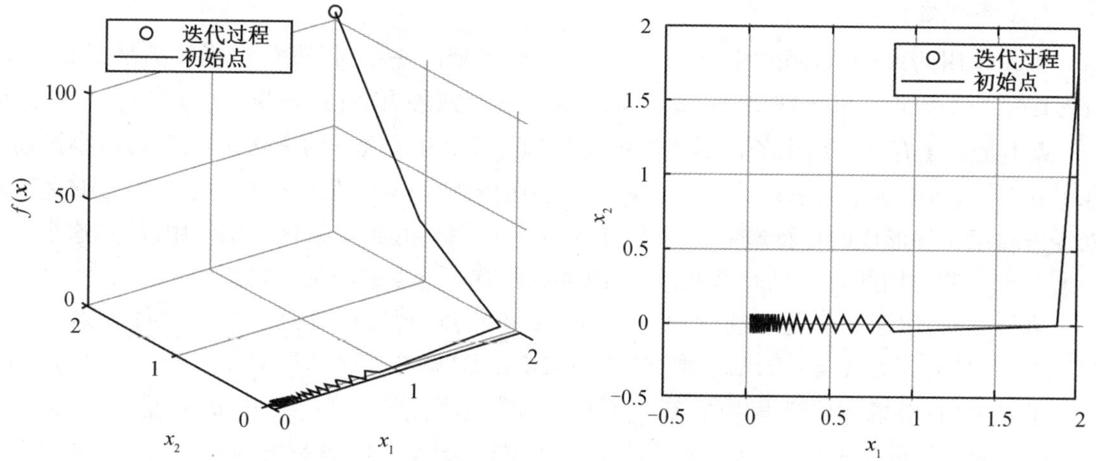

图 5-2-1　最速下降迭代三维图和二维图(x_1 方向例题)

精确解是 $\boldsymbol{x}^*=(0,0)^{\mathrm{T}}, f(\boldsymbol{x}^*)=0$, 求解迭代过程如图 5-2-2 所示。

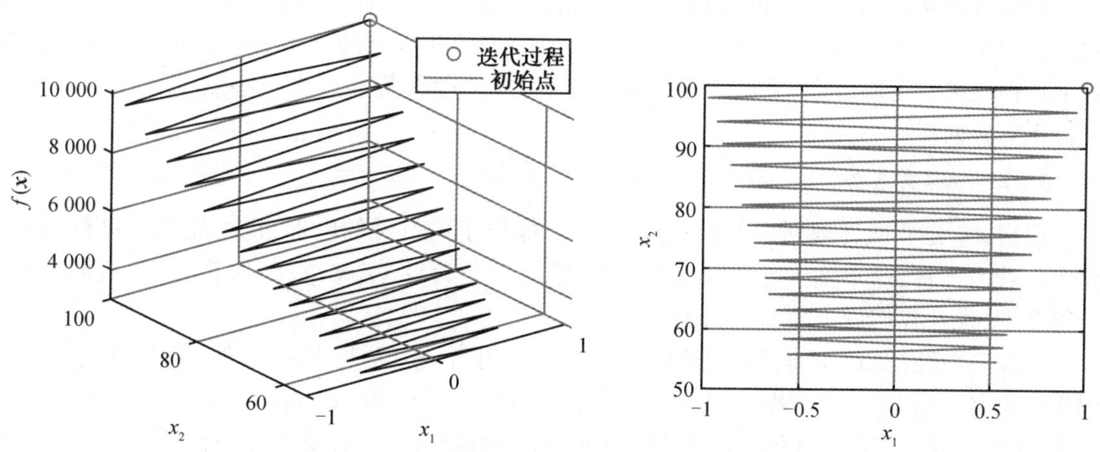

图 5-2-2　最速下降迭代三维图和二维图(x_2 方向例题)

三、约束优化问题

前面介绍了无约束问题及其优化方法。但实际问题中,大多数是有约束条件的问题,求解带有约束条件的问题比起无约束问题要困难得多,复杂得多。在每次迭代时,不仅要使目标函数值有所下降,而且要使迭代点都落在可行域内(个别算法除外)。求解带有约束的极值问题常用方法是:将约束问题化为一个或一系列的无约束极值问题;将非线性规划化为近似的线性规划;将复杂问题变为较简单的问题。

非线性规划的一般形式为

$$\begin{cases}\min f(\boldsymbol{x}) \\ \text{s. t. } h_i(\boldsymbol{x})=0, i=1,2,\cdots,m \\ \qquad g_j(\boldsymbol{x}) \geqslant 0, j=1,2,\cdots,l\end{cases}$$

假定 $f(\boldsymbol{x})$、$h_i(\boldsymbol{x})$、$g_j(\boldsymbol{x})$ 具有一阶连续偏导数。

1. 基本概念

不起作用约束/起作用约束：设 $\boldsymbol{x}^{(0)}$ 是非线性规划的一个可行解，它当然满足所有约束。现考虑某一不等式约束条件 $g_j(\boldsymbol{x}) \geqslant 0, \boldsymbol{x}^{(0)}$ 满足它有两种可能：其一为 $[g_j(\boldsymbol{x}^{(0)})] > 0$，这时 $\boldsymbol{x}^{(0)}$ 点不是处于有这一约束条件形成的可行域边界上，因而这一约束对 $\boldsymbol{x}^{(0)}$ 点的微小摄动不起限制作用，从而这个约束条件是 $\boldsymbol{x}^{(0)}$ 点的不起作用约束；其二是 $[g_j(\boldsymbol{x}^{(0)})] = 0$，这时 $\boldsymbol{x}^{(0)}$ 点处于该约束条件形成的可行域的边界上，它对 $\boldsymbol{x}^{(0)}$ 的摄动起到了某种限制作用，故称这个约束是 $\boldsymbol{x}^{(0)}$ 点的起作用约束。显而易见，等式约束对所有可行点来说是起作用约束。

可行方向：假定 $\boldsymbol{x}^{(0)}$ 是非线性规划式的一个可行点，现考虑此点的某一方向 $\boldsymbol{d}$，若存在实数$\lambda_0 > 0$，使对任意 $\lambda \in [0, \lambda_0]$ 均有 $\boldsymbol{x}^{(0)} + \lambda \boldsymbol{d} \in \mathbf{R}$，就称方向 $\boldsymbol{d}$ 是 $\boldsymbol{x}^{(0)}$ 点的一个可行方向。

下降方向：考虑非线性规划的某一可行点 $\boldsymbol{x}^{(0)}$，对该点的任一方向 $\boldsymbol{d}$ 来说，若存在实数 $\lambda_0 > 0$，使对任意入 $\lambda \in [0, \lambda_0]$ 均有$f[\boldsymbol{x}^{(0)} + \lambda d] < f(\boldsymbol{x}^{(0)})$，就称方向 $\boldsymbol{d}$ 为点 $\boldsymbol{x}^{(0)}$ 的一个下降方向。将目标函数$f(\boldsymbol{x})$ 在点 $\boldsymbol{x}^{(0)}$ 处做一阶泰勒展开，可知满足条件 $\nabla f[\boldsymbol{x}^{(0)}]^{\mathrm{T}}\boldsymbol{d} < f(\boldsymbol{x}^{(0)})$ 的方向必为点 $\boldsymbol{x}^{(0)}$ 的下降方向。

如果方向 $\boldsymbol{d}$ 既是点 $\boldsymbol{x}^{(0)}$ 的可行方向，又是该点的下降方向，就称它是该点的可行下降方向。假如 $\boldsymbol{x}^{(0)}$ 点不是极小点，继续寻优时的搜索方向应从该点的可行下降方向中去找。显然，若某点存在可行下降方向，它就不会是极小点。另一方面，若某点为极小点，则在该点不存在可行下降方向。

2. 库恩-塔克条件

假定 $\boldsymbol{x}^*$ 是非线性规划式的极小点，该点可能位于可行域的内部，也可能处于可行域的边界上。若为前者，这事实上是一个无约束问题，$\boldsymbol{x}^*$ 必满足 $\nabla f(\boldsymbol{x}^*)$ 条件；若为后者，情况就复杂得多了，现在我们讨论后一种情形。

不失一般性，设 $\boldsymbol{x}^*$ 位于第一个约束条件形成的可行域边界上，即第一个约束条件是 $\boldsymbol{x}^*$ 点的起作用约束 $g_1(\boldsymbol{x}^*) = 0$。若 $\boldsymbol{x}^*$ 是极小点，则 $\nabla g_1(\boldsymbol{x}^*)$ 必与 $\nabla f(\boldsymbol{x}^*)$ 在一条直线上且方向相反，否则，在该点就一定存在可行下降方向。上面的论述说明，在上述条件下，存在实数 $y_1 \geqslant 0$，使 $\nabla f[\boldsymbol{x}^{(0)}]^{\mathrm{T}}\boldsymbol{d} < f(\boldsymbol{x}^{(0)})$。

若 $\boldsymbol{x}^*$ 点有两个起作用约束，例如说有 $g_1(\boldsymbol{x}^*) = 0$ 和 $g_2(\boldsymbol{x}^*) = 0$。在这种情况下，$\nabla f(\boldsymbol{x}^*)$ 必处于 $\nabla g_1(\boldsymbol{x}^*)$ 和$\nabla g_2(\boldsymbol{x}^*)$ 的夹角之内。如若不然，在 $\boldsymbol{x}^*$ 点必有可行下降方向，它就不会是极小点。由此可见，如果 $\boldsymbol{x}^*$ 是极小点，而且 $\boldsymbol{x}^*$ 点的起作用约束条件的梯度 $\nabla g_1(\boldsymbol{x}^*)$ 和 $\nabla g_2(\boldsymbol{x}^*)$ 线性无关，则可将 $\nabla f(\boldsymbol{x}^*)$ 表示成 $\nabla g_1(\boldsymbol{x}^*)$ 和 $\nabla g_2(\boldsymbol{x}^*)$ 非负线性组合。也就是说，在这种情况下存在实数 $y_1 \geqslant 0$ 和 $y_2 \geqslant 0$，使$\nabla f(\boldsymbol{x}^*) - y_1 \nabla g_1(\boldsymbol{x}^*) - y_2 \nabla g_2(\boldsymbol{x}^*) = 0$。

以此类推，可以得到 $\nabla f(\boldsymbol{x}^*) - \sum\limits_{j \in J} y_j \nabla g_j(\boldsymbol{x}^*) = 0$。

针对不起作用约束，增加条件 $\begin{cases} y_j g_j(\boldsymbol{x}^*) = 0 \\ y_j \geqslant 0 \end{cases}$，当$g_j(\boldsymbol{x}^*) = 0$ 时，y_j 可不为零；当 $g_j(\boldsymbol{x}^*) \neq 0$ 时，必有 $y_j = 0$。如此即可得到著名的库恩-塔克条件(K-T 条件)，简述如下：

设 $\boldsymbol{x}^*$ 是非线性规划式的极小点，而且在 $\boldsymbol{x}^*$ 点的各起作用约束的梯度线性无关，则存在向量 $\boldsymbol{\Gamma}^* = (y_1{}^*, y_2{}^*, \cdots, y_l{}^*)^{\mathrm{T}}$，使下述条件成立：

$$\begin{cases}\nabla f(\boldsymbol{x}^*) - \sum_{j=1}^{l} y_j \nabla g_j(x^*) = 0 \\ y_j^* g_j(\boldsymbol{x}^*) = 0, j = 1,2,\cdots,l \\ y_j^* \geqslant 0, j = 1,2,\cdots,l\end{cases}$$

为了得出非线性规划式 $\begin{cases}\min f(\boldsymbol{x}) \\ \text{s. t.}\ \ h_i(\boldsymbol{x}) = 0, i = 1,2,\cdots,m \\ \qquad g_j(\boldsymbol{x}) \geqslant 0, j = 1,2,\cdots,l\end{cases}$ 的库恩－塔克条件，用 $\begin{cases} h_i(\boldsymbol{x}) \geqslant 0 \\ -h_i(\boldsymbol{x}) \geqslant 0\end{cases}$ 代替约束条件 $h_i(\boldsymbol{x}) = 0$，这样即可得到库恩-塔克条件：

设 $\boldsymbol{x}^*$ 是上述非线性规划式的极小点，而且 $\boldsymbol{x}^*$ 点的所有起作用约束的梯度 $\nabla h_i(\boldsymbol{x}^*) = 0$，$(i = 1,2,\cdots,m)$ 和 $\nabla g_i(\boldsymbol{x}) = 0$ 线性无关，则存在向量 $\boldsymbol{\Lambda}^* = (\lambda_1{}^*, \lambda_2{}^*, \cdots, \lambda_l{}^*)^{\mathrm{T}}$ 和 $\boldsymbol{\Gamma}^* = (y_1{}^*, y_2{}^*, \cdots, y_l{}^*)^{\mathrm{T}}$ 使下述条件成立：

$$\begin{cases}\nabla f(\boldsymbol{x}^*) - \sum_{i=1}^{m} \lambda_i^* \nabla h_i(\boldsymbol{x}^*) - \sum_{j=1}^{m} y_j \nabla g_j(\boldsymbol{x}^*) = 0 \\ y_1^* g_j(\boldsymbol{x}^*) = 0, j = 1,2,\cdots,l \\ y_1^* \geqslant 0, j = 1,2,\cdots,l\end{cases}$$

满足上述条件的点也称为库恩-塔克点。

库恩-塔克条件是非线性规划领域中最重要的理论成果之一，是确定某点为最优点的必要条件。只要是最优点（而且该点起作用约束的梯度线性无关，满足这种要求的点称为正则点），就必须满足这个条件。但一般说它并不是充分条件，因而满足这个条件的点不一定就是最优点（对于凸规划，它既是最优点存在的必要条件，同时也是充分条件）。

例 5-2-6：应用库恩-塔克条件求解非线性规划

$$\begin{cases}\max f(x) = (x-4)^2 \\ 1 \leqslant x \leqslant 6\end{cases}$$

先将其变为下列形式：

$$\begin{cases}\min \bar{f}(x) = -(x-4)^2 \\ g_1(x) = x - 1 \geqslant 0 \\ g_2(x) = 6 - x \geqslant 0\end{cases}$$

设库恩-塔克点为 $\boldsymbol{x}^*$，各函数的梯度为

$$\nabla \bar{f}(\boldsymbol{x}) = -2(x-4), \nabla g_1(\boldsymbol{x}) = 1, \nabla g_2(\boldsymbol{x}) = -1$$

对第一个和第二个约束条件分别引入广义拉格朗日乘子 μ_1^* 和 μ_2^*，则得到该问题的库恩-塔克条件，如下所示：

$$\begin{cases}-2(x^* - 4) - \mu_1^* + \mu_2^* = 0 \\ \mu_1^*(x^* - 4) = 0 \\ \mu_2^*(6 - x^*) = 0 \\ \mu_1^* \geqslant 0, \mu_2^* \geqslant 0\end{cases}$$

为解该方程组，需要分别考虑以下几种情况：

(1) $\mu_1^* > 0, \mu_2^* > 0$：无解。

(2) $\mu_1^* > 0, \mu_2^* = 0$：$x^* = 1, f(x^*) = 9$。

(3) $\mu_1^* = 0, \mu_2^* = 0$：$x^* = 4, f(x^*) = 0$。

(4) $\mu_1^* = 0, \mu_2^* > 0$：$x^* = 6, f(x^*) = 4$。

对应于上述(2)、(3)、(4)三种情形，得到了三种库恩-塔克点，如图 5-2-3 所示。其中 $x^* = 1$ 和 $x^* = 6$ 为极大点，而 $x^* = 1$ 为最大点，最大值 $f(x^*) = 9$；$x^* = 4$ 为可行域的内点，它不是该问题的极大点，而是极小点。

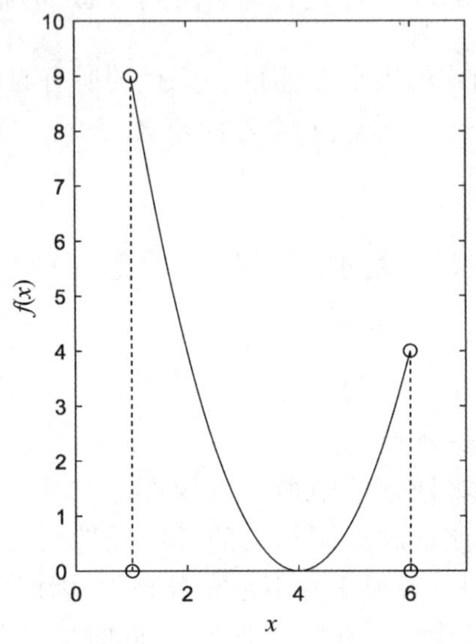

图 5-2-3　极大点和最大点示意图

习　题

一、思考题

1. 尝试写出非线性规划数学模型的常用数学形式。
2. 何谓无约束问题？
3. 试述无约束问题局部极小点的一阶必要条件。
4. 试述无约束问题局部极小点的二阶必要条件。
5. 试述无约束问题局部极小点的充分必要条件。
6. 简要叙述求解非线性数学模型的两类迭代法。
7. 简要叙述无约束最优化的几种解析法。
8. 简述最速下降法的基本步骤。

二、计算题

1. 将下列问题转化为常用数学形式：

$$\begin{cases}\max f(\boldsymbol{x}) = -2x_1 - 3x_2 \\ \text{s.t.}\quad (2 + 0.7x_1)x_1 + 5x_1 \leqslant 30 \\ \qquad x_1 \geqslant 0, x_2 \geqslant 0\end{cases}$$

2. 使用最速下降法求解下列问题：

$$\min f(\boldsymbol{x}) = 4x_1^2 + x_2^2$$

其中：初始点位 $\boldsymbol{x}_0$ 为(1,1)，允许误差 $\varepsilon = 0.1$。

第三节 层次分析法(AHP)

层次分析法(Analytic Hierarchy Process,AHP)是匹兹堡大学萨蒂(Thomas L. Saaty)教授提出的一种实用的多准则决策方法。它把复杂的决策问题图形化为有层次的分析结构，并结合专业人员的判断，得出不同的决策方案在既定准则之下的重要程度，进而确定出所有方案的优劣。AHP 可以统一处理决策中的定性与定量因素，具有实用性、系统性、简洁性等特点，日益成为决策科学中一种引人关注的方法，并已经成为人们工作中思考问题、解决问题的一种手段。在航海实践中，船舶避碰决策、船舶维修、船舶租赁、船舶交通管理等级划分等问题上可用到层次分析法。

一、AHP 的工作步骤

AHP 的基本思路是先分解后综合的系统思想。基于这种思想，必须将所要分析的问题层次化、步骤化，即将问题分解成不同层次的组成因素，按照层次间的隶属关系以及因素间的优劣关系，形成一个多层分析结构模型，最终归结为最低层(方案、措施、指标等)相对于最高层(总目标)的相对重要程度的权值或相对优劣次序的问题。

具体步骤如下：

(1)了解决策者的决策思想、决策原则和决策方案。

(2)收集信息，确定系统的总目标，形成评价指标体系，建立多层次的递阶层次结构模型。

(3)检验决策方案的评价指标体系和结构模型的科学性和合理性，对各个指标的重要度进行分配。

(4)通过构造比较判断矩阵及矩阵运算的数学方法，评价各个元素的优劣并计算其重要度。

(5)对判断矩阵进行一致性检验，即同时进行 CI 和 RI 检验。

(6)计算各元素对系统目标的合成重要度，进行总排序，以确定方案层中各个元素对总目标的重要度。

(7)对所有结果进行检查和分析，并为决策者提供决策依据。

二、递阶层次构造

AHP 通过分析复杂问题包含的元素及其相互联系,将问题分解为不同的元素,把这些元素按属性不同分成若干组,以形成不同层次。根据 AHP 先分解后综合的系统思想,对于一个决策问题,首先要进行结构分析,并在此基础上建立递阶层次结构分析模型,也就是对于一个采用 AHP 来解决的决策问题,首先要对其进行层次化处理,根据问题的性质和所要达到的总目标,将问题分解成不同的组成元素,按照元素间的相互关系,进行不同层次的聚集组合,形成一个多层次分析结构模型,最终归结为最低层相对于最高层的相对重要程度的权值或相对优劣次序的问题。递阶层次结构(如图 5-3-1 所示)是 AHP 中一种最简单的层次结构形式。有时一个复杂的问题仅仅用递阶层次结构难以表示,这时就要采用更复杂的形式,如循环层次结构、反馈层次结构等。

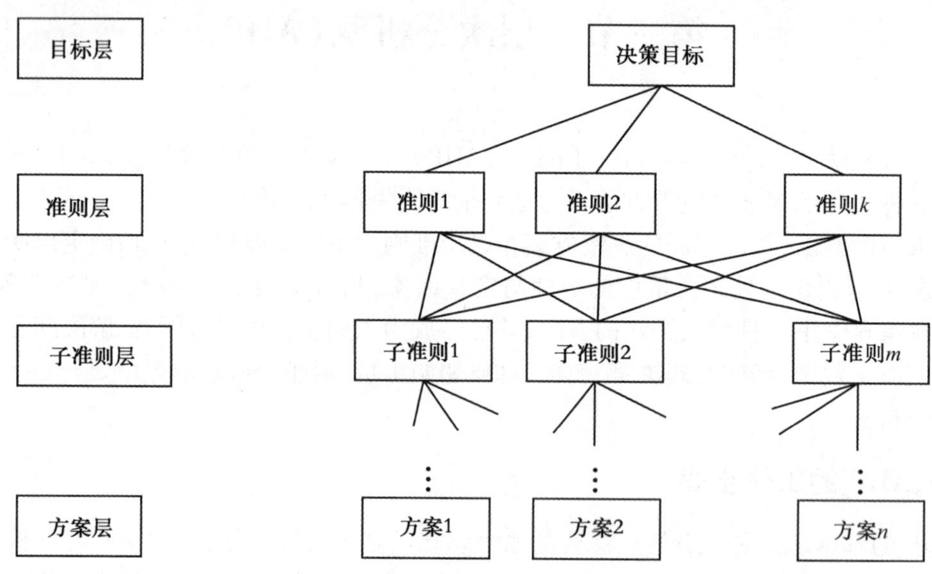

图 5-3-1　递阶层次结构示意图

三、评价尺度

AHP 作为一个系统评价方法,在进行要素间的成对比较时必须依据一个统一的比较基准。萨蒂等学者用实验的方法比较了在各种不同标度下人们判断结果的正确性。结果表明,采用 9 级比例标尺最为合适,也就是现在人们常用的与文字叙述评比相对应的数值尺度 1、3、5、7、9 和介于其中的折中值 2、4、6、8,见表 5-3-1。

表 5-3-1　AHP 评价尺度

比较标准	含义	比较标准	含义
1	表示两个元素相比，具有同等重要性	9	表示两个元素相比，前者比后者极端重要
3	表示两个元素相比，前者比后者稍重要	2、4、6、8	表示上述相邻判断的中间值
5	表示两个元素相比，前者比后者明显重要	倒数	若元素 i 与元素 j 的重要性之比为 a_{ij}，那么元素 j 与元素 i 重要性之比为 $1/a_{ij}$
7	表示两个元素相比，前者比后者强烈重要		

选择 1~9 的整数及其倒数作为比例尺度的主要原因是它符合人们判断的心理习惯。AHP 的测度是通过两两比较给出的。在做出这种判断的时候，被比较的对象对于它们所从属的性质或准则有较为接近的数量级，否则比较判断的定量化就没有多大意义，也缺乏必要的精度。如果被比较对象的性质在数量级上相差过大时，可以将数量级小的那些对象合并，或将大数量级的对象分解，再实施两两比较。那么，人们比较判断的习惯有什么特点呢？首先，当人们表达一对因素在某种属性下的强度时，通常会采用相等、较强（或较弱）、明显强（弱）、很强（弱）、绝对强（弱）这类语言，如果再进一步细分，可以在相邻的两级表达方式上再插入一挡。这样，用 9 个数字表达人们的比较判断是够用的。其次，当第一个因素在某种属性上是第二个因素的 5 倍时，在心理习惯上第二个因素在某种属性上是第一个因素的 1/5。这就是说，人们的两两比较判断本质上具有互反性，比例标度不仅应使用 1~9 的整数，而且包括它们的倒数。

四、构造判断矩阵

建立递阶层次结构以后，上、下层次之间元素的隶属关系就被确定了。假定上一层次的元素 C_k 作为准则，对下一层次的元素 $a_1,a_2,\cdots,a_n$ 有支配关系，我们的目的是在准则 C_k 之下按它们的相对重要性赋予 $a_1,a_2,\cdots,a_n$ 相应的权重。对于人的判断起重要作用的问题，直接得到这些元素的权重并不容易，往往需要通过适当的方法来导出它们的权重。AHP 所用的导出权重的方法是两两比较的方法（如图 5-3-2 所示）。

针对准则 C_k 两个元素 a_i 和 a_j 哪一个更重要，这里使用 1~9 的比例标度，它们的意义见表 5-3-1。例如，准则是船舶交通安全，子准则可分为交通流状态、危险因素和助航条件。如果认为交通流状态比助航条件明显重要，它们的比例标度取 5，而助航条件对于交通流状态的比例标度则取 1/5。对于 n 个元素来说，得到两两比较判断矩阵 $\boldsymbol{A}$：

$$\boldsymbol{A}=(a_{ij})_{n\times n} \tag{5-3-1}$$

$\boldsymbol{A}$	a_1	a_2	$\cdots$	a_n
a_1	a_{11}	a_{12}	$\cdots$	a_{1n}
a_2	a_{21}	a_{22}	$\cdots$	a_{2n}
$\vdots$	$\vdots$	$\vdots$	$\vdots$	$\vdots$
a_n	a_{n1}	a_{n2}	$\cdots$	a_{nn}

图 5-3-2　判断矩阵形式

A_i 与 A_j 同等重要时，C_{ij} 赋值为 1。

A_i 比 A_j 稍重要时，C_{ij} 赋值为 3。

A_i 比 A_j 明显重要时，C_{ij} 赋值为 5。

A_i 比 A_j 强烈重要时，C_{ij} 赋值为 7。

A_i 比 A_j 极端重要时，C_{ij} 赋值为 9。

这些奇数之间的偶数及其倒数具有类似意义。由这种两两对比赋值法可以看出，$a_{ij} > 0$，$a_{ij} = 1/a_{ji}$，$a_{ii} = 1$，因此称判断矩阵 $\boldsymbol{A}$ 为正反矩阵。对 n 阶判断矩阵，只要给出 $n(n-1)/2$ 个比值即可。在特殊情况下，判断矩阵 $\boldsymbol{A}$ 的元素具有传递性，即满足等式：

$$a_{ij} \cdot a_{jk} = a_{ik} \tag{5-3-2}$$

例如，当 u_i 与 u_j 相比的重要性比例标度为 3，而 u_j 与 u_k 的重要性比例标度为 2，如果又认为 u_i 与 u_k 重要性比例标度为 6，那么它们之间的关系就满足式(5-3-2)。但一般地我们并不要求判断矩阵满足这种传递性。式(5-3-2)对 $\boldsymbol{A}$ 的所有元素均成立时，判断矩阵 $\boldsymbol{A}$ 称为一致性矩阵。

五、单一准则下元素相对权重的计算

在这一步我们要根据 n 个元素 $a_1, a_2, \cdots, a_n$，对于准则 C 的判断矩阵 $\boldsymbol{A}$，求出它们对于准则 C 的相对权重 $w_1, w_2, \cdots, w_n$。相对权重可写成向量形式，即 $\boldsymbol{w} = (w_1, w_2, \cdots, w_n)^{\mathrm{T}}$。这里我们要解决两个问题，一个是权重计算方法，另一个是判断矩阵一致性检验。

1. 权重计算方法

(1)和法

对于一个一致的判断矩阵，它的每一列归一化后就是相应的权重向量。当 $\boldsymbol{A}$ 不一致时每一列归一化后近似于权重向量，和法就是采用 n 个列向的算术平均作为权重向量。因此有：

$$w_i = \frac{1}{n}\sum_{j=1}^{n}\frac{a_{ij}}{\sum\limits_{k=1}^{n} a_{kj}} \qquad i = 1,2,\cdots,n \tag{5-3-3}$$

其计算步骤如下：

第一步：$\boldsymbol{A}$ 的元素按列归一化。

第二步：将归一化后的各列相加。

第三步：将相加后的向量除以 n 即得权重向量。

(2)根法

如果我们将 $\boldsymbol{A}$ 的各个列向量采用几何平均，然后归一化，得到的列向量就是权重向量。其公式为

$$w_i = \frac{\left(\prod\limits_{j=1}^{n} a_{ij}\right)^{\frac{1}{n}}}{\sum\limits_{k=1}^{n}\left(\prod\limits_{j=1}^{n} a_{kj}\right)^{\frac{1}{n}}} \qquad i = 1,2,\cdots,n \tag{5-3-4}$$

其计算步骤如下：

第一步：$\boldsymbol{A}$ 的元素按行相乘得一新向量。

第二步：将新向量的每个分量开 n 次方。

第三步：将所得向量归一化即为权重向量。

(3) 特征根方法

解判断矩阵 $\boldsymbol{A}$ 的特征根问题：

$$\boldsymbol{A\omega} = \lambda_{\max}\boldsymbol{\omega} \tag{5-3-5}$$

这里定义 $\lambda_{\max}$ 是 $\boldsymbol{A}$ 的最大特征根，$\boldsymbol{\omega}$ 是相应的特征向量。所得到的 $\boldsymbol{\omega}$ 经归一化后就可作为权重向量。这种方法称为特征根法，简记为 EM。

(4) 对数最小二乘法

用拟合方法确定权重向量 $\omega = (w_1, w_2, \cdots, w_n)^{\mathrm{T}}$，使残差平方和

$$\sum_{1 \leq i < j \leq n} [\ln a_{ij} - \ln(w_i / w_j)]^2 = \min \tag{5-3-6}$$

这就是对数最小二乘法。

(5) 最小二乘法

确定权向量 $\omega = (w_1, w_2, \cdots, w_n)^{\mathrm{T}}$，使残差平方和

$$\sum_{1 \leq i < j \leq n} [a_{ij} - w_i / w_j]^2 = \min \tag{5-3-7}$$

这种方法称为最小二乘法。

上述五种方法中特征根方法是 AHP 中较早提出并得到广泛应用的一种方法，它对 AHP 的发展在理论上有重要作用。其他的方法有其各自的特点和应用场合。另外，由于权重向量经常被用来作为对象的排序，因此我们也常常把它称为排序向量。

2. 判断矩阵一致性检验

在计算单准则下排序权向量时，还必须进行一致性检验。由于客观事物的复杂性、人们认识上的多样性和可能的片面性，这样获得的判断矩阵不一定是完全一致的或满意一致的。出现“甲比乙极端重要，乙比丙极端重要，而丙又比甲极端重要”的判断一般是违反常识的。一个经不起推敲的判断矩阵有可能导致决策的失误。因此需要对判断矩阵的一致性进行检验，其步骤如下：

(1) 计算一致性指标 CI(consistency index)

$$CI = \frac{\lambda_{\max} - n}{n - 1} \tag{5-3-8}$$

(2) 平均随机一致性指标 RI(random index)

1~15 阶判断矩阵的平均随机一致性指标 RI 如表 5-3-2 所示。

表 5-3-2　平均随机一致性指标 RI

阶数	1	2	3	4	5	6	7	8
RI	0	0	0.52	0.89	1.12	1.26	1.36	1.41
阶数	9	10	11	12	13	14	15	—
RI	1.46	1.49	1.52	1.54	1.56	1.58	1.59	—

(3) 计算一致性比例 CR(consistency ratio)

$$CR = \frac{CI}{RI} \tag{5-3-9}$$

当 $CR < 0.1$ 时，认为判断矩阵的一致性是可以接受的。当 $CR > 0.1$ 时，应该对判断矩阵

作适当修正。对于一阶、二阶矩阵总是一致的,此时 $CR = 0$。

为了检验一致性,需要计算矩阵的最大特征根 $\lambda_{\max}$。除方法(3)以外都要另行计算 $\lambda_{\max}$。这可以在求出 $\boldsymbol{\omega}$ 后,用公式

$$\lambda_{\max} = \frac{1}{n}\sum_{i=1}^{n}\frac{(\boldsymbol{A\omega})_i}{w_i} = \frac{1}{n}\frac{\sum_{j=1}^{n}a_{ij}w_j}{w_i} \tag{5-3-10}$$

求得。式中:$(\boldsymbol{A\omega})_i$ 表示向量 $\boldsymbol{A\omega}$ 的第 i 个分量。

六、计算各层元素对目标层的合成权重

上面我们得到的仅仅是一组元素对其上一层中某元素的权重向量。我们最终是要得到各元素对于总目标的相对权重,特别是要得到最低层中各方案对于目标的排序权重,即所谓"合成权重",从而进行方案选择。合成排序权重的计算要自上而下,将单准则下的权重进行合成,并逐层进行总的判断一致性检验。

假定已经算出第 $k-1$ 层上n_{k-1} 个元素相对于总目标的排序权重向量 $\omega^{(k-1)} = (w_1{}^{(k-1)}, w_2{}^{(k-1)}, \cdots, w_n{}^{(k-1)})^{\mathrm{T}}$,第 k 层上 n_k 个元素对第 $k-1$ 层上第 j 个元素为准则的排序权重向量设为 $p_j{}^{(k)} = (p_{1j}{}^{(k)}, p_{2j}{}^{(k)}, \cdots, p_{n_k}j^{(k)})^{\mathrm{T}}$,其中不受 j 支配的元素的权重为零。令 $P(k) = (p_1{}^{(k)}, p_2{}^{(k)}, \cdots, p_{n_{k-1}}{}^{(k)})$,这是 $n_k \times n_{k-1}$ 的矩阵,表示第 k 层上元素对第 $k-1$ 层上各元素的排序,那么第 k 层上元素对总目标的合成排序向量 $\boldsymbol{\omega}^{(k)}$ 由下式给出。

$$\begin{aligned}\boldsymbol{\omega}^{(k)} &= (w_1{}^{(k)}, w_2{}^{(k)}, \cdots, w_{n_k}{}^{(k)})^{\mathrm{T}} \\ &= P^{(k)}\boldsymbol{\omega}^{(k-1)}\end{aligned} \tag{5-3-11}$$

或

$$w_i{}^{(k)} = \sum_{j=1}^{n_{k-1}} p_{ij}{}^{(k)} w_j{}^{(k-1)} \qquad i = 1, 2, \cdots, n \tag{5-3-12}$$

并且一般有

$$\boldsymbol{\omega}^{(k)} = P^{(k)}P^{(k-1)}\cdots\omega^{(2)} \tag{5-3-13}$$

这里 $\boldsymbol{\omega}^{(2)}$ 是第二层上元素对总目标的排序向量,实际上就是单准则下的排序向量。

同样地,我们从上到下逐层进行一致性检验。若已求得以第 $k-1$ 层上元素 j 为准则的一致性指标 $CI_j{}^{(k)}$,平均随机一致性指标 $RI_j{}^{(k)}$ 以及一致性比例 $CR_j{}^{(k)}$,$j = 1, 2, \cdots, n_{k-1}$,那么 k 层的综合指标 $CI^{(k)}$、$RI^{(k)}$、$CR^{(k)}$ 应为

$$CI^{(k)} = (CI_1{}^{(k)}, \cdots, CI_{nk-1}{}^{(k)})\boldsymbol{\omega}^{(k-1)} \tag{5-3-14}$$

$$RI^{(k)} = (RI_1{}^{(k)}, \cdots, RI_{nk-1}{}^{(k)})\boldsymbol{\omega}^{(k-1)} \tag{5-3-15}$$

$$CR^{(k)} = \frac{CI^{(k)}}{RI^{(k)}} \tag{5-3-16}$$

当 $CR \leqslant 0.1$ 时,认为递阶层次结构在第 k 层水平以上的所有判断具有整体满意的一致性,否则,就必须对本层次的判断矩阵做出调整,直到获得本层次总排序的满意一致性为止。用层次分析法求得各因素对研究问题的目标的重要度权重后,其定量分析结果可作为系统决策、状态评价、方案论证的基础数据。

习　题

一、思考题

1. 简述层次分析法的工作步骤。
2. 简述层次分析法的评价尺度。
3. 简述层次分析法的权重计算方法。

二、计算题

1. 用幂法计算矩阵：

$$\boldsymbol{A}=\begin{bmatrix}1 & 2 & 5\\ 1/2 & 1 & 7\\ 1/5 & 1/7 & 1\end{bmatrix}$$

的主特征根及主特征向量。取 $s=0.000\ 1$。

2. 设

$$\boldsymbol{A}=\begin{bmatrix}1 & 2 & 3\\ 1/2 & 1 & 2\\ 1/4 & 1/2 & 1\end{bmatrix}\qquad \boldsymbol{B}=\begin{bmatrix}1 & 1 & 5/4\\ 1 & 1 & 1\\ 4/5 & 1 & 1\end{bmatrix}$$

求 $\boldsymbol{A}$ 受 $\boldsymbol{B}$ 扰动后的主特征向量。

3. 设判断矩阵

$$\boldsymbol{A}=\begin{bmatrix}1 & 1 & 2\\ 1 & 1 & 1\\ 1/2 & 1 & 1\end{bmatrix}$$

现在要增加一个比较方案，若要保持原有元素排序权值比例，写出新的判断矩阵 $\boldsymbol{A}^*$ 的可能形式及其排序向量。

4. 计算邻接矩阵

$$\boldsymbol{A}=\begin{bmatrix}0 & 1 & 0 & 0 & 1 & 0\\ 0 & 0 & 1 & 0 & 0 & 0\\ 0 & 0 & 0 & 0 & 1 & 0\\ 0 & 0 & 0 & 0 & 0 & 0\\ 0 & 0 & 0 & 1 & 0 & 1\\ 0 & 0 & 0 & 0 & 0 & 1\end{bmatrix}$$

的可达矩阵。

参考文献

[1]丁勇,戴冉,王少青. 航海专业数学. 大连:大连海事大学出版社,2016.
[2]张奕汀,冯孝礼,倪学义,等. 航海专业数学. 北京:人民交通出版社,1982.
[3]郭禹. 航海学. 大连:大连海事大学出版社,2005.
[4]杨惠连. 误差理论与实验设计. 北京:机械工业出版社,1988.
[5]费业泰. 误差理论与数据处理. 6 版. 北京:机械工业出版社,2010.
[6]钱淡如. 航海学:上册. 北京:人民交通出版社,1993.
[7]方开泰,许建伦. 统计分布. 北京:科学出版社,1987.
[8]戴冉,王越. 航海专业数学. 大连:大连海事大学出版社,2010.
[9]冯孝礼. 航海专业数学. 大连:大连海事大学出版社,1990.
[10]胡运权. 运筹学教程. 5 版. 北京:清华大学出版社,2018.
[11]靳志宏. 管理运筹学. 2 版. 大连:大连海事大学出版社,2014.
[12]李学华. 模糊层次分析法在煤矿安全管理系统中的应用. 郑州:黄河水利出版社,2018.